Joséphine infidèle

DU MÊME AUTEUR

Les Horizons hantés (*Pages sur la Révolution*). *Épuisé.*
L'Epopée du Sacre (1804-1805), *avec une préface de* M. HENRY HOUSSAYE, *de l'Académie française* . . . . 1 vol.
Napoléon et la Franc-Maçonnerie, nouvelle édition considérablement augmentée . . . . 1 vol.
La Guillotine en 1793, *d'après des documents inédits tirés des Archives Nationales* . . . . 1 vol.
Discours civiques de Danton . . . . 1 vol.
Œuvres révolutionnaires de Bonaparte. . . . 1 vol.
Une Maîtresse de Napoléon, *d'après des documents nouveaux et des lettres inédites, avec une préface de* M. JULES CLARETIE, *de l'Académie française* . . . . 1 vol.
Napoléon adultère . . . . 1 vol.
Joséphine infidèle . . . . 1 vol.
Les pamphlets libertins contre Marie-Antoinette. 1 vol.
Dessous de princesses et maréchales d'Empire . 1 vol.
Robespierre et les Femmes . . . . 1 vol.

LES DESSOUS DE LA TERREUR

Les Femmes et la Terreur . . . . 1 vol.
Anecdotes secrètes de la Terreur. . . . . . . 1 vol.
Les Filles publiques sous la Terreur, *d'après les rapports de la police secrète* . . . . . . 1 vol.

L'ACCUSATEUR PUBLIC DE LA TERREUR

I. **Réquisitoires de Fouquier-Tinville** . . . . 1 vol.
II. **Correspondance judiciaire et privée de Fouquier-Tinville** (*en préparation*) . . . . 1 vol.
III. **Les Coulisses du Tribunal Révolutionnaire (Fouquier-Tinville intime)** [*sous presse*] . 1 vol.
IV. **Réhabilitation de Fouquier-Tinville** (*en préparation*). . . . . 1 vol.

A PARAITRE :

MARIE-LOUISE LIBERTINE

HECTOR FLEISCHMANN

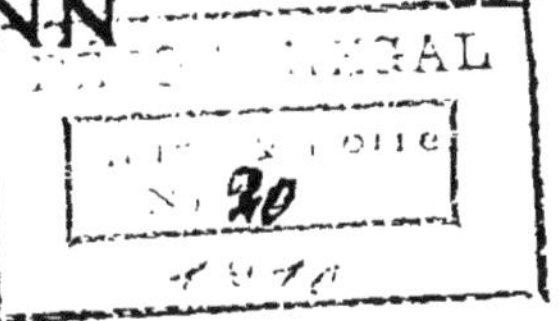

Joséphine infidèle

> « Cette femme, qu'il a faite la première de France..., cette femme, soudain promue par cette rencontre, des angoisses d'une galanterie besoigneuse à la sécurité de la plus glorieuse fortune, dès qu'elle rencontre un soldat vigoureux qui lui fait la cour, ou un calembouriste râblé qui la distrait, se donne et se livre. »
>
> FRÉDÉRIC MASSON, *Conférence*, 1908.

Avec 65 illustrations, autographes, portraits et hors-texte d'après des documents de l'époque.

PARIS
ALBERT MÉRICANT, ÉDITEUR
1, RUE DU PONT-DE-LODI, 1

AVANT-PROPOS

Voici le second livre de l'enquête entreprise par nous sur le rôle de l'amour chez Napoléon et ses deux femmes.

La première partie de cette œuvre a été accueillie par diverses objections, auxquelles nous répondrons quand nous aurons livré au public toutes les pièces du dossier. Nous ne demandons qu'à être jugé sur l'ensemble de nos recherches. Ce deuxième livre complète, en effet, le premier. Il en continue l'exposé et confirme, par des faits, ce que forcément nous avons dû abandonner précédemment au domaine de la théorie.

Ce que fut l'adultère chez Napoléon, quelle fut sa part dans cette vie orageuse et passionnée, nous pensons l'avoir dit assez clairement. Ici on en trouvera la cause première. Logiquement, ce livre aurait dû précéder le premier, l'effet succédant à l'objet, mais dès sa première rencontre avec Joséphine, Bonaparte l'éclipse au point que c'est à lui que va d'abord l'attention. Et puis, c'est le mari, l'homme de cette femme-ci, et de l'autre, l'Autrichienne, dont nous aurons à nous occuper plus tard. Dès lors, exposer le rôle de l'adultère chez Napoléon, c'était commencer par mettre en lumière les pièces du procès, les arguments de l'accusation d'immoralité portée contre lui. Ne fallait-il point, d'abord, écouter le réquisitoire et dire : Voilà ce que cet homme a fait ? Et, ce réquisitoire entendu, pouvoir répondre : Voici pourquoi il l'a fait. C'est ce que nous avons pensé. De là, Joséphine cédant le pas à Napoléon, et, d'accusatrice, devenant accusée. Accusatrice ? Sans doute, car sans elle, dit M. Frédéric Masson, « on ignorerait la plupart de ces anecdotes : c'est elle qui les découvre, qui les conte, qui les rabâche, au besoin qui les invente, car nulle n'est menteuse comme elle ». Ces anecdotes de Napoléon, on les connaît, elles forment l'objet de notre précédent ouvrage. N'est il pas juste de conter maintenant les anecdotes de Joséphine ? Si elles sont un peu moins édifiantes que les premières, à qui s'en prendre, sinon à elle-même ? Tout réquisitoire implique, appelle et impose une défense. Joséphine se douta-t-elle jamais que sa vie amoureuse, à elle, plaiderait en faveur de celle de Bonaparte ?

Sans doute, c'est, avant d'être l'Impératrice, la

compagne de celui que Hegel salue du titre de « grand ouvrier du Destin », la souveraine sacrée et couronnée, c'est, avant tout cela, une femme. Mais ce n'est pas une excuse suffisante. A ce titre, peut-être, lui doit-on quelque respect, mais si cela devait être un dogme, une règle, une obligation consentie, un article de foi accepté, il deviendrait assurément périlleux d'écrire la vie de Catherine de Médicis, et on se verrait forcé de passer sous silence le règne de Marie-Antoinette. Mais on l'a dit fort bien : « Ici, plus de vie privée, plus de pudeur féminine, plus de respect : ce n'est plus une femme, c'est un personnage d'histoire et l'Histoire a pour base nécessaire la vérité intégrale sur les êtres qui relèvent d'elle (1). » *Ceci est fort bien pensé, mais toujours assez mal exécuté. On a une excuse : le manque de sources probantes. Joséphine bénéficie de ces circonstances atténuantes.*

Mais quelles sources ne sont point suspectes à quelque titre ?

Certes, aucune d'elles ne peut être admise sans contrôle rigoureux, mais ce contrôle, même sévère, peut-il faire qu'elles ne soient point viciées ? Sur toutes, la suspicion est naturelle et légitime. D'abord les femmes. De Mme de Rémusat, on sait ce qu'il faut penser. Pour elle, née de Vergennes, aristocrate, Napoléon n'est qu'un parvenu. Si, parmi toutes, elle et son mari, sont comblés et favorisés, c'est que la chose leur

(1) FRÉDÉRIC MASSON, *Joséphine de Beauharnais*, 1763-1796 ; Paris, in-8, p. 4. Édit. de 1899.

est due, naturellement. Dès lors ce qu'elle peut dire des Napoléonides doit être tenu pour l'expression de ses sentiments de rancune et d'aigreur hérissée. Suspecte encore Mme d'Abrantès, non parce qu'elle tire argent de ses souvenirs et bat monnaie du grand nom du Maître, mais bien parce qu'elle est une obligée, et qu'elle ne veut point s'en souvenir. Et puis elle a connu Bonaparte pauvre, elle l'a vu venir, sans le sol, et crotté, dîner chez sa mère. Il suffit. Pour les autres, les motifs, s'ils sont plus variés, n'en sont pas moins significatifs. Mme de Vaudey a été la maîtresse de l'Empereur. Il s'en est séparé assez rudement, — tout en conservant des « formes » à la rupture. Les Souvenirs *de la dame tâcheront à faire arriver à la postérité l'écho de son ressentiment. Pour elle, c'est affaire de haine ; pour la nièce de Mme de Genlis, cette Mme de Genlis qui déclarait « que les rois n'ont aucun usage du monde », pour cette Georgette Ducrest, dont le recueil d'anecdotes fait encore des dupes, c'est affaire de besoin. Sous le second Empire, son livre lui sera un titre à réclamer la place de chanteuse de la chambre de l'Impératrice, pour sa fille* (1). *Et ainsi du reste.*

Quant aux hommes, même suspicion, et plus motivée encore. Barras calomnie, oui, mais il n'a pas été le premier à le faire. C'est une explication. Marmont n'a besoin que de ses lettres privées pour être

(1) Lettre autographe signée ; 23 mai 1856, 2 pages et demie in-folio. *Catalogue Noël Charavay*, n° 355, mars, 1906. Cette lettre, n° 56404, était offerte au prix de 8 francs.

jugé. « J'ai servi Bonaparte, écrit-il, tant que ses destinées ont été liées à celles de la France ; depuis plusieurs années, je ne me dissimulais ni l'injustice de ses entreprises, ni l'extravagance de ses projets, ni son ambition, ni ses crimes (1). » *On sait comment il a parlé de cet* ambitieux *et de ce* criminel *qui fit pour lui ce qu'il ne fit pour aucun de ses maréchaux. Mais, dans l'exil gantois de* 1815, *M. de Raguse ne pensait pas que la mémoire de Napoléon pût relever de la postérité. Suspect encore Bourrienne, tripoteur jusque dans le cabinet du Premier Consul ; suspect aussi Constant, parce que ce n'est qu'un valet ; suspect le baron Thiébault, parce qu'il « n'aime pas l'Empereur* (2) » *(il l'a écrit) ; suspect Montgaillard, parce que ce n'est qu'un espion* (3) *; tous sont suspects parce que ce sont des obligés qui ne se croient point tenus à la gratitude de la vérité.*

Ainsi se révèle ce qui vicie les sources auxquelles on est forcé de recourir. Mais il ne s'ensuit pas que

(1) Copie contemporaine d'une lettre du maréchal Marmont à Caulaincourt, duc de Vicence. Gand, 1er avril 1815 ; 3 pages et demie in-4. *Catalogue d'autographes Eugène Charavay*, mai 1892. Lettre offerte à 10 francs.

(2) Lettre autographe signée : Tours, mars 1816 ; 6 pages, in-folio. *Catalogue d'autographes Eugène Charavay*, janvier 1894. Lettre offerte à 20 francs.

(3) En doute-t-on ? Qu'on lise cet ordre envoyé de Fontainebleau, le 5 octobre 1813, par l'Empereur à Savary, ministre de la Police générale : « Faites payer les 13.000 francs pour lesquels le sieur Montgaillard est détenu, afin qu'il puisse être mis en liberté. Vous imputerez cela sur les fonds de la police. » *Archives nationales*, A F, IV, 886. — *Lettres inédites de Napoléon Ier*, publiées par Léonce de Brotonne. *Nouvelle Revue*, 15 août 1896, t. CVII.

toutes doivent être délibérément écartées. Nous y ferons appel souvent, et le lecteur comprendra-t-il alors pourquoi ce ne sera que sous toutes réserves malgré le bénéfice d'inventaire et le contrôle? Joséphine, naturellement, suivant la galante expression de M. de Vogüé, sort de là « avariée », mais on peut croire qu'elle y a mis quelque peu du sien, et qu'elle s'est chargée de semer les mauvaises — et vilaines — plantes, qu'on a aujourd'hui à récolter.

Mais mieux encore. Par là elle-même se charge, par ses paroles, par ses gestes, par ses aventures, de battre en brèche la légende qui en fait la « bonne », la « tendre », la « douce » Joséphine, l'ange gardien de l'Empereur, son porte-bonheur, et incite les âmes sensibles à s'attendrir sur les « petites secousses » de cette femme excitée. Son auréole de sainte laïque et politique, qui d'autre la dédore, sinon elle-même? Mieux que Marie-Antoinette, contre laquelle les plus sévères et les plus accablantes accusations sont portées par sa mère, par Marie-Thérèse elle-même (1), *Joséphine n'a besoin que d'elle-même pour s'accuser. Sa race et son caractère déposent contre elle. Infidèle, elle l'est, parce qu'elle est créole, parce que c'est son instinct, son besoin, son appétit sexuel et son tempérament. Infidèle, elle l'est comme elle est menteuse, inconsciemment voudrait-on croire, involontairement pourrait-on dire. Si vous récusez en sa faveur la loi de l'hérédité, le levain atavique, rien ne*

(1) Cf. notre ouvrage, *les Pamphlets libertins contre Marie-Antoinette*; Paris, 1909, in-18, *passim*.

s'explique. Si vous l'admettez, au contraire, tout devient clair et on conçoit alors comment M. Charles peut devenir l'Hippolyte de cette Phèdre un peu avariée.

C'est là la raison pour laquelle Joséphine doit être prise dès son enfance (car elle est pubère vers dix ou douze ans), dès l'heure de son éveil à l'amour. On comprendra pourquoi, après son mariage avec Beauharnais, elle ne pouvait être autrement qu'elle ne fut, et pourquoi, infidèle au premier mari, elle le fut tout naturellement au second. Peut-on lui en faire un grief sérieux, l'accabler de cette accusation et la vouer à ce titre à une exécration qu'une archiduchesse d'Autriche se chargera, dès 1814, d'assumer devant la postérité ? On ne le pense pas. Joséphine n'est point d'une intelligence hors ligne, quelqu'un même dit le mot crûment : « bête et sotte », elle ne devine point sous Bonaparte le futur Napoléon. Elle a trompé l'Empereur, soit ; mais elle l'a trompé anticipativement et sans le savoir. La première de ces fautes, on la lui peut pardonner. Son mari n'est point encore l'homme d'Arcole. Mais après ? Après Rivoli, après Mantoue, protégée en mémoire de Virgile, après le passage, éclaboussé de sang et de gloire, du Tagliamento, après Gradisca et Tarvis, après ces poudreux lauriers cueillis par une jeune main dans les champs italiques, après tout ce triomphe qui la sacre Notre-Dame des Victoires, comment expliquer, excuser ou pardonner ? Pourtant, Bonaparte pardonne, lui. C'est pourquoi on l'appelle un mauvais mari et le tyran jaloux et ombrageux d'une femme, un peu moins à la mode que la Tallien, parce qu'elle commence à se faner.

*
* *

Joséphine infidèle fait aimer Napoléon. Sa tendresse pour la créole fait comprendre ce qu'il y eut chez lui de fougueusement, de juvénilement amoureux. Par là l'enquête sur son caractère se complète. Avec l'étude du rôle de Marie-Louise nous pensons l'achever. C'est par l'ensemble de ces trois volumes que nous voudrions pouvoir fixer des avis indécis et des opinions hésitantes. Napoléon, — et nous l'espérons d'eux, — ne sortira pas diminué de ces ouvrages qui se veulent violemment partiaux, parce qu'il s'agit de sa gloire, et que la seule acception de la médiocrité consentie peut se targuer de cette impartialité fictive, sous le prétexte de laquelle on fausse l'histoire des Napoléonides, depuis le jour où ils sont nés à l'immortalité de leur gloire.

Ambleteuse, des camps de la descente en Angleterre.
1908.

H. F.

LIVRE I

L'OISEAU DES ILES

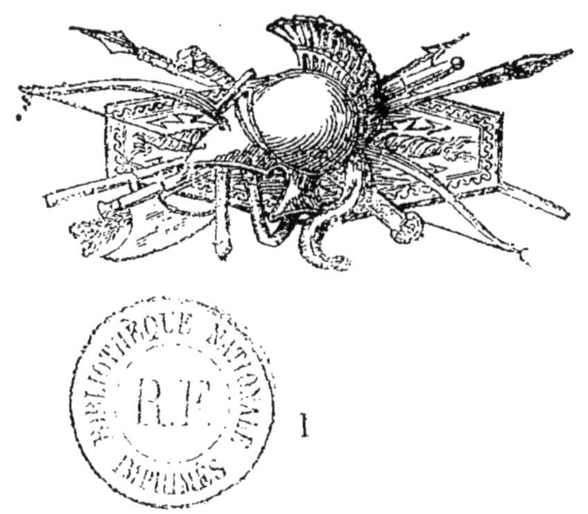

I

LA CRÉOLE MAQUIGNONNÉE

Vers la fin du dix-huitième siècle, la rue Thévenot était, dans le quartier Saint-Denis, ce que sont aujourd'hui encore ces petites rues étroites et noires, où tombe un avare soleil entre de hautes constructions hostiles, massives, lugubres. Alors, cependant, c'était une voie assez fréquentée, où débouchait la rue des Deux-Portes (aujourd'hui rue Dussoubs), au coin de laquelle une illustre maquerelle de l'époque, Mme Gourdan, avait ouvert une hospitalière maison. Par la rue Gratte-Cul, « dénomination due à de vilaines mœurs », les équipages débouchaient, menant gentilshommes et gens de robe sacrée, car Mme Gourdan avait une clientèle variée (1). Le spectacle de ces arrivées, des

(1) Sur cette maison de prostitution fameuse, on consultera avec intérêt le curieux volume que lui a récemment consacré M. Eugène Defrance, *Vieilles façades parisiennes; la maison de Mme Gourdan*, documents inédits sur l'histoire des mœurs de la fin du dix-huitième siècle ; Paris, 1908, in-18.

petites scènes quelquefois piquantes auxquelles elles donnaient lieu, c'était là le seul agrément de cette partie du vieux Paris où, aujourd'hui encore, planent les ombres libertines de ce galant passé.

C'est là que, vers la mi-décembre 1779, vint s'installer, mariée du 13, la vicomtesse Alexandre de Beauharnais, née Marie-Joseph-Rose de Tascher de la Pagerie.

Vingt-cinq ans plus tard, cette jeune mariée de seize ans était sacrée Impératrice des Français dans une Notre-Dame sonore d'acclamations, et pleine de l'écho des bourdons et de l'aboi des bronzes guerriers.

Elle était née, le 23 juin 1763, à la Martinique, de Joseph-Gaspard de Tascher de la Pagerie, chevalier de Saint-Lazare, capitaine de dragons, chevalier de Saint-Louis, et de Rose-Claire des Vergers de Sannois.

Les Tascher, originaires de Châteauneuf-en-Thymerays, près de Blois, étaient établis à la Martinique depuis 1726. Montgaillard conteste leur noblesse et raille leurs prétentions au blason. « Toutes les familles créoles ont cette prétention, dit-il, qui est, du reste, sans conséquence dans les Antilles (1). » Sans conséquence ou non, la prétention des Tascher était fondée. D'Hozier leur concède de fort beaux certificats où on les voit alliés aux Plessis de Savonnières, aux Bodin de Boisrenard, aux d'Arnoul de Malchem, aux Ronsard de Glatigny, aux Racine de

(1) *Souvenirs du comte de Montgaillard, agent de la diplomatie secrète pendant la Révolution, l'Empire et la Restauration,* publiés, d'après des documents inédits, par Clément de Lacroix; Paris, 1895, in-8, p. 276.

Forgirard, et à bien d'autres encore, et de non moins fameux dans la robe ou l'épée. En 1674, il signale un François de Tascher comme commandant de la noblesse du bailliage de Blois. Plus tard, on voit figurer, en belle place, la famille, titres et blasons en tête, dans *l'État de la France* (1), et elle porte « d'argent, à trois bandes de gueules, chargées chacune de quatre sautoirs d'argent (2) ».

A la Martinique Joseph-Gaspard est allé chercher fortune, et il semble bien que la chose ne lui ait guère réussi, quoi qu'on en ait dit. S'il a vingt nègres, il a quelque peu plus de dettes et de passions. Il joue et fait des enfants à des négresses, ce qui vaudra plus tard, à sa fille, devenue impératrice, le désavantage, d'avoir à reconnaître, comme sœur naturelle, une mulâtresse (3). Il ne marche, dit-on, que l'épée au côté et la canne à la main (4). C'est possible, mais on le voit souventes fois en de moins nobles postures. Au reste, ce n'est qu'un beso-

Armoiries des Tascher de la Pagerie.

(1) *L'État de la France*, à Paris, chez Guillaume Cavelier, rue Saint-Jacques, près la Fontaine Saint-Severin, au Lys d'Or ; MDCCXXXVI, avec privilège du Roi ; t. II, p. 370.

(2) Louis-Pierre d'Hozier et d'Hozier de Serigny, *Armorial général ou registres de la noblesse de France*. Paris, 1866, in-fol. ; p. 534.

(3) Frédéric Masson, *Joséphine de Beauharnais...*, p. 81.

(4) Imbert de Saint-Amand, *les Femmes des Tuileries* ; *la jeunesse de l'impératrice Joséphine*. Paris, in-18, p. 13.

gneux. Le destin lui jouera le mauvais tour de le faire mourir avant de pouvoir remettre ses affaires à flot par l'avènement de sa fille au trône de France. De fait, il en serait peut-être mort d'étonnement.

Joséphine, qu'on appelle alors Yeyette, ce qui est une familiarité créole, est un peu élevée à la diable. On dira plus tard qu'elle ne sait que chanter et danser. D'ailleurs elle danse mal. C'est parce qu'elle n'a eu qu'un « mauvais maître » (1). On est d'accord pour reconnaître qu'alors elle n'avait rien de ce qui lui captiva un jour les désirs de Barras et les fureurs passionnées de Bonaparte. « Plus séduisante que jolie », dit quelqu'un (2). En réalité, ce qu'elle a, et aura toujours, pour elle, c'est la grâce créole, alanguie, molle et abandonnée, la souplesse paresseuse des gestes et de brusques et charmantes vivacités.

Elle s'harmonise à merveille à ces beaux paysages tropicaux, comme une plante rare que complète le vase délicat et fragile où elle se penche, humide et chaude. C'est l'oiseau des Iles, la petite bête frivole, légère, capricieuse et amoureuse faite pour ces lieux de tiède langueur qu'évoquera Bernardin de Saint-Pierre dans *Paul et Virginie*. Ces paysages brûlés de soleils rouges, pavoisés de bouquets de palmes, zèbrés en vifs éclairs coloriés des mille oiseaux des îles chaudes, ce sont les cadres où Joséphine dessine ses premières grâces, dont elle emportera avec elle la molle ardeur, le parfum et l'éclat. S'ils sont faits pour elle, elle est faite pour eux. En France, elle ne sera qu'une exilée. Comment, dans un pareil terrain,

(1) FRÉDÉRIC MASSON, *Joséphine de Beauharnais...*, p. 84.

(2) CLÉMENT DE LACROIX, préface aux *Souvenirs du comte de Montgaillard...*, déjà cit., p. 11.

préparé, dirait-on, pour elle, la légende de Joséphine ne fleurirait-elle pas ?

Heureuse, elle l'est incontestablement. La volupté quiète du bonheur lui est une habitude. Elle règne sur les négresses de la plantation, elle a une nourrice qui, comme toutes les nourrices de sa race, lui vaut mieux et plus qu'une mère (1). Ces petits bonheurs-là, minimes et éparpillés, l'Empire les fera regretter à Joséphine. C'est qu'ici elle règne dans la terre qui est sienne, qui l'a formée. En France, elle ne sera qu'une Virginie regrettant ses pamplemousiers en fleurs et les vérandas où des nègres fidèles éventent, en les berçant dans leurs hamacs, les belles créoles indolentes.

Sous ce climat équatorial, dans cette liberté de vie affranchie des règles de l'éducation européenne, l'éveil des sens est naturellement rapide. A treize ans, à l'époque où la rencontre Montgaillard, on la déclare « amoureuse comme une colombe », et, de

(1) A cette nourrice, une nommée Marion, l'Empereur fait, le 20 septembre 1807, une pension de 1.200 francs sur les fonds du Trésor. On en trouvera le brevet dans l'ouvrage de M. FRÉDÉRIC MASSON, *Joséphine de Beauharnais...*, p. 78. Précédemment, Napoléon ordonnait au ministre de la Marine, le vice-amiral Decrès, de communiquer à Villaret-Joyeuse des instructions à l'égard de cette négresse. « Qu'il fasse ce qui est convenable pour la nourrice de l'Impératrice, écrivait-il, qu'il lui donne des secours, et lui accorde la pension nécessaire pour vivre dans l'aisance ; qu'à sa réponse le brevet de pension lui sera adressé. » *Archives Nationales*, AF, IV, 875 ; LÉON LECESTRE, *Lettres inédites de Napoléon Ier*. Paris, 1897, in-8, t. I, (an VIII-1809), p. 116. — Le vice-amiral de Villaret-Joyeuse était, à cette époque, capitaine général de la Martinique. — Cf. *Almanach impérial an bissextil MDCCCVIII, présenté à S. M. l'Empereur et Roi*, par TESTU ; A Paris, chez Testu, imprimeur de Sa Majesté, rue Hautefeuille, n° 13, p. 293.

plus, d'une légèreté, « à étonner même dans les colonies (1) ». Montgaillard n'est pas le seul à s'en apercevoir. On donne à cette date comme amants à Joséphine, le capitaine Tercier (2), et un Anglais qui semble bien romanesque pour avoir jamais existé. Dans ces confidences, la vantardise, l'orgueil et la vanité ont, sans doute, une large part. Mais cela, ce sont des Européens. Barras lui attribue mieux et plus. « On racontait même, dit-il, que les infidélités de la créole avaient passé la mesure des convenances, et que, supérieure au préjugé de la couleur foncée de la peau, elle aurait eu des rapports avec des nègres (3) ». Écrivant cela, Barras attribuait à Joséphine ce qui avait été le fait de plusieurs femmes blanches, à Saint-Domingue, lors de l'expédition de 1801. Plus tard, Pauline Bonaparte a été à son tour accusée de la chose. Ce qui est certain, c'est que Barras n'inventait rien. Donnant, en 1802, des instructions à ses subordonnés, Leclerc, commandant en chef l'expédition de Saint-Domingue, écrivait : « Les femmes blanches qui se sont prostituées aux nègres, quel que soit leur rang, seront renvoyées en France. » Ce qui se passait à Haïti pouvait bien, n'est-ce pas, se passer à la Martinique ? D'ailleurs que risquait Barras ? Au moins, ne se montrait-il pas jaloux de ses prédécesseurs.

Que Joséphine, à cette époque, ait été légère et

(1) Clément de Lacroix, *loc. cit.*, p. 11.

(2) Cf. *Mémoires politiques et militaires du général Tercier*, publiés avec préface, notes et pièces justificatives, par C. de la Chanonie ; Paris, 1891, in-8, *passim*.

(3) *Mémoires de Barras, membre du Directoire*, publiés avec une introduction générale, des préfaces et des appendices, par Georges Duruy. Paris, 1895, in-8, t. II, p. 57.

se soit compromise, cela semble peu douteux. Plus tard, Alexandre de Beauharnais recueillera sur elle, à la Martinique, mieux que des bruits, des faits, qui serviront de motif à la rupture avec Joséphine. Ce mariage, qui ne connaîtra même pas de lune de miel, et durera un peu moins de cinq ans, s'est fait dans des conditions singulières.

Le père d'Alexandre, le marquis François de Beauharnais, chef d'escadre des armées navales, descendant de ce marquis de Beauharnais qui, pour le compte du Roi de France, gouvernait le Canada, en 1726, et de cet autre qu'on trouve intendant de la marine à Rochefort, en 1710 (1), est arrivé dans la colonie, le 13 mai 1757, comme gouverneur de la Martinique et des Iles du Vent. Avec lui il a amené sa femme, Marie-Anne-Henriette Pivart de Chastelet. Entre Européens, dans l'exil tropical, les relations s'établissent rapidement. M. de Beauharnais les pousse au point de devenir l'amant d'une tante de Joséphine, Marie-Euphémie-Désirée, mariée à un sieur Renaudin. Cela transpire à peine, puisque ce n'est que trois ans plus tard, que la marquise de Beauharnais apprendra la trahison de son mari. Mais la Renaudin a à ce point acquis de l'influence sur le gouverneur que, en 1761, quand il quitte son poste, elle l'accompagne en France. Il est vrai que la marquise est, elle aussi, du voyage. Quand, à Paris, elle connaît les dessous de l'affaire, elle en prend fort dignement son parti et se retire chez sa mère, à Blois. Cela lui permet de mourir en paix, six ans plus tard, le 5 octobre 1767.

(1) *L'État de la France*, déjà cit., t. III, pp. 539, 563.

Elle laisse deux fils, François et Alexandre. Le premier sera ce royaliste fervent, opposé à toute atteinte à la prérogative royale, qui méritera à l'Assemblée Nationale, d'être appelé le *féal Beauharnais sans amendement* (1), sera mêlé à la fuite de Louis XVI, émigrera, sera, en 1805, ambassadeur en Étrurie, et, sans nul respect pour sa parenté avec l'Empereur, conspirera avec les Bourbons sous l'Empire. L'autre, Alexandre, est né à la Martinique, le 28 mai 1760, pendant le séjour du gouverneur.

Entre les mains de Mme Renaudin, cette tante Cardinal de l'ancien régime, il sera l'instrument dont elle usera pour retenir auprès d'elle le marquis. De là la combinaison du mariage entre deux enfants dont l'un a seize et l'autre dix-neuf ans. D'abord, on avait songé à faire épouser à Alexandre, la sœur cadette de Joséphine, Marie-Françoise, née le 3 septembre 1766; puis, Catherine-Marie-Désirée, née le 11 décembre 1764; et comme la plus jeune mourut et que la seconde fut retenue par la mère, ce fut Joséphine qui fut choisie. Au surplus, peu importait laquelle dut être mariée. Mme Renaudin n'y regardait pas de si près. Une fille, n'importe laquelle, une Tascher, c'est tout ce qu'elle demandait. Elle l'eut. Le 20 octobre 1779, elle la cueillait au quai de Bordeaux (2). Le 13 décembre, à Noisy-le-Grand, en catimini, avec deux bénédictions et trois oraisons, on dépêchait le mariage. Aussi bien, ne s'agissait-il pas dans tout cela, pour Mme Renaudin, d'assurer sa position

(1) *Biographie des hommes vivants*, etc. Paris, Michaud, septembre 1816, t. I, p. 242.

(2) TH. IUNG, *Bonaparte et son temps*, 1769-1799, *d'après des documents inédits*; Paris, 1881, in-18; t. III, p. 107.

auprès de M. de Beauharnais père? Elle en fut à ce point certaine qu'elle en escompta par avance son crédit. Elle dota sa nièce et lui paya un trousseau de 20.672 livres. La petite créole en avait bien besoin. Entre honnêtes gens, cela s'appelle un maquignonnage. Entre les gens de moins bon ton, on apprécie plus sévèrement ces petits détails.

Ce que pouvait être un mariage fait dans de telles conditions, à peine est-il besoin de le dire.

Alexandre, alors capitaine au régiment de la Sarre, était déjà ce qu'il demeura sa vie entière : léger, frivole, dissipé. Un almanach politique de 1791 qui évaluait les députés et estimait l'abbé Maury, une pipe et trois louis dix sols; Mirabeau cadet, un tonneau de vin ; évaluait Alexandre de Beauharnais, une femme aimable (1). Aimable, il est certain qu'il le fût toujours, même dans les moments les plus périlleux de sa vie. Cela lui valut les plus tendres conquêtes. On n'hésite donc pas à déclarer qu'il « obtint à la cour de Versailles tous les succès que pouvaient y donner les talents les plus aimables (2). » La ville, de son côté, ne lui refusa rien sur ce terrain. Mais, au début de son mariage, il s'imagina de faire le sérieux et de fonder une famille. Mme Renaudin ne demandait pas mieux. Le 3 septembre 1780, Joséphine accouchait d'un fils : Eugène. Beauharnais, dans ce temps, courait les garnisons, et aussi les filles. Il rêvait des lauriers guerriers et faute de champ propice pour les cueillir, il s'embarquait, le

(1) Henri Welschinger, *les Almanachs de la Révolution*; Paris, MDCCCLXXXIV, in-18 ; p. 19.

(2) *Biographie de tous les ministres depuis la Constitution de* 1791 *jusqu'à nos jours*, 2e édition, à Paris, chez tous les marchands de nouveautés, 1825, in-8, p. 19.

26 septembre 1782, comme volontaire, pour aller porter l'épée aux Iles. En novembre suivant il touchait terre à la Martinique. Cinq mois après, le 10 avril 1783, sa femme lui donnait un second enfant, une fille cette fois : Hortense (1). Elle habitait alors rue de la Pépinière.

Beauharnais, à la Martinique, fut accueilli avec circonspection par des beaux-parents qui avaient le tort d'attendre moins de frivolité chez ce jeune étourneau.

Il en prit de l'humeur, et une jeune personne se trouva là à point pour le consoler, et l'initier à certaines historiettes où la Renaudin et la Joséphine jouaient des rôles peut-être divers, mais assurément piquants. Dans ces historiettes que pouvait-il y avoir de vrai ? On l'ignore exactement, mais, par ce que disent Montgaillard et Tercier, on en peut deviner le fond. Alexandre se choqua vraisemblablement de les apprendre un peu trop tard, et à ses dépens, car il se montra irrité au point d'en écrire vivement et vertement à Joséphine. C'est un document curieux que cette lettre, et qui mérite d'être rapporté en contribution à la jeunesse amoureuse de la créole :

Si je vous avais écrit dans le premier moment de ma rage, ma plume aurait brûlé le papier et vous auriez cru, en entendant toutes mes invectives, que c'était un moment d'humeur ou de jalousie que j'avais pris pour vous écrire; mais il y a trois semaines et plus que je sais, au moins en partie, ce que je vais vous apprendre. Malgré donc le désespoir de mon âme, malgré la fu-

(1) Les actes de naissance d'Eugène et d'Hortense de Beauharnais sont donnés par TH. IUNG, *ouvr. cit.*, t. I, pp. 314, 315, 316.

reur qui me suffoque, je saurai me contenir; je saurai vous dire froidement que vous êtes à mes yeux la plus vile des créatures, que mon séjour, dans ces pays-ci, m'a appris l'abominable conduite que vous y avez tenue, que je sais, dans les plus grands détails, votre intrigue avec M. de Be..., officier du régiment de la Martinique, ensuite celle avec M. d'H..., embarqué à bord du *César*, que je n'ignore ni les moyens que vous avez pris pour vous satisfaire, ni les gens que vous avez employés pour vous en procurer la facilité; que Brigitte n'a eu sa liberté que pour l'engager au silence, que Louis, qui est mort depuis, était aussi dans la confidence; je sais enfin le contenu de vos lettres et je vous apporterai avec moi un des présents que vous avez faits. Il n'est donc plus temps de feindre et, puisque je n'ignore aucun détail, il ne vous reste plus qu'un parti à prendre, c'est celui de la bonne foi. Quant au repentir je ne vous en demande pas, vous en êtes incapable; un être qui a pu, lors des préparatifs pour son départ, recevoir son amant dans ses bras, alors qu'elle sait qu'elle est destinée à un autre, n'a point d'âme: elle est au-dessous de toutes les coquines de la terre. Ayant pu avoir la hardiesse de compter sur le sommeil de sa mère et de sa grand'mère, il n'est point étonnant que vous ayez su tromper votre père à Saint-Domingue. Je leur rends justice à tous et ne vois que vous seule de coupable. Vous seule avez pu abuser une famille entière et porter l'opprobre et l'ignominie dans une famille étrangère dont vous étiez indigne. Après tant de forfaits et d'atrocités, que penser des nuages, des contestations survenues dans notre ménage? Que penser de ce dernier enfant survenu après huit mois et quelques jours de mon retour d'Italie (1)? Je suis

(1) M. Frédéric Masson, *Joséphine de Beauharnais...*, p. 145. a confronté les dates et a établi qu'Hortense était bien la

forcé de le prendre, mais j'en jure par le ciel qui m'éclaire, il est d'un autre, c'est un sang étranger qui coule dans ses veines ! Il ignorera toujours ma honte, et, j'en fais encore le serment, il ne s'apercevra jamais, ni dans les soins de son éducation, ni dans ceux de son établissement, qu'il doit le jour à un adultère; mais vous sentez combien je dois éviter un pareil malheur pour l'avenir. Prenez donc vos arrangements : jamais, jamais, je ne me mettrai dans le cas d'être encore abusé, et, comme vous seriez femme à en imposer au public si nous habitions sous le même toit, ayez la bonté de vous rendre au couvent, sitôt ma lettre reçue; c'est mon dernier mot, et rien dans la nature entière n'est capable de me faire revenir. J'irai vous y voir à mon arrivée à Paris, une fois seulement; je veux avoir une conversation avec vous et vous remettre quelque chose. Mais, je vous le répète, point de larmes, point de protestations. Je suis déjà armé contre tous vos efforts, et mes soins seront tous employés à m'armer davantage contre de vils serments aussi faux et aussi méprisables que faux. Malgré toutes les invectives que votre fureur va répandre sur mon compte, vous me connaissez, Madame, vous savez que je suis bon, sensible, et je sais que, dans l'intérieur de votre cœur, vous me rendrez justice. Vous persisterez à nier, parce que, dès votre plus bas âge, vous vous êtes fait de la fausseté une habitude, mais vous n'en serez pas moins intérieurement convaincue que vous n'avez que ce que vous méritez. Vous ignorez probablement les moyens que j'ai pris pour dévoiler tant d'horreurs, et je ne les dirai qu'à mon père et à votre tante. Il vous suffira de sentir que les hommes sont bien indiscrets, à plus forte raison quand ils ont sujet de se plaindre : d'ailleurs, vous avez écrit; d'ailleurs, vous avez sacrifié des lettres

fille d'Alexandre de Beauharnais. Naturellement, de ce fait, la suspicion est jetée sur les autres griefs de la lettre.

de M. de Be... à celui qui lui a succédé; ensuite vous avez employé des gens de couleur, qu'à prix d'argent on rend indiscrets. Regardez donc la honte dont vous et moi, ainsi que vos enfants, allons être couverts, comme un châtiment du ciel que vous avez mérité, et qui me doit obtenir votre pitié et celui de toutes les âmes honnêtes.

Adieu, Madame, je vous écrirai par duplicata et l'une et l'autre seront les dernières lettres que vous recevrez de votre désespéré et infortuné mari.

P. S. — Je pars aujourd'hui pour Saint-Dominique et je compte être à Paris en septembre ou octobre, si ma santé ne succombe pas à la fatigue d'un voyage, jointe à un état si affreux. Je pense qu'après cette lettre je ne vous trouverai pas chez moi et je dois vous prévenir que vous me trouveriez un tyran si vous ne suiviez pas ponctuellement ce que je vous ai dit (1).

Cette lettre n'est pas que de la littérature. Visiblement, Beauharnais a d'autres motifs de rupture, mais de là il ne s'ensuit pas que ses accusations doivent être écartées délibérément. Quand il présume que Joséphine niera, et quand il la déclare menteuse par nature, exagère-t-il? Non, sans doute, car l'avenir lui donnera, sur ce point, raison. Seulement, ce sera Bonaparte qui, à son détriment, en fera la constatation. Cette scène de larmes, que Beauharnais redoute et veut éviter, Joséphine ne la jouera-t-elle pas en l'an VIII, au retour de Bonaparte d'Égypte? Mais cela, c'est du futur. Pour l'instant, Beauharnais cite

(1) *Archives Nationales*, série Y, dossier 13975. — Cf. C. D'ARGUZON, *Hortense de Beauharnais ;* Paris, 1897, in-18 ; p. 13 et suiv.; FRÉDÉRIC MASSON, *Joséphine de Beauharnais...*, p. 138 et suiv.

des faits et des noms. Il ne dissimule point qu'il tient ses renseignements des amants eux-mêmes et des intermédiaires de la liaison, ces nègres que Barras met au compte de la créole. Mais M. Masson est presque tenté de lui en faire un grief. D'où voulez-vous donc qu'il les tirât? de la famille de Joséphine, elle-même? On ne saurait raisonnablement le soutenir. Cependant, le fait que Beauharnais se soit trouvé le premier à formuler ces accusations, ne permet-il pas de suspecter, un peu moins qu'on ne le fait, les témoignages de Montgaillard et de Tercier? S'ils ont menti, ils ont menti en bonne compagnie.

Alexandre, qui annonçait son retour pour septembre ou octobre, ne débarqua qu'en octobre, dans les premiers jours du mois, vraisemblablement, car, à la date du 20, on trouve, datée de Châtellerault, une nouvelle lettre de lui à Joséphine :

J'ai appris avec étonnement en arrivant en France, écrit-il, par les lettres de mon père, que vous n'étiez pas encore dans un couvent, ainsi que je vous en avais témoigné la volonté par ma lettre datée de la Martinique. J'imagine que vous avez voulu attendre mon arrivée pour vous soumettre à cette nécessité, et que ce retard ne doit pas être considéré comme un refus. En vous écrivant au mois de juillet dernier, j'avais déjà fait toutes mes réflexions, et mon parti était décidément pris. Vous sentez que ce n'est pas une fièvre inflammatoire et putride que j'ai eue, occasionnée par l'excès de ma douleur, qui aura pu me faire changer d'avis, non plus que les rechutes continuelles durant quatre mois pendant lesquels j'ai été entre la vie et la mort, non plus que l'entier dérangement de ma santé qui me fait craindre de ne la jamais bien rétablir. Je suis inébranlable dans le parti que j'ai pris, et je vous engage même à dire à mon père et à votre tante que leurs efforts seront inutiles et ne pourront tendre qu'à ajouter à mes maux, tant au moral qu'au physique, en mettant ma sensibilité en jeu et me mettant dans l'obligation de contrarier leurs désirs. Quant à nous, ceci soit dit sans fiel, sans humeur, pouvons-nous habiter ensemble après ce que j'ai appris ? Vous seriez tout aussi malheureuse que moi par l'image perpétuelle de vos torts que vous sauriez être connus de moi. Et, quand même vous seriez incapable d'un remords, l'idée que votre mari aurait acquis des droits à vous mépriser, ne serait-elle pas tout au moins humiliante pour votre amour-propre ? Prenez donc, croyez-moi, le parti le plus doux, celui d'acquiescer à mes désirs, et préférez, dans cette cruelle position, la certitude de ne point éprouver de mauvais procédés de ma part à l'obligation dans laquelle vous me mettriez d'en mal agir et d'user sévèrement avec vous si vous ne vous soumettiez pas à ce que j'exige. Je ne vois cependant aucun inconvénient, si vous désirez retourner en Amérique, à vous laisser prendre ce parti-là, et vous pouvez opter entre le retour dans votre famille et le couvent à Paris. Comme j'espère faire en cinq ou six jours les soixante-dix lieues qui me séparent encore de la capitale et, qu'une fois rendu, j'aurai besoin de me promener en voiture pour me distraire et suppléer à la faiblesse de mes jambes, vous m'obligerez d'envoyer à Paris mes chevaux et ma voiture pour dimanche prochain 26 du courant. Si Euphémie veut profiter de cette occasion pour y amener Eugène, j'en serai très reconnaissant, et je lui devrai un plaisir, et il y a bien longtemps que je n'en ai goûté...

Vous ne trouverez dans ma lettre aucuns reproches et combien cependant ne serais-je pas en droit d'en faire, mais à quoi serviraient-ils ? Ils ne détruiraient pas ce qui a existé, ils n'auraient pas même le pouvoir de vous rendre vraie ! Ainsi, je me tais. Adieu, Madame ; si je pouvais déposer ici mon âme, vous la verriez ulcérée au dernier point, mais ferme et décidée de manière à ne jamais changer. Ainsi nulle tentative, nul effort, nulle démarche qui tende à m'émouvoir. Depuis six mois je ne m'occupe qu'à m'endurcir sur ce point. Soumettez-vous donc ainsi que moi à une conduite douloureuse, à une séparation affligeante pour vos enfants, et croyez, Madame, que, de nous deux, vous n'êtes pas la plus à plaindre (1).

Quoi qu'en ait prié Alexandre, des tentatives sont faites auprès de lui, en vue d'un rapprochement, par son père et la Renaudin. C'est une peine superflue. En novembre suivant, Joséphine, décidée à lui intenter un procès, se retire avec sa tante, rue de Grenelle, au couvent de Panthémont, une manière d'abbaye de Thélème pour dames du monde en rupture de ban conjugal. C'est de là qu'elle date toutes ses lettres de défense, c'est de là qu'elle écrit ce billet pour répondre à une nouvelle accusation, — entre cent autres ! — d'Alexandre :

M. le vicomte de Beauharnais doit se rappeler, dit-elle, que je ne voulus pas le laisser partir pour la Martinique sans le charger de quelques présents pour ma famille : une pension de trois mille six cents livres, ayant des maîtres à payer, se trouva trop modique dans ce moment pour mon cœur, je fus donc obligée de m'endetter, mes couches arrivèrent, mon papa devait tenir mon enfant (*Hortense*) avec la comtesse de Beauharnais, il n'était point à portée de faire les frais du baptême, je les fis. Pour les acquitter, vous jugez bien,

(1) Frédéric Masson, *Joséphine de Beauharnais...*, p. 141 et suiv.

Monsieur, que je ne trouvai d'autre expédient que de me défaire d'un objet qui m'avait été donné (1). Je ne répondrai rien relativement aux meubles, M. de Beauharnais doit savoir que je n'ai rien et que j'ai besoin de tout; mais, comme l'argent n'est pas mon Dieu, cet objet n'est pas celui qui m'occupe le plus... (2).

C'est de Panthémont encore, que la tante Renaudin dirige l'instance en séparation, car il ne peut être question du divorce, dont la loi votée, le 20 septembre 1792, ne sera promulguée que cinq jours plus tard. Mme Renaudin manœuvre bien habilement ou Alexandre a bien des torts, car l'acte sous seing privé qui, le 3 mars 1785, règle la séparation est entièrement pour donner satisfaction à Joséphine. On dit que c'est parce qu'Alexandre n'a pas pu fournir les preuves de ses griefs. C'est donc un étourdi accompli? Pourquoi, diable, a-t-il laissé à la Martinique les nègres et les amants de sa femme?

Tout compte fait, il avoue ses torts. Cela ne veut point dire que Joséphine ait raison.

A cette époque, ce même mois, à l'École militaire royale de Paris, le jeune élève Napoléon Buonaparte apprend que son père vient de mourir. L'écolier a alors quinze ans et sept mois.

(1) Il s'agit d'un médaillon donné par le père d'Alexandre à Joséphine.

(2) Lettre autographe signée. Paris, 17 mars... *Collection de M. E...*, de Zurich. Vendue 85 francs en 1843. — *Manuel de l'amateur d'autographes*, lettre B. — *L'Amateur d'autographes*, nº 18, 16 septembre 1862, p. 281.

II

L'AUTRE TANTE, OU LA SENSIBLE FANNY

Libre, Joséphine va habiter Fontainebleau. Sa vie est assez effacée, quelque peu besogneuse, car déjà elle contracte des dettes, ces dettes qui se chiffreront par des millions sous l'Empire. De la Martinique, d'où elle attend de l'argent, rien ne vient, et pour cause. Les Tascher, là-bas, se débattent dans des difficultés financières, énormes par les embarras qu'elles causent, minimes quant aux chiffres. Les Beauharnais sont demeurés en bons termes avec la jeune femme, et particulièrement le père d'Alexandre. On voit Joséphine solliciter pour lui, et telle lettre datée du 13 janvier 1787, au Ministre de la Guerre, demande pour son beau-père la pension de retraite due à son ancien titre de gouverneur général de la Martinique (1). C'est donc bien uniquement Alexandre qui s'est séparé de sa femme.

(1) Lettre autographe signée, 2 pages in-8, vendue 27 francs, sous le n° 251, à la vente Charavay, 1861. — *Manuel de l'amateur d'autographes*, lettre B. — *L'Amateur d'autographes*, n° 18, 16 septembre 1862, p. 283.

A cette époque elle fréquente assidûment le salon de cette Fanny de Beauharnais dont Lebrun a dit qu'elle n'avait :

... que deux petits travers :
Elle fait son visage et ne fait pas ses vers (1).

Ce à quoi La Harpe répliquait que le premier de ces ouvrages ne valait pas mieux que les autres.

Caricature anglaise contre Bonaparte.

Fanny complétait à merveille, mais dans un autre genre, la Renaudin. Point de couple plus plaisant dans la vie de Joséphine.

Cette « sensible » Fanny, qui écrivait à Voltaire qu'elle n'était « ni dévote ni superstitieuse (2) », était née Marie-Anne-Françoise Mouchard. Son père était receveur général. A quinze

(1) Cité dans *le Petit Almanach de nos grandes femmes, accompagné de quelques prédictions pour l'année* 1789. Londres. in-12.

(2) Lettre autographe signée. Paris, 19 août 1767, 2 pages un quart in-4. — *Catalogue E. Charavay*, novembre 1887, n° 25,

ans elle épousait le comte de Beauharnais et, quelques mois plus tard, elle le plantait là. On le voit, les Beauharnais ont toujours joué de malheur avec leurs femmes. Libre, elle avait, rue Montmartre, ouvert un cabinet d'esprit. C'est pourquoi on l'a crue « de l'école de la duchesse du Maine (1) », ce qui est pour le moins exagéré. Si elle, répétait à tous ses amis : « Des vers, je vous en prie les vers me consolent de tout », du moins savait-elle se taire quand ils les lisaient. Elle « savait écouter et paraître écouter quand elle n'écoutait pas (2) », a-t-on dit. C'est déjà quelque chose. Cette « sensible » créature qui devait être consolée de tout, le fut, sur le terrain galant, par Dorat. De fait, elle « avait donné dans les lettres surtout pour y trouver des amants (3) ». Elle en trouva beaucoup. N'avait-elle pas écrit une épître aux hommes où se lisaient ces promesses :

> Sexe qui vous croyez le maître,
> Soyez au moins digne de l'être.
> Justifiez votre fierté ;
> Et puis ce sera notre affaire,
> Quand vous l'aurez mérité,
> De vous surpasser pour vous plaire (4) !

(1) MARY SUMMER, *Quelques Salons de Paris au dix-huitième siècle.* Paris, s. d., in-8, p. 212.

(2) E. et J. DE GONCOURT, *Histoire de la société française sous la Révolution.* Paris, nouv. édit., p. 9.

(3) FRÉDÉRIC MASSON, *Joséphine de Beauharnais...*, p. 120.

(4) *Almanach des Françaises célèbres par leurs vertus, leurs talents ou leur beauté ; dédié aux dames citoyennes, qui les premières ont offert leurs dons patriotiques à l'Assemblée nationale.* Paris, 1790, in-12.

Ce fut son affaire souvent, à ce qu'il semble. Elle n'eut d'ailleurs que l'embarras du choix parmi les habitués de son salon. Ils y étaient reçus d'étrange et poétique manière. La dame trônait dans un boudoir bleu de ciel à peine éclairé, mollement étendue sur un divan, une couronne de roses sur le coin de l'oreille. Il paraît qu'autour d'elle on circulait comme des ombres, en « tâtonnant pour trouver un siège (1) ». C'est dans cette ombre, en tâtonnant peut-être, lui aussi, que Dorat trouva la « sensible » Fanny. A Mably, Buffon, Colardeau, Delille, Mercier, Ducis, Cazotte et Restif de la Bretonne, familiers du lieu, il fut préféré. Ce choix fixe le goût de cette Corinne de table d'hôte littéraire.

Mais comment résister à ce Dorat qui lui dépêche ses ouvrages avec des vers qui sont au lyrisme, ce que demain les discours de M. de Fontanes seront à l'éloquence ?

Reçois les fruits de mes loisirs,
C'est à toi que je les dédie,
A toi qui consoles ma vie,
Qui fais ma gloire et mes plaisirs.
Va, je méprise la fumée
D'un insipide et froid encens :
Je te dois tous mes sentiments :
Ton suffrage est ma renommée...
Pardonne aux écarts indiscrets
D'une muse libre et fantasque
Qui ne peut soutenir le masque,
Et toujours franche en ses portraits.
J'ai peint, j'ai trop chéri peut-être,

(1) MARY SUMMER, *vol. cit.*, p. 219.

L'amour qui change à chaque instant;
Mais j'ai repris un nouvel être,
Et j'ai connu l'amour constant
Dès que je vins à te connaître (1).

On ne saurait, en vérité, plus platement penser et écrire.

Il se trouva cependant quelqu'un pour dépasser, sur ce terrain, Dorat. Ce fut ce Michel de Cubières qui, né à Roquemaure le 27 septembre 1772, et écuyer de la comtesse d'Artois, se révéla un des plus fougueux partisans de la Commune insurrectionnelle de 1792. Cubières poussa l'admiration de Dorat au point de lui prendre son nom. Dorat-Cubières ne lui suffisant pas, il y ajouta le nom de Palmezeaux, ce qui fit l'accuser d'aristocratie aux Jacobins, quelques années après. Ce à quoi, brûlant ses dieux et reniant ses noms, Cubières répliqua péremptoirement: « Je ne suis pas noble, et je m'appelais Antoine, mais je n'ai voulu avoir aucun rapport avec les saints du Paradis, et surtout avec un saint aussi sale. » Ceci tranchait tout.

La liaison de Cubières avec Fanny de Beauharnais fut publique et longue. Quand elle mourut en 1813, à l'âge de soixante-quinze ans, Cubières se trouva désemparé et misérable au point qu'il dût tirer argent de ses opinions. Ce qui ne lui réussit guère, car, le le 23 août 1820, il mourait misérablement, jacobin repenti et royaliste bon teint.

Cubières, « M. le chevalier de Cubières », célébrait galamment sa dame. Un petit recueil poétique du

(1) *L'Amateur d'autographes*, nos 139-140, 1-16 octobre 1867, p. 299.

temps donne un spécimen de ses badinages, dans des *Couplets faits pour la fête de Madame la comtesse de Boharnais* (sic), *le 4 octobre* 1788. Ceci en donnera le ton :

Du printems le chantre est jaloux
D'annoncer la saison nouvelle,
Et votre parler est plus doux,
Que les accens de Philomèle ;
Si d'amour, grâces au printems,
La flamme est partout répandue,
Il reparoît cet heureux tems,
On aime, dès qu'on vous a vue (1).

Dorat pouvait, on le voit, envier à son successeur la maîtresse, non les vers.

Lebrun, qui déniait à la dame la maternité de ses vers, ne les avait certes point lus. S'il l'eût fait, il ne se fût point permis son épigramme. Les vers de la « sensible » Fanny étaient assez mauvais pour être d'elle.

On en trouve de curieux dans un recueil de 1807 (2). C'est une ode *A Bonaparte au moment où le peuple français votait sur cette question : Napoléon sera-t-il consul à vie ?*

Elle débute en déclarant que :

(1) *Les Étrennes du Parnasse* ; Paris, 1791, in-12, pp. 199, 200.

(2) *Couronne poétique de Napoléon le Grand, empereur des Français, roi d'Italie et protecteur de la Confédération du Rhin, ou Choix de poésies composées en son honneur.* Paris, chez Arthur Bertrand, libraire, acquéreur du fonds de Buisson, rue Hautefeuille, nº 23, 1807. — Ce volume in-8 a pour épitaphe le vers d'Horace : *Monumentum ære perennius.* — L'ode de Fanny de Beauharnais se trouve pp. 156 et 157.

Toujours mon sexe adora les héros ;
Au temps jadis il en fut l'âme :
Ces temps, hélas ! étaient trop beaux,
C'était régner que d'être femme !

Comme Fanny Mouchard se souvient de ses salons de la rue Montmartre et de la rue de Tournon ! Suit une plainte qui part d'un excellent naturel :

Pourquoi, sans nulle politesse,
Nous priver de l'honneur de donner notre voix
A celui qui causa la commune allégresse,
Qui nous créa de sages lois,
Et qui, jeune, égala par de nobles exploits
Les plus fiers conquérants de Rome ou de la Grèce ?

C'est ensuite une tirade en faveur du féminisme... qui l'eût cru ?

... Messieurs, nous avons un instinct délicat,
Qui, pur et vrai, jamais ne nous égare...

Bonaparte la déclarait une « bonne femme » mais méprisait son genre de littérature, ce en quoi on ne saurait le blâmer. On peut donc penser que c'est par surprise que se glissa dans sa bibliothèque, marquée du cachet bleu de son cabinet, des lettres dorées : *Cabinet de l'Empereur*, une des plus extravagantes productions de sa parente : *la Marmotte philosophique, ou la Philosophie en domino, précédée des Amours magiques et suivie de la Nouvelle Folle anglaise et de plusieurs autres nouvelles et opuscules* (1). Ce qui peut faire

(1) Cet exemplaire (Paris, chez Guillaume, 1811, 3 t. en 1 vol. in-12) fit partie de la vente des collections de feu M. Paul Dablin, en juin 1906. Il était porté sous le n° 11 du catalogue.

croire à cette surprise, c'est que l'Empereur ne se sentit aucun goût pour les autres élucubrations de l'amie de Cubières, comme : *A tous les penseurs, salut !* paru en 1773, *les Malheurs de l'inconstance*, *les Sacrifices de l'Amour*, ou *l'Abailard supposé ou le Sentiment à l'épreuve*, qui date de 1780 (1). Du moins, on ne retrouve point ces titres sur les catalogues des bibliothèques impériales.

Fanny de Beauharnais avait une fille, Marie-Françoise, « taille de 4 pieds 9 pouces, cheveux et sourcils noirs, nez bien fait, bouche petite, visage ovale, menton rond, front petit », dit son acte d'écrou sur les registres de Sainte-Pélagie, où elle fut enfermée le 10 brumaire an II (2). Elle épousa le frère d'Alexandre, le *féal Beauharnais*, et, pour ne pas faire mentir les traditions de la famille, divorça dans les premiers temps de la Révolution. Elle habitait alors 11, rue Neuve-des-Mathurines.

Quant au fils de Fanny, le comte Claude de Beauharnais, né le 29 septembre 1756, on le trouve officier des gardes françaises sous Louis XVI, sénateur, chevalier d'honneur de Marie-Louise sous l'Empire, pair de France sous la première Restauration, et nul et

(1) Amsterdam, et à Paris chez Gueffier, 1780, in-8. — Même absence des *Lettres de Stéphanie*, roman historique en trois parties ; Paris, 1778, 3 vol. in-8, et de l'*Ile de Félicité, ou Anaxis et Theone, poème philosophique en trois chants, précédé d'une Épître aux femmes, et suivi de quelques poésies fugitives* ; Paris, chez Richard, an I, in-8, dont une seconde édition parut, en l'an II, chez Masson.

(2) *Registre d'écrou de la prison de Sainte-Pélagie*, cit. par ALEXANDRE SOREL, *le Couvent des Carmes et le Séminaire de Saint-Sulpice pendant la Terreur*, 2e édition, Paris, 1864, in-18, p. 259.

insignifiant sous tous les régimes. Il tenait beaucoup de sa mère (1).

*
* *

Est-ce dans ce milieu, où sa souple et vive grâce fait contraste avec la décrépitude plâtrée de sa tante, que Joséphine fait la rencontre des amants que, dès 1788, on lui attribue ? Cela n'a rien d'invraisemblable. Parmi eux, on trouve un certain M. de Cresnay, cousin de M. de la Vieuville, que signale M. Frédéric Masson, qui ne conteste pas sa présence auprès d'elle. On y trouve encore Charles de Salivac, baron de Viel-Castel, qui prétend descendre des Croisés (c'est possible) et est alors, pour le présent, officier des dragons. Mais 1788, est-ce bien la date à laquelle on peut placer ses relations avec Joséphine ? « Mon père... avait été son amant avant son mariage avec Napoléon, » écrit son fils, sans plus (2). Mais cela est vague et peut tout aussi bien s'appliquer à l'époque du Directoire. Amant en 1788 ou en 1795, peu importe au surplus. Est-ce que cela empêchera M. de Viel-Castel de devenir le chambellan de l'impératrice répudiée et de se trouver, en 1814, parmi les beaux esprits qui souhaitent voir pendre « l'ogre de Corse » ?

Ces deux gentilhommes-là, est-ce tout le menu fretin amoureux de Joséphine, séparée de fait mais

(1) En 1808, Portalis transmet à Cambacérès les titres de Claude de Beauharnais avec l'indication de la livrée et des armes qu'il désire adopter. Cf. *Catalogue Noël Charavay*, n° 394, juin 1909, pièce n° 64938, offerte à 10 francs.

(2) *Mémoires du comte Horace de Viel-Castel sur le règne de Napoléon III* (1851-1864), publiés d'après le manuscrit original et ornés d'un portrait de l'auteur, avec une préface par L. Leouzun Le Duc; Paris, 1883-1884, in-8, t. III, p. 16.

non de droit ? On ne saurait se prononcer. Mais, en 1790, on en trouve un autre, M. Scipion du Roure, qu'elle « se donnait elle-même (1) », officier de marine dont cette conquête semble bien être le plus valeureux exploit. « Que faut-il penser de Scipion du Roure ? » se demande M. Frédéric Masson. Mon Dieu, que Joséphine était fort capable d'en avoir fait le successeur de M. de Cresnay.

Cet officier de marine, elle l'a connu lors de son retour de la Martinique, en 1790. En juin 1788, brusquement, sans motifs apparents, elle a pris, pour y retourner, le premier bateau venu. On s'est demandé si c'était pour des questions d'argent ou d'amour. Peut-être l'un et l'autre. Le fait est, qu'aucune explication vraisemblable n'a pu être donnée de ce départ. On a dit que Joséphine avait regagné la Martinique pour régler la succession de son père. Or, son père est mort le 7 novembre 1790, et le départ est, nous l'avons dit, de juin 1788. C'était prévoir le décès d'un peu loin.

Le séjour de Joséphine à la Martinique, quel qu'en fut le motif, fut assez long : deux ans et deux mois. Le 4 septembre 1790, elle se rembarqua sur la frégate *la Sensible*. Elle y était, écrit d'Antraïgues à Louis XVIII (2), avec ce Spicion du Roure déjà nommé.

Arrivant en France, vers la fin de cette même année, Joséphine débarquait à temps pour être enveloppée dans l'orage de la Révolution à son aurore.

(1) FRÉDÉRIC MASSON, *Joséphine de Beauharnais...*, p. 162.
(2) TH. IUNG, *ouvr. cit.*, t. III, p. 108, note.

III

L'ARISTOCRATE QUI GRAISSE LA GUILLOTINE

Rendons ce titre à M. de Vogüé. Il lui appartient. Nous touchons ici à l'instant où la guillotine va rendre Joséphine veuve, où son mari montant au gluant tréteau de Sanson, la rendra tout à fait libre, — a-t-elle jamais cessé de l'être? — et retiendra pour la dernière fois l'attention. Beauharnais, révolutionnaire, mérite-t-il cette injure académique? Il n'est peut-être pas inutile de voir rapidement si la vérité s'accommode de l'assurance promulguée par la haute autorité historique de M. de Vogüé.

En 1789, le bailliage de Blois l'envoie comme député de la noblesse aux États-Généraux. Dans l'Assemblée Nationale, quand le docteur Guillotin propose l'égalité des peines dans un débat qui tourne à l'enthousiasme (1), Beauharnais est parmi les

(1) Sur les débats qui précédèrent l'adoption de la guillotine en France, voir notre volume *la Guillotine en 1793, d'après des documents inédits des Archives Nationales*, Paris, 1908, in-18, p. 28 et suiv.

votants qui adoptent la proposition humanitaire. Comme il a voté l'égalité des peines, il votera l'admissibilité à tous les emplois pour les citoyens français, il proposera même un article relatif à ces droits, sera élu secrétaire et demandera un ordre de travail sur les différentes parties de la force militaire (1). En 1790, son activité ne diminue en rien. S'il travaille avec ardeur au Champ-de-Mars, aux préparatifs de la Fête de la Fédération, si avec l'abbé Siéyès il s'attelle à la même charrue pour labourer « la terre sacrée de la Fédération » (2), où Bailly, plus tard, ne sera pas jugé digne d'être guillotiné, il ne montre pas moins d'ardeur à la tribune de l'Assemblée. Il vote pour que les juifs de Bordeaux continuent à jouir des droits dont ils sont en possession; il propose d'accorder aux religieux, restant dans le cloître, les vergers qui n'excéderont pas six arpents; il conteste au roi le droit de décider de la guerre ou de la paix; il propose des moyens pour prévenir l'usurpation militaire, lui, dont la veuve deviendra la femme de celui qui fera l'opération policière du 18 brumaire; il fait l'éloge de Bouillé, dans l'affaire de Nancy; il s'oppose à ce que les officiers de toute arme soient admis au concours dans les états-majors; il vote pour

(1) Nous empruntons ce résumé analytique à l'ouvrage : *Révolution française : Table alphabétique du Moniteur de* 1787, *jusqu'à l'an VIII de la République* (1799) ; à Paris, chez Girardin, éditeur et propriétaire, au Cabinet littéraire, Palais du Tribunat, Galerie des Bons-Enfants, n° 156 ; des presses de J.-E. Charles, imprimeur, rue Guénégaud, vis-à-vis la Monnaie, n° 18 ; an X de la République française (1802), t. I, pp. 94, 95.

(2) *Biographie de tous les ministres*..., déjà cit., p. 19. — F.-S. Mercier, dans *le Nouveau Paris*, rapporte, lui aussi, le fait.

le renvoi des ministres à l'occasion de l'insubordination de l'escadre de Brest; il ne veut pas que le Roi puisse commander ses armées en personne, et, cette même année, il parle trois fois encore sur des sujets militaires. Deux autres discours, sur les mêmes objets, sont faits par lui, au début de 1791, à la suite desquels il vote la loi provisoire sur la résidence de la famille royale; puis cinq autres discours encore sur les matières militaires, parmi lesquels un qui demande à l'Assemblée le droit pour les soldats d'assister aux réunions des clubs en dehors du temps du service.

Le dimanche 19 juin, il est élu président, et c'est en cette qualité qu'il marche, en tête de l'Assemblée en deuil, derrière la dépouille funèbre de Riquetti de Mirabeau mené triomphalement au Panthéon français. C'est au fauteuil qu'il est, le mardi 21 juin, quand arrive la nouvelle de la fuite du Roi. Un mot le rend célèbre : « Messieurs, dit-il, le roi est parti cette nuit, passons à l'ordre du jour. » C'est lui encore qui promet, à Drouet et à Guillaume, des récompenses nationales pour la part prise par eux à l'arrestation du monarque fugitif et traître à ses serments; le 31 juillet, il est élu président pour la seconde fois, et de cette date à la fin de l'année, le *Moniteur* donne quatre nouvelles interventions de lui dans des affaires militaires (1). Et entre temps, il vote le crédit de

(1) Quand on trouve des autographes d'Alexandre de Beauharnais, il est extrêmement rare qu'ils traitent d'autre chose que d'affaires militaires où il se spécialise. Signalons notamment un curieux dossier offert, à 15 francs, il y a quelques années, dans la *Revue des autographes, des curiosités de l'histoire et de la biographie,* n° 169, août-septembre 1894. Il était composé de trois pièces, datées de 1791, de la prési-

100.000 francs accordé par l'Assemblée au soutien des peintres, des sculpteurs et des graveurs. Son influence politique n'est pas si nulle qu'on a bien voulu le dire. Ses ennemis comptent avec lui, et l'écho s'en retrouve dans maintes brochures et dans plus d'un factum (1).

Quand arrive la Législative, Beauharnais est dirigé sur l'armée du Nord, le 23 mai 1792, comme adjudant-général. Il y est le 10 août, et c'est de là qu'il adresse aux commissaires de l'armée son serment de fidélité. Le 7 septembre suivant, il est envoyé en qualité de chef d'état-major à l'armée qu'on forme sur le Rhin. Il ne sera pas oublié dans les éloges du ministre Pache. Lavalette n'exagère donc nullement quand il parle de « son activité infatigable ». Et on peut le croire quand il le déclare aimé de l'armée (2). De cette armée, le 30 mai 1793, il est nommé général en chef, remplaçant Custine qui lui décerne des louanges. Il est en faveur au point que, le 13 juin suivant, on lui offre le portefeuille de la Guerre, qu'il refuse d'ailleurs, soit qu'il en devine la charge trop lourde, soit que les lauriers à cueillir sur les rives germaniques lui semblent plus enviables. La Convention le confirme dans son poste de commandant de l'armée du Rhin. En présence de l'ennemi,

dence de Beauharnais, et relatives à deux projets de marché, soumis au Comité militaire, pour la fourniture de 72.000 fusils fabriqués à Liége.

(1) Et notamment dans la *Sommation faite au tribunal de l'opinion publique à MM. Victor Broglie, Bonnecarrère, Alexandre Beauharnais, Villars, Voidel, président, secrétaires, etc., du Club des Jacobins et signataires d'une lettre envoyée à leurs frères et amis, le 24 janvier* 1791. Paris, in-8, 8 pp.

(2) LAVALLETTE, *Mémoires*, nouv. édit. in-8, p. 80.

il n'oublie point Paris et sa politique d'agitation. Il se trouve parmi ceux-là qui demandent à la Commune d'expulser les nobles des fonctions publiques :

Vous savez, citoyens administrateurs, écrit-il, que j'ai prié avec instance la Convention nationale de nommer un autre que moi au ministère de la guerre. La faiblesse de mes talents qui sont loin d'être au niveau de mon zèle, me fera toujours fuir les postes éminents, mais si je suis peu jaloux du commandement des armées et des places qui donnent une influence sur les affaires publiques, je le serai toujours de l'estime de mes concitoyens, et en particulier d'une Commune qui se distingue par son ardeur républicaine, d'une Commune à laquelle la France doit non seulement la chute du trône, mais encore cet esprit public qui peut préserver à jamais des despotes, en formant des amis à la liberté, et des Brutus contre la tyrannie.

Zélé partisan de la République, constamment attaché à la cause du peuple, je n'ai jamais cessé de défendre ses droits dans les sociétés populaires, où des milliers de mes concitoyens attestèrent qu'avec courage j'ai attaqué le trône, les prêtres, les nobles, les feuillants, les modérés, et enfin tout ce qui mettait obstacle à la révolution la plus complète, ou pouvait seulement faire transiger sur le bonheur public; tel je serai toujours, citoyens administrateurs. Soldat de ma patrie, je combattrai pour elle jusqu'à la mort; et quand la philosophie vous commande de ne plus voir dans les hommes que leurs vertus ou leurs vices personnels, accordez votre confiance à celui qui ne veut d'autre récompense de son dévouement, à celui dont le dernier soupir sera pour le bonheur de l'humanité, la liberté des peuples et la gloire du nom français (1).

(1) *Lettre du citoyen Alexandre Beauharnais, général commandant en chef l'armée du Rhin, aux citoyens composant le*

M. Frédéric Masson juge assez sévèrement ce style. « Il éprouve une joie sans égale, dit-il, à écrire des phrases pompeuses, creuses et longues, à en écrire des pages après des pages (1). » Longues, soit; creuses, non, car si ce que Beauharnais écrit est creux, toute la littérature révolutionnaire est creuse. C'est d'ailleurs ce que l'historiographe de Joséphine n'est pas loin de penser. On peut en appeler contre lui, non à Mirabeau qu'on peut récuser, mais à Saint-Just, ce Bonaparte de la Terreur, dont les proclamations aux armées supportent la redoutable comparaison avec celles du vainqueur d'Arcole. Mais il est vrai que Beauharnais n'est pas Saint-Just. Vaut-il Tallien, bavard brouillon et intarissable phraseur? Oui, sans doute. Et c'est pourtant Tallien qui a fait tomber Maximilien de Robespierre!

Sa correspondance avec Paris est active. Le 8 juillet, entre autres, il adresse à la Convention, un rapport sur l'état de Mayence, et au rapport il joint des assignats et de la monnaie de billon fabriquée pour soutenir le siège. Un décret de la Convention, le

Conseil général de la Commune de Paris; Au quartier général à Wissembourg, le 20 juin 1793, l'an II de la République. — Cette lettre est donnée sous la rubrique *Mélanges* dans le *Supplément à la Gazette nationale*, dimanche 14 juillet 1793, pp. 113, 114, de la réédition de Léonard Gallois. Elle a subi vraisemblablement quelques modifications à l'impression, car le dernier paragraphe, par exemple, que nous avons tenu en main, lors de la vente Paul Dablin, dont la pièce faisait partie, n° 210, était ainsi rédigé : « Soldat de ma patrie, je combattrai pour elle jusqu'à la mort et quand la philosophie vous commande de ne plus voir dans les hommes que leurs vertus ou leurs vices personnels, accordés (*sic*) votre confiance à celui qui vous la demande pour récompense de son dévouement. »

(1) Frédéric Masson, *Joséphine de Beauharnais...*, p. 127.

ARMÉE
DU RHIN

ÉTAT-MAJOR GÉNÉRAL.

Au Quartier-général à Strasbourg

le 5 février 1793, l'an 2e de la République.

Copie d'une lettre du Ministre de la guerre à l'armée

Paris le 31 Janvier 1793 l'an 2e de la Rep. fran.

Le Ministre de la guerre aux Soldats de la Patrie

Citoyens

Les Préparatifs que la République est dans le cas de faire pour repousser avec avantage les tirans coalisés contre sa liberté, demandent l'assistance d'un grand nombre de bras, principalement pour la réparation et la perfection du système de nos places de guerre. J'ai pensé, Citoyens, que nos défenseurs ne se refuseraient point à donner quelque

en faire l'invitation ceux qui ont defendu et souffert
si courageusement la campagne dernière pour le salut
de leurs concitoyens sauront encore leur donner cette marque
de leur fraternel attachement les ingenieurs et les officiers
d'artillerie seront dans le cas de requerir vos secours
pour les reparations et l'armement des places. je leur
fais part de mes esperances et je suis sur que vous
les remplirez

Signé Pache

Pour copie conforme à l'original
Le M[al] de camp chef de l'etat major
de l'armée du Rhin
Alexandre Beauharnais

Un autographe d'Alexandre de Beauharnais, général en chef de l'armée du Rhin, premier mari de Joséphine. (*Collection Hector Fleischmann.*)

15 juillet, envoie la monnaie au cabinet des médailles (1). Quand intervient le décret qui éloigne les nobles des armées, il offre sa démission (2). Dès lors, une singulière apathie le prend. Il ne fait plus rien, sinon l'amour. A ce petit jeu, il a pour partenaire une fille Rivage, dont nous trouvons, sur des demandes de secours, le nom écrit de diverses manières : Rivang ou Rivalse. Sur le Rhin, Beauharnais a trouvé Capoue.

On lui en fait, d'ailleurs, grief. Dès le 12 juin précédent, le Comité de Salut public avait reçu contre lui une dénonciation dont l'indignation n'est pas sans avoir quelque teinte prudhommesque : « Ancar, ex-commissaire du pouvoir exécutif, envoyé à l'armée des Vosges, alors commandée par Custine, écrit ce pur jacobin, passant par Strasbourg, a appris qu'il était de notoriété publique que Beauharnais, commandant temporaire, au lieu de s'occuper du salut de la chose publique, employait ses jours à courtiser les Laïs et ses nuits à leur donner des bals (3). » On peut croire que ses jours et ses nuits avaient encore

(1) *Collection générale des décrets rendus par la Convention nationale avec la mention de la date de l'apposition du sceau* ; mois de juillet 1793 ; à Paris, chez Baudouin, imprimeur de la Convention, in-8, p. 106.

(2) « Les généraux Sparre et Alexandre Beauharnais, l'un commandant de Strasbourg, et l'autre chef de l'armée du Rhin, ont écrit aux commissaires de la Convention, qu'ayant le malheur d'être issus d'une *caste proscrite*, ils se croyaient, en républicains, obligés de demander leur démission, pour ôter à leurs concitoyens tous les sujets d'inquiétude qui pourraient être contre eux dans ces moments de crise. » *Gazette nationale ou le Moniteur universel*, mercredi 14 août 1793.

(3) *Feuilles d'histoire du dix-septième au vingtième siècle*, n° 4, 1er avril 1909, p. 344.

d'autres distractions. Elles ne retenaient point Beauharnais au point qu'on peut présumer, puisque, le 23 août 1793, il offre sa démission aux représentants en mission qui, l'ayant refusée d'abord, l'acceptent enfin. Et, désormais, après cela, c'en est fini. L'histoire du général jacobin est terminée.

On se demande en quoi il a « graissé si bien » la guillotine ?

*
* *

Dans le tourbillon des rouges journées de 93 et de 94, Joséphine s'efface. Dans la vie de Beauharnais elle ne reprend aucune place et si un rapprochement s'esquisse, il n'est que momentané et on ne peut s'y arrêter. Elle demeure donc étrangère à la vie politique de son mari.

« Elle n'avait ni les aptitudes, ni les ambitions d'une Mme de Staël ou d'une Mme Roland (1) », confesse un de ses apologistes les plus ingénus. De fait, la pauvre petite créole en eut été bien incapable. Tout ce qu'elle peut faire, c'est se prodiguer et rendre service. Elle y est quelquefois obligée, poussée par les événements, mais peu importe le mobile, elle rend service quand même.

C'est l'arrestation de la fille de Fanny de Beauharnais qui lui en donne la première occasion. Le *féal Beauharnais*, a passé les frontières et est allé prendre l'air de Coblentz. Il n'a oublié que les désagréments qui en pouvaient résulter pour sa femme, Marie-Françoise. Le 10 brumaire, an II (31 octo-

(1) IMBERT DE SAINT-AMAND, *les Femmes des Tuileries : la jeunesse de l'impératrice Joséphine*, p. 31.

bre 1793), elle est arrêtée et écrouée à Sainte-Pélagie. C'est pour elle que Joséphine tente une démarche hasardeuse et hardie auprès de Vadier.

Vadier, c'est une terrible figure de la Terreur. Philarète Chasles, qui, jeune, le vit, le silhouette en quelques mots : « le nez crochu, le menton plus pointu, l'œil plus petit et sautillant dans son orbite (1) ». Plus Voltairien que Voltaire, voltairien gascon, il disait de Robespierre à la chute duquel il avait participé par son rapport sur l'affaire de Catherine Théot : « Rovespierre ! anéanti ! fini !... Ze l'ai abîmé (2) ».

Ses amis, à leur tour, devaient un jour « l'abîmer » au point qu'il ne s'en releva pas.

Sous la Terreur, Vadier présidait le Comité de sûreté générale de la Convention. Il habitait rue Saint-Honoré, n° 1446, au premier au-dessus de l'entresol, un appartement noir, lugubre, sinistre comme lui. Intérieur misérable et nu où le lit de sangle était poussé dans une alcôve sans rideaux, dans une pièce garnie d'une commode, entre la fenêtre et la cheminée, d'un secrétaire misérable et de quelques chaises de paille. C'est dans un tel logis que Joséphine entreprenait de solliciter la mise en liberté de sa belle-sœur. Mais Vadier n'avait rien d'un fermier général terroriste, ce n'était pas un ministre de l'ancien régime que cet athéiste attardé. Il claqua sa porte au nez de la solliciteuse.

Alors, elle lui écrivit.

Cette lettre, un des documents les plus curieux de

(1) PHILARÈTE CHASLES, *Mémoires*, 2e édition, Paris, 1876, in-18 ; t. I, p. 47.

(2) *Ibid.*, t. I, p. 51.

la biographie de Joséphine, de trois pages pleines du format in-8, parut, pour la première fois, dans une vente publique d'autographes, en 1855 (1). Elle fut alors vendue 200 francs. Cinq ans plus tard, elle reparaissait au feu des enchères (2) et était adjugée au prix de 450 francs. Elle entrait alors dans la collection de feu M. Chambry, au décès duquel elle fut vendue pour la troisième fois (3). Nous ignorons depuis en quelles mains elle a passé. Jusqu'en 1863, elle est restée inédite, hormis un court passage analysé par le *Manuel de l'Amateur d'autographes* (4).

Elle est rarement citée, et c'est dommage, car elle est à l'honneur de Joséphine, mais d'une Joséphine « sans-culotte montagnarde », que les pompes du sacre font quelque peu oublier (5).

(1) Vente Laverdet, n° 196.

(2) Vente Charavay, n° 256.

(3) Elle figurait sous le n° 47, à la page 7 du *Catalogue de la précieuse collection de lettres autographes composant le cabinet de feu M. Chambry*, Paris, 1881, in-8.

(4) *L'Amateur d'autographes*, n° 18, 16 septembre 1862, p. 282.

(5) Sur la foi d'un texte tronqué, publié par M. ALBERT TOURNIER, *Vadier, président du Comité de Sûreté générale sous la Terreur, d'après des documents inédits*, Paris, 1896, in-8, pp. 168, 169, nous avions pu croire, dans un ouvrage précédent, que cette lettre était exclusivement consacrée à la défense des opinions et de la conduite d'Alexandre de Beauharnais. S'il y est défendu, on le verra, ce n'est qu'incidemment. Le texte complet publié par M. ALEXANDRE SOREL, *vol. cit.*, pp. 256 à 258, le démontre amplement.

Paris, 28 nivôse, l'an II de la République
une et indivisible.

LIBERTÉ, ÉGALITÉ

La Pagerie Beauharnais, à Vadier, représentant du peuple.
Salut, estime, confiance, fraternité.

Puisqu'il n'est pas possible de te voir, j'espère que tu voudras bien lire le mémoire que je joins ici. Ton collègue m'a fait part de ta sévérité, mais en même temps il m'a fait part de ton patriotisme probe et vertueux, et que, malgré tes doutes sur le civisme des ci-devant, tu t'intéressais toujours aux malheureuses victimes de l'erreur. Je suis persuadée qu'à la lecture du mémoire, ton humanité et ta justice te feront prendre en considération la situation d'une femme malheureuse à tous égards, mais seulement pour avoir appartenue à un ennemi de la République, à Beauharnais l'aîné, que tu as connu et qui, dans l'Assemblée Constituante, était en opposition avec Alexandre, ton collègue et mon mari. J'aurais bien du regret, citoyen représentant, si tu confondais dans ta pensée Alexandre avec Beauharnais l'aîné. Je me mets à ta place, tu dois douter du patriotisme de tous les ci-devant, mais il est dans l'ordre des possibilités que, parmi eux, il se trouve des ardents amis de la liberté, de l'égalité. Alexandre n'a jamais dévié de ces principes : il a constamment marché sur la ligne ; s'il n'était pas républicain, il n'aurait ni mon estime ni mon amitié. Je suis Américaine et ne connais que lui de sa famille ; et s'il m'eût été permis de te voir, tu serais revenu de tes doutes. Mon ménage est un ménage républicain ; avant la révolution, mes enfants n'étaient pas distingués, des sans-culottes, et j'espère qu'ils seront dignes de la République.

Je t'écris avec franchise en sans-culotte montagnarde ; je suis comme toi, je ne crois pas au patriotisme sans probité, sans vertu ; je ne me plains de ta sévérité que parce qu'elle m'a privée de te voir, et d'avoir une petite conférence avec toi.

Je ne te demande ni faveur, ni grâce ; mais je ré-

CEDULE pour assigner les témoins aux débats.

AFFAIRE Drouin

De la part du Président du Tribunal révolutionnaire, établi à Paris, par la loi du 10 mars dernier, soit, par un huissier du Tribunal, donné assignation, aux témoins qui lui seront indiqués par l'accusateur-public, à comparoître le vingt messidor neuf heures du matin en l'auditoire du Tribunal, pour y faire leurs déclarations sur les faits et circonstances contenus en l'acte d'accusation dressé contre le nommé en icelui, aux peines portées par la Loi, en cas de non comparution, sans excuse légale.

Au Tribunal le 15 messidor de l'an second de la République, une et indivisible.

Une convocation de témoin au Tribunal Révolutionnaire

clame ta sensibilité et ton humanité en faveur d'une citoyenne malheureuse. Si on m'avait trompée en me faisant le tableau de sa situation, et qu'elle fut et te parut suspecte, je te prie de n'avoir aucun égard à ce que je te dis, car comme toi je suis inexorable : mais ne confonds pas ton ancien collègue, crois qu'il est digne de ton estime. Malgré ton reffus (*sic*), j'applaudis à ta sévérité pour ce qui me regarde, mais je ne puis applaudir à tes doutes sur le compte de mon mari.

Tu vois que ton collègue m'a mandé tout ce que tu lui as dit ; il avait des doutes ainsi que toi, mais voyant que je ne vivais qu'avec des républicains, il a cessé de douter. Tu serais aussi juste, tu cesserais de douter si tu avais voulu m'écouter.

Adieu, aimable citoyen ; tu as ma confiance entière.

LAPAGERIE BEAUHARNAIS.

43, *rue Saint-Dominique, faubourg Saint-Germain.*

Vadier, qui ne se sent aucun goût pour les « petites conférences » avec une jolie femme, ne répond pas. Il ne répondra jamais, mais quarante-quatre jours plus tard, exactement, il signera, avec ses collègues du Comité de sûreté générale, l'ordre d'arrestation d'Alexandre de Beauharnais.

Evidemment, la lettre ci-dessus, signée de Joséphine et écrite de sa main, n'est point rédigée par elle. Peut-être la tante Fanny y a-t-elle mis quelque chose de son style déclamatoire, mais faute de preuves, comment se prononcer ?

On le voit, plus d'un mois avant l'arrestation d'Alexandre, on prévoit la catastrophe, on la devine. Quant à Marie-Françoise, elle attendra le 15 vendémiaire an III, pour être libérée. Le 27 germinal an II, elle a été transférée de Sainte-Pélagie à la prison des Anglaises ; des Anglaises, le 4 floréal, elle rentre à Sainte-Pélagie, et de Sainte-Pélagie, le 8 vendémiaire, elle va à Port-Libre, aujourd'hui la Maternité. Là s'achèvent ses pérégrinations dans les maisons de force. L'intervention de Joséphine, on le constate, a été d'un piètre effet.

Alexandre, revenu de l'armée du Rhin, s'est retiré dans le Loir-et-Cher, à la Ferté-Imbault, terre de famille.

Malgré des certificats de civisme recueillis dans tous les clubs du département, et d'autre part, il n'est pas à l'abri des suspicions et des dénonciations. Une d'elles est accueillie et motive l'arrêté suivant :

CONVENTION NATIONALE
COMITÉ
DE SURETÉ GÉNÉRALE ET DE SURVEILLANCE
DE LA CONVENTION NATIONALE

Du 12 ventôse, l'an second de la République française, une et indivisible.

Le Comité de sûreté générale arrête que Beauharnais, ci-devant commandant en chef de l'armée du Rhin et actuellement maire de la commune de Romorantin, sera conduit et mis dans une maison d'arrêt de Paris, que les scellés seront apposés sur ses papiers, distraction faite de ceux qui seront trouvés suspects, charge le citoyen Sirejean, commissaire du Comité, de s'adjoindre, pour l'exécution des dispositions ci-dessus, deux membres du Comité de surveillance de ladite commune, les autorisant à requérir à cet effet, près des autorités constituées, tous secours nécessaires.

Les représentants du peuple,
membres du Comité de sûreté générale :

VADIER, JAGOT, LOUIS (*du Bas-Rhin*)
LEBAS, DAVID, DUBARRAN.

Que reproche-t-on au général révolutionnaire ? D'avoir, par l'inaction de son armée, causé la perte de Mayence. Et pour corser le grief, Fouquier-Tinville accole, dans son réquisitoire, au nom de Beauharnais, le titre de « complice des trahisons de

Dumouriez (1) ». On a guillotiné des accusés pour de moindres motifs.

Le 5 thermidor, Alexandre comparaît devant le Tribunal révolutionnaire. La fournée du jour comporte quarante-neuf accusés, parmi lesquels Gouy d'Arcy, l'ex-constituant, Champcenetz, qui demande si « c'était ici comme à la Garde nationale, si on pouvait se faire remplacer », André-Jean Boucher d'Argis, ex-lieutenant particulier au Châtelet de Paris, le prince Frédéric de Salm-Kirbourg, colonel allemand, l'amiral Louis-Armand de Montbazon-Rohan, le chanoine François-Charles-Antoine Dautichamp, « frère de l'infâme chef de l'affreuse guerre de Vendée », et le général Thomas Ward. Sur les quarante-neuf accusés, quarante-six montèrent le même jour dans les charrettes de Sanson et, dans l'éclat radieux du crépuscule de Thermidor, furent menés à la Barrière du Trône Renversé.

Rien ne signale les derniers instants de Beauharnais. Ce n'était qu'un mort parmi tous ces morts. A toutes les têtes sanglantes et pourpres, éparses dans le tombereau ruisselant du bourreau, sa tête se mêla.

Le soir de cette hécatombe, il fut inhumé dans la fosse commune du couvent de Picpus. C'est là que reposent aujourd'hui encore ses ossements anonymes, parmi ceux de Chénier et des Carmélites de Compiègne. Le lieu, en brumaire, est sinistre avec ses quatre murs verdis et lépreux, avec son gazon haut et vert, ses ifs gémissants. Des Tascher se sont, sous l'Empire, choisis ce coin solitaire pour sépulture. Leur nom,

(1) *Archives Nationales*, série W, dossier 429, carton 146.

sur une pierre écrasée d'armoiries, révèle seul qu'à quelques pas de là, dans la terre gorgée et grasse, pourrissent noblement les restes du général jacobin, — du premier mari de Sa Majesté l'Impératrice des Français (1).

(1) Sur Picpus, le seul cimetière demeuré intact de ceux de 93 et 94, voir le chapitre : *Le dernier charnier de la Terreur*, dans notre volume *Anecdotes secrètes de la Terreur*, Paris, 1908, p. 9 et suiv.

IV

JOSÉPHINE SUSPECTE

Ce qu'est la prison des Carmes sous la Terreur, les almanachs des prisons nous l'apprennent (1). C'est la moins *muscadine* des prisons, c'est-à-dire qu'on y est le moins bien traité. Le lieu, malgré la présence de jolies femmes, comme Mmes de Custine et Charles de Lameth, ne perdait en rien de son aspect sinistre. Les tragiques souvenirs de sep-

(1) Sur les Carmes et la détention de Joséphine dans cette prison, on trouvera quelques détails et des anecdotes dans A. Serieys, *la Mort de Robespierre, tragédie en trois actes et en vers, avec des notes où se trouvent des particularités inconnues relatives aux journées de septembre et au régime intérieur des prisons, notamment une relation complète de l'abbé Sicard, et des anecdotes concernant Gandolphe, secrétaire de M. Montmorin, Mme de Beauharnais, Chatriat, Béhourt et un soldat suisse qui, pour échapper à la mort, le* 10 *août, s'était caché dans une des cheminées du château, et beaucoup d'autres ; ouvrage précédé du poème de l'Anarchie en* 1791 *et en* 1792, *et suivi de quatorze dialogues entre les personnages les plus célèbres dans la Révolution par leurs vertus ou par leurs crimes* ; Paris, 9 thermidor an XI, in-8 ; et Pisani, *la Maison des Carmes* (1610-1875), Paris, in-12, *passim*.

tembre planaient là, vivants et présents, et le sang des assassinés, éclaboussé sur les murs, séchait à peine. L'humidité des cachots y était telle, qu'au matin, les prisonniers avaient besoin de tordre leurs habits. Les corridors, où on couchait, étaient, comme le reste de la prison d'ailleurs, infestés de vermine et inhabitables de par l'odeur des latrines.

Des sous-bois ombreux de la Martinique, des rives chaudes des rivières bondissantes, des paysages illuminés et parfumés des îles bienheureuses, tomber à ce charnier, à ce cloaque, à ce pourrissoir! Toute la vie de Joséphine est faite de ces contrastes.

Sur un ordre du comité révolutionnaire de la section des Tuileries, elle était entrée aux Carmes le 2 floréal :

Le concierge de la maison d'arrêt des Carmes recevra la citoyenne Beauharnais, femme du général, suspecte aux termes de la loi du 17 septembre dernier, pour y être détenue jusqu'à ce qu'il en soit autrement ordonné et par mesure de sûreté générale.

Fait au Comité, le 2 floréal, l'an II de la République une et indivisible :

PITOT CARRIC MOREAU LACOMBE
GAUDY LOUIS-FRANÇOIS-CHARVET DORNET (1).

Alexandre de Beauharnais y était depuis un mois et demi quand elle y arriva. Fut-ce l'occasion d'un rapprochement entre les deux époux, et sous la

(1) *Archives de la Préfecture de Police ; Registre des écrous de la maison d'arrêt dite des Carmes, commencé le 28 germinal l'an IIe de la République une, indivisible et impérissable, coté et paraphé et numéroté par moi Roblâtre, concierge de ladite maison*, cit. par ALEXANDRE SOREL, *vol. cit.*, pp. 238, 248, notes.

menace de la mort eurent-ils le regret des voluptés passées ? C'est une chose possible, malgré qu'aux Carmes les femmes fussent séparées des hommes. « L'on n'a pu longtemps entrevoir les femmes que par leurs fenêtres, qui sont détenues au nombre de vingt, et ne mangent au réfectoire qu'après les hommes, » dit une relation du temps (1). Au surplus, c'est un détail qui importe peu, puisque nous savons que des amants détenus communiquaient très aisément avec leurs maîtresses en liberté. Il ne s'agissait que d'y mettre le prix. Le citoyen Vignereux, porte-clefs d'une prison provisoire, rue Saint-Maur, se trouvait dans ce cas (2). Peut-être le citoyen Roblâtre, concierge des Carmes, était-il sensible aux mêmes arguments. Mais pour Joséphine et son mari, on a mieux que des présomptions, on a le commencement de preuve qu'apporte la lettre d'adieu du condamné. C'est la veille de sa mort, de la Conciergerie où on l'a transféré pour son interrogatoire, qu'il écrit à la créole. Cette lettre de l'an II, qu'on la rapproche de celle envoyée de la Martinique, le 8 juillet, il y a eu onze ans exactement, quinze jours

(1) C.-A. DAUBAN, *les Prisons de Paris sous la Révolution, d'après les relations des contemporains avec des notes et une introduction*, Paris, 1870, in-8, p. 373.

(2) Ces faits sont constatés par un rapport de l'administrateur de police Dupaumier, à la date du 17 germinal an II, par les interrogatoires (*Archives Nationales*, série F7, dossier 4639). A cette minute se trouve joint un arrêté du 18 germinal du Comité de Sûreté générale, signé Louis (*du Bas-Rhin*) et Dubarran, envoyant le porte-clefs Vignereux en détention à la Force « et à défaut de place dans toute autre maison d'arrêt pour y rester jusqu'à nouvel ordre ». Vignereux fut vraisemblablement oublié ou bénéficia d'une ordonnance de mise en liberté, car il ne comparut point au Tribunal Révolutionnaire.

auparavant. Et, entre ces deux dates, tient toute la jeunesse de Joséphine, et tout le roman amoureux de son premier mariage.

Le 4 thermidor, l'an II de la République française, une et indivisible.

Toutes les apparences de l'espèce d'interrogatoire qu'on fait subir aujourd'hui à un assez grand nombre de détenus, font que je suis la victime des scélérates calomnies de plusieurs aristocrates, soi-disant patriotes de cette maison. La présomption que cette infernale machination me suivra jusqu'au tribunal révolutionnaire, ne me laisse aucun espoir de te revoir, mon amie, ni d'embrasser mes chers enfants. Je ne te parlerai point de mes regrets, ma tendre affection pour eux, l'attachement fraternel qui me lie à toi ne peuvent te laisser aucun doute sur le sentiment avec lequel je quitterai la vie sous ces rapports. Je regrette également de me séparer d'une patrie que j'aime, pour laquelle j'aurais voulu donner mille fois ma vie, et que non seulement je ne pourrai plus servir, mais qui me verra échapper de son sein, en me supposant un mauvais citoyen. Cette idée déchirante ne me permet pas de ne te point recommander ma mémoire. Travaille à la réhabiliter, en prouvant qu'une vie entière consacrée à servir son pays et à faire triompher la liberté et l'égalité doit, aux yeux du peuple, repousser d'odieux calomniateurs, pris surtout dans la classe des gens suspects. Ce travail doit être ajourné, car dans les orages révolutionnaires, un grand peuple qui combat pour pulvériser ses fers, doit s'environner d'une juste méfiance et plus craindre d'oublier un coupable que de frapper un innocent. Je mourrerai (*sic*) avec ce calme qui permet cependant de s'attendrir pour de plus chères affections, mais avec ce courage qui caractérise un homme libre, une conscience pure et une âme honnête dont les vœux les plus ardents sont pour la prospérité de la République. Adieu, mon amie, console-toi par mes enfants, console-les en les éclairant et surtout en leur apprenant que c'est à force de vertus et de civisme qu'ils doivent effacer le souvenir de mon supplice et rappeler mes services et mes titres à la reconnaissance nationale. Adieu, tu sais ceux que j'aime, sois leur consolateur et prolonge par tes soins ma vie dans leur cœur. Adieu, je te presse ainsi que mes chers enfants, pour la dernière fois de ma vie, contre mon sein (1).

A cette lettre, noble malgré le ton, comment Joséphine a-t-elle répondu ? On le verra bientôt. Et qu'a-t-elle fait pour la mémoire blasphémée et outragée de Beauharnais ? Rien. Est-ce elle qui, en l'an VII, fait rappeler par Rewbell que le guillotiné du 5 thermidor a été poussé à l'échafaud par la calomnie ? Non. Est-ce grâce à elle que Bauharnais a, décorant le grand escalier du Luxembourg, sa statue au Sénat conservateur, sous l'Empire ? Aucunement. Et sur la fosse commune de Picpus, une pierre atteste-t-elle que quelque chose est demeuré en sa mémoire de l'homme qui lui donna son nom ? Point. Alors ? Elle a vécu, comme beaucoup, comme tous. Et elle a aussi aimé.

Quand la lettre d'Alexandre lui parvient, elle est aux Carmes depuis quatre-vingt-treize jours. Encore quinze jours, encore une suprême fournée, le 10 ther-

(1) *Almanach des prisons, ou anecdotes sur le régime intérieur de la Conciergerie, du Luxembourg, et sur les différents prisonniers qui ont habité ces maisons sous la tyrannie de Robespierre, avec les chansons, couplets qui y ont été faits* ; à Paris, chez Michel, rue des Prouvaires, n° 64, l'an III de la République, in-32 ; pp. 129, 130, 131.

midor, et elle sera libre. L'ivresse de l'air de cette journée d'évasion respirée, elle sera consolée de tout, au point de parler plus tard, sans amertume outrée, de ses cent huit jours de détention (1). C'est un oiseau des Iles sorti de cage. « Dans le nombre des sorties d'aujourd'hui, écrit le prisonnier Coittant, à la date du 19 thermidor, nous avons eu celle de la citoyenne Beauharnais. Cette femme était généralement aimée ici. Le plaisir d'apprendre que Tallien venait soulager ses peines, en brisant ses fers, excita mille applaudissements, auxquels elle fut si sensible qu'elle s'en trouva mal. Quand elle fut revenue à elle-même, elle nous fit ses adieux, et sortit au milieu des vœux et des bénédictions de toute la maison (2). »

Le nom de Tallien, prononcé dans cette circonstance, a fait écrire que c'est à la Notre-Dame-de-Thermidor, à qui revient la honteuse gloire de la journée du 9, que Joséphine dut la levée de son écrou aux Carmes.

C'est une légende sur laquelle M. Arsène Houssaye a brodé les variations les plus charmantes de son charmant génie (3). Imbert de Saint-Amand les a rééditées, car son livre suit presque pas à pas, en certains passages, le texte d'Arsène Houssaye. Comme lui, il place Mme Tallien en prison aux Carmes, où elle n'a jamais mis les pieds, mais, une fois encore, s'il le fait, c'est parce qu'il copie son prédécesseur.

(1) *Les Collections d'autographes de M. de Stassart*, notices et extraits par M. le baron KERVYN DE LETTENHOVE ; Bruxelles, 1879, in-8, p. 153.

(2) Cit. par C. A. DAUBAN, *vol. cit.*, p. 375.

(3) ARSÈNE HOUSSAYE, *Notre-Dame-de-Thermidor, histoire de Mme Tallien*, 2e édition, Paris, MDCCCLXVII, in-8, p. 268 et suiv.

La confrontation des registres d'écrou a permis à M. Alexandre Sorel, de détruire ce racontar, ou tout au moins d'en indiquer la naïve fausseté (1). Si Joséphine a été libérée au lendemain du guet-apens de thermidor, c'est peut-être à Tallien, qu'elle connaît, qu'elle le doit, mais ce n'est certainement pas à celle qui, en cette heure, est encore Thérésia Cabarrus, en attendant qu'elle devienne pis.

Mais si, aux Carmes, la créole n'a point fait la connaissance de la ci-devant marquise de Fontenay, elle y a, en revanche, trouvé Hoche.

(1) ALEXANDRE SOREL, *vol. cit.*, p. 317 et suiv. — La thèse si judicieuse de M. Sorel a pour but de prouver que les signatures de Joséphine, de Mme Tallien et de Mme d'Aiguillon, sur le mur d'une des cellules des Carmes, sont matériellement fausses.

V

HOCHE ET SON PALEFRENIER

Hoche est entré dans la geôle de la rue de Vaugirard, dix jours avant Joséphine. Voici l'ordre d'écrou :

Du 22 germinal an II de la République une et indivisible.

Le Comité de salut public arrête que le général Hoche sera mis en état d'arrestation et conduit dans la maison d'arrêt dite des Carmes pour y être détenu jusqu'à nouvel ordre.

Saint-Just, Collot d'Herbois, Barère, Prieur, Carnot, Couthon, Lindet, Billaud-Varenne (1).

Il a quitté les Carmes le 27 floréal pour être transféré à la Conciergerie, ainsi qu'en témoigne la levée

(1) M. Henri Welschinger, *le Roman de Dumouriez, d'après les documents inédits des Archives Nationales*, Paris, 1890, in-18, p. 111, *note*, et M. Alexandre Sorel, *vol. cit.*, p. 245, donnent tous deux cet ordre d'écrou, mais chacun d'eux estropie le nom des deux signataires : Billaud-Varenne et Barère.

d'écrou. Il y a gagné thermidor, et avec thermidor la liberté : le 17. Vingt-huit jours plus tard, il est parti au poste où on l'a nommé, à l'armée des Côtes de Cherbourg. C'est la date que donne, comme extrême pour son départ, M. Frédéric Masson. En réalité, Hoche est parti le 11 ou le 12 fructidor, puisqu'on a de lui une lettre, datée de Caen, 14 fructidor. Adressée à son cousin, elle lui donne des instructions pour la confection de deux culottes et d'un habit à l'ordonnance. Et il finit : « Que fait ma petite femme ? Te laisse-t-elle un seul instant tranquille ? Embrasse-la pour moi, *sans plus*. Je crains bien que Paris l'ennuie. Je suis très malade et ne reconnais plus ce que c'est qu'aimer. En vérité, c'est un rude fardeau (1). » Cette « petite femme » est-ce Joséphine ? Non, certainement, car Hoche, à cette époque, est marié légitimement, et à cette femme, que sa mort laissera dans une situation précaire, le Premier Consul accordera, le 13 prairial an XII, une pension de six mille francs (2). Hoche, au dire de Barras, « était attaché à sa jeune et vertueuse femme par une tendre estime ; il avait pu la négliger conjugalement, mais non la délaisser et l'oublier pour une galanterie passagère,

(1) *Catalogue Noël Charavay*, n° 387, novembre 1908, pièce n° 66331.

(2) On trouvera une curieuse lettre de Hoche relative à ses embarras financiers, dans la *Revue hebdomadaire*, 25 décembre 1897, p. 549 et suiv. — Au surplus, sur le général, cf. ALEXANDRE ROUSSELIN, *Vie de Lazare Hoche, général de l'armée de la République, suivie de sa correspondance publique et privée*, Paris, an VI, 2 vol. in-8 (une réédition parut en 1800) ; DU CHATELIER, *Documents inédits sur la Révolution : Hoche, sa vie, sa correspondance*, Paris, 1873, in-8 ; ALBERT SOREL, *Bonaparte et Hoche en* 1797, Paris, 1896, in-8 ; ARTHUR CHUQUET, *Hoche et la Lutte pour l'Alsace*, Paris, 1892, in-18, etc.

telle que celle à laquelle avait donné naissance sa rencontre en prison avec la veuve de Beauharnais (1) ».

Cette liaison du prochain pacificateur de la Vendée et de la future impératrice, fut-elle possible et a-t-elle existé ? Si, en de telles matières, la preuve matérielle est presque toujours impossible à administrer, les présomptions morales doivent en tenir lieu pour se prononcer.

HOCHE.

Pour Joséphine, il n'y a aucune impossibilité; pour Hoche, moins encore. Il est aussi grand coureur de filles que grand général. Dans une lettre, où, pudiquement, on a rayé les passages scabreux, il demande qu'un de ses filleuls soit appelé Lazare : « Je te réponds, ma chère cousine, ajoute-t-il, que s'il me

(1) Barras, *ouvr. cit.*, t. II, p. 53.

ressemble, ce fera un assez mauvais sujet, témoin ma conduite à Paris. Ceci est entre nous ; je pense bien que ma petite cousine aura été discrète. » Il se déclare, au surplus, d'une sagesse surprenante, du moins pour le moment. Il court le jour et la nuit, mais il a soin d'ajouter que ce n'est point après les femmes (1). Soit, mais si ce sont les femmes qui courent après lui ? C'est une réputation établie au point que Gohier, annonçant à un de ses amis la nomination de Hoche au ministère de la guerre, et déplorant le défaut d'âge qui ne lui permettait pas d'accepter, disait : « Je lui aurais donné avec un grand plaisir, une de mes années plus heureuses, mais ce cadeau, que feront encore plus volontiers nos jolies femmes de Paris, est malheureusement impossible (2) ». On sait, au surplus, l'influence néfaste qu'eurent sur sa mort les excès amoureux : « Vous savez, disait M. Victorien Sardou, il avait la c... p..., peut-être même quelque chose de plus gros. On lui administra des remèdes de cheval, et c'est ce qui l'a empoisonné (3). » Donc,

(1) Lettre autographe signée, à la citoyenne M. Hoche : Sablé, 5e sans culottide an II (21 septembre 1793), 1 p. in-4. *Catalogue d'autographes Noël Charavay*, février 1908, pièce n° 56.

(2) Lettre autographe signée, à Champion ; au Marais, près Argenteuil, 6 thermidor an V, 4 p. petit in-4. *Catalogue d'autographes Noël Charavay*, n° 385, septembre 1908, pièce 62892. — Offerte à 15 francs.

(3) *La Chronique médicale*, n° 22, 15 novembre 1908, p. 708. — Ce disant, M. Sardou s'appuyait sur le témoignage de la famille Hoche elle-même. Dès le lendemain de la mort du général, un bruit semblable, — et d'ailleurs vraisemblable, sinon vrai, — était mis en circulation. Une biographie de 1827 s'en fait, en ces termes, l'écho : « D'autres, enfin, prétendirent que Hoche n'était mort que des suites de son incontinence, et qu'une jeune femme, qu'il avait épousée depuis peu, et qu'il aimait avec passion, acheva de le con-

pour Hoche, pas de doute. Il a pu être consentant.

Bel homme, il pouvait plaire à Joséphine, surtout à la Joséphine qui, peu après, devait trouver Bonaparte « drôle ». C'était, dit Barras, « l'un de nos plus beaux hommes, plus près des formes d'Hercule que de celles d'Apollon (1) ». Témoignage que confirme Montgaillard, déclarant qu'il était « doué des formes les plus aimables (2). »

Le roman amoureux qui a pu s'ébaucher aux Carmes, et auquel croit même le plus circonspect des historiens (3), fut de courte durée : vingt-six jours à peine, en supposant que, le jour même de son entrée, Joséphine se soit jetée au cou de Hoche. Celui-ci, toujours au dire de Barras, s'en serait excusé, non sans une certaine honte : « Il faut avoir été en prison, avant le 9 thermidor, avec elle, disait-il, pour l'avoir pu connaître aussi intimement : cela ne serait plus pardonnable quand on est rendu à la liberté (4). » Pendant la liberté, cette liaison se serait continuée, peu de jours encore, il est vrai, cette fois, vingt et un ou vingt-deux jours. Joséphine les aurait mis à profit pour pousser Hoche au divorce, ce que le « fier Hoche » repoussa avec « horreur » disant « avec fermeté » à la créole : « qu'on pouvait bien se passer un moment une cattin

duire au tombeau. » *Galerie historique des contemporains ou nouvelle biographie...*, 3e édition, Mons, chez Leroux, libraire, 1827, in-8, t. V, p. 325. — La mort de Hoche a fait l'objet d'une étude médicale du docteur CABANÈS, dans les *Indiscrétions de l'histoire*, t. IV, p. 159, et suiv.

(1) BARRAS, *ouvr. cit.*, t. II, pp. 52, 53.

(2) MONTGAILLARD, *vol. cit.*, p. 222.

(3) « Il ne paraît pas discutable que, aux Carmes, elle fut en coquetterie avec lui. » FRÉDÉRIC MASSON, *Joséphine de Beauharnais...*, p. 242.

(4) BARRAS, *ouvr. cit.*, t. II, p. 54.

pour maîtresse, mais non la prendre pour femme légitime (1) ». Ce fut une des causes de la rupture, paraît-il. Cependant Montgaillard en indique une seconde : « Peu de temps avant sa mort, il ne cachait pas la répugnance qu'une semblable liaison lui inspirait, dit-il, car Joséphine ne cessait de lui demander de l'argent (2) ». Or, Hoche est mort le 29 fructidor an V, et Joséphine s'est mariée avec Bonaparte le 19 ventôse, an IV précédent, c'est-à-dire depuis un an et sept mois. Ces dates jugent l'assurance de Montgaillard.

Barras, qui donne une troisième raison que nous allons examiner, ne suit pas Montgaillard sur ce terrain. Ce n'est pas, évidemment, parce qu'il imagine Joséphine désintéressée, loin de là ! « Qu'alors même que le physique paraissait chez Mme Beauharnais être le commencement de ses rapports déterminés par un entraînement involontaire, son libertinage même n'était encore que de tête, et que le cœur n'était point de la partie des plaisirs de son corps; qu'enfin, n'aimant jamais que par intérêt, la lubrique créole, lorsqu'on l'avait crue subjuguée et abandonnée, n'avait jamais perdu de vue les affaires ; qu'elle leur avait tout sacrifié, et que, comme on le disait d'une fille qui l'a précédée dans ce genre d'exploitation, « elle aurait bu de l'or dans le crâne de son amant (3). » Mais cela, ce sont des vétilles, et c'est le ton ordinaire du vicomte. Il fait mieux. On l'a vu donner à Joséphine des nègres, à la Martinique ; il lui donna des palefreniers, à Paris. Il est vrai que, cette fois, il s'abrite

(1) Barras, *ouvr. cit.*, t. II, p. 53.
(2) Montgaillard, *vol. cit.*, pp. 222, 223.
(3) Barras, *ouvr. cit.*, t. II, p. 56.

derrière la mémoire de Hoche, et Hoche ne contestera rien, et pour cause. Le directeur a donc toute latitude pour opérer, et il le fait avec une aisance rare. Les tripotages de tout genre lui ont toujours été familiers.

Après avoir signalé, légèrement, sans y attacher d'importance, un aide de camp de Hoche, « qui, porteur d'une lettre de lui à Mme Beauharnais, avait été tenté par elle, comme Joseph par Mme Putiphar, et n'y avait point laissé son manteau (1), » il dit : « le général Hoche reprochait à Mme Beauharnais des caprices encore moins distingués, le dirai-je et le croirait-on s'il n'en existait la preuve dans une lettre de la main même du général Hoche : « Quant à Rose (2), qu'elle me laisse désormais tranquille ; je la livre à Vanakre, mon palefrenier (3). »

Hoche a-t-il pu écrire une pareille lettre ? On ne sait, mais elle est rendue suspecte doublement, d'abord à cause de Barras, ensuite à cause de l'orthographe du nom du palefrenier. Ce nom est d'origine flamande indiscutablement, malgré que l'homme soit Alsacien, du moins au dire de Barras. Comme tel, le nom s'écrit Van Ackeren, qui veut dire Deschamps. Barras a vraisemblablement entendu prononcer plu-

(1) BARRAS, *ouvr. cit.* t. II, p. 53.

(2) Barras note : « Rose, l'un des noms de baptême de Mme Tascher-Lapagerie, est celui dont elle était appelée parmi nous ; Bonaparte y a substitué depuis celui de Joséphine, qu'il a cru moins familier, moins usé par les antécédents et plus relevé pour être accommodé à une grande destinée, comme il a depuis lui-même changé son nom de Buonaparte en celui de Bonaparte, puis celui de Bonaparte en celui de Napoléon, quand il l'a jugé plus ronflant et plus sonore. » *Mémoires*, t. II, pp. 53, 54.

(3) BARRAS, *ouvr. cit.*, t. II, p. 54.

sieurs fois ce nom devant lui, il l'a retenu phonétiquement et l'écrit de la même manière. On peut objecter que Hoche se trouvait peut-être dans le même cas. C'est possible, mais Hoche n'eut-il jamais l'occasion de voir la signature de l'homme? Cette déduction n'est, naturellement, que relative. Le fait que Barras ait pu y obliger, infirme suffisamment le témoignage posthume qu'il fait rendre à Hoche.

Ce Van Ackeren « d'une taille colossale et d'une force proportionnée », fut de la part de Joséphine l'objet d'attentions particulières. On devine de quel clignement d'œil Barras a pu souligner « cette force proportionnée ». La veuve du guillotiné donna, dit-il, à ce palefrenier, divers cadeaux, son portrait dans un médaillon d'or, une chaîne en or, etc.

Ici, on ne laisse pas que d'être embarrassé. Ces cadeaux, Joséphine les a répétés, quelques années après, avec M. Charles, le « calembouriste râblé », elle l'a accablé de bijoux, elle l'en a couvert, « comme une fille ». Cela donne quelque fondement au dire de Barras. Si elle a fait des présents à Charles, rien ne l'a pu empêcher d'en faire à Van Ackeren. Ni Charles, ni Van Ackeren ne s'en sont vantés, mais qu'est-ce que cela prouve? D'ailleurs, elle a contre elle, en ce point, les habitudes de sa race créole. Point de femme qui ait plus légèrement et plus facilement gaspillé, que Joséphine. Elle donne tout, ses bijoux, ses robes, ses parures, ses châles, à la première venue qui en montre quelque envie. La charité de ce gaspillage ne se serait donc arrêtée qu'aux hommes? C'est peu probable.

On le voit, dans ce débat délicat, les dates ne prennent pas le parti de Joséphine contre Barras.

Lui seul s'étend complaisamment sur cette liaison avec Hoche. C'est de lui que nous tenons, qu'à la mort du général, son secrétaire, Rousselin de Saint-Albin, plus tard son biographe, remit à Joséphine les lettres d'amour qu'elle adressa au prisonnier des Carmes (1). Ces lettres ont-elles véritablement existé? On peut le croire jusqu'à un certain point, le point où commence la créance qu'on accorde à Barras.

*
* *

Libérée le 19 thermidor, une vie nouvelle commence pour Joséphine. Ce n'est plus, désormais, pendant un peu plus d'un an, que la veuve Beauharnais, en attendant qu'elle devienne la citoyenne Bonaparte.

Quel jugement peut-on équitablement porter sur cette première période de sa vie? Et quelle influence cette période aura-t-elle sur la deuxième, la troisième, où elle est impératrice, et la quatrième, où elle est la Répudiée? Sans doute, Alexandre de Beauharnais n'a pas été un mari exemplaire ou modèle. De même qu'il ne fut pas l'époux qu'exigeait Joséphine, elle ne fut point la femme que dut avoir cet homme-là. Ce premier mariage lui a désappris à aimer. Elle ne sera plus désormais qu'une harpe voluptueuse, un bel instrument langoureux, penché et frissonnant sous les doigts habiles, grossiers ou non, qui sauront le faire vibrer. Et elle vibrera souvent, plus attachée à la volupté qu'à toute autre chose. L'amour, elle l'a connu là-bas, oiseau libre et perdu parmi la flore chaude et sauvage des îles, là-bas dans cette Martinique où Alexandre a flairé

(1) BARRAS, *ouvr. cit.*, t. IV, p. 46.

tous les dessous passionnels de sa précoce puberté. C'est que là était son milieu, le cadre et le centre de sa vie. Elle a pu aimer là avec la complicité des nuits langoureuses pleines de parfums et d'étoiles. Quand, destinée à un mari inconnu, elle est arrivée en France, quels horizons ont désormais été les siens? Ceux de la rue Thévenot, et on sait ce qu'ils furent. Elle a connu là, dans cet hôtel morne, froid, glacé dans sa solennité, toutes les amertumes du souvenir, toutes les tristesses de l'exil brumeux, loin de son éclatant soleil, de ses paysages brûlés de lumière. De tout ce beau et cher passé perdu, Alexandre aurait-il pu la consoler? C'est douteux. C'est ainsi donc que, lentement, mais profondément, entre les deux époux, s'est dessinée la séparation de 1785, et pour cette séparation, on l'a vu, le passé de Joséphine a, lui-même, conspiré. La tête de cet homme peut donc tomber. Elle tombe. Et elle l'oublie. Si le souvenir a ses infidélités, Joséphine a cette infidélité-là.

Plût aux dieux, qu'elle s'y fût tenue!

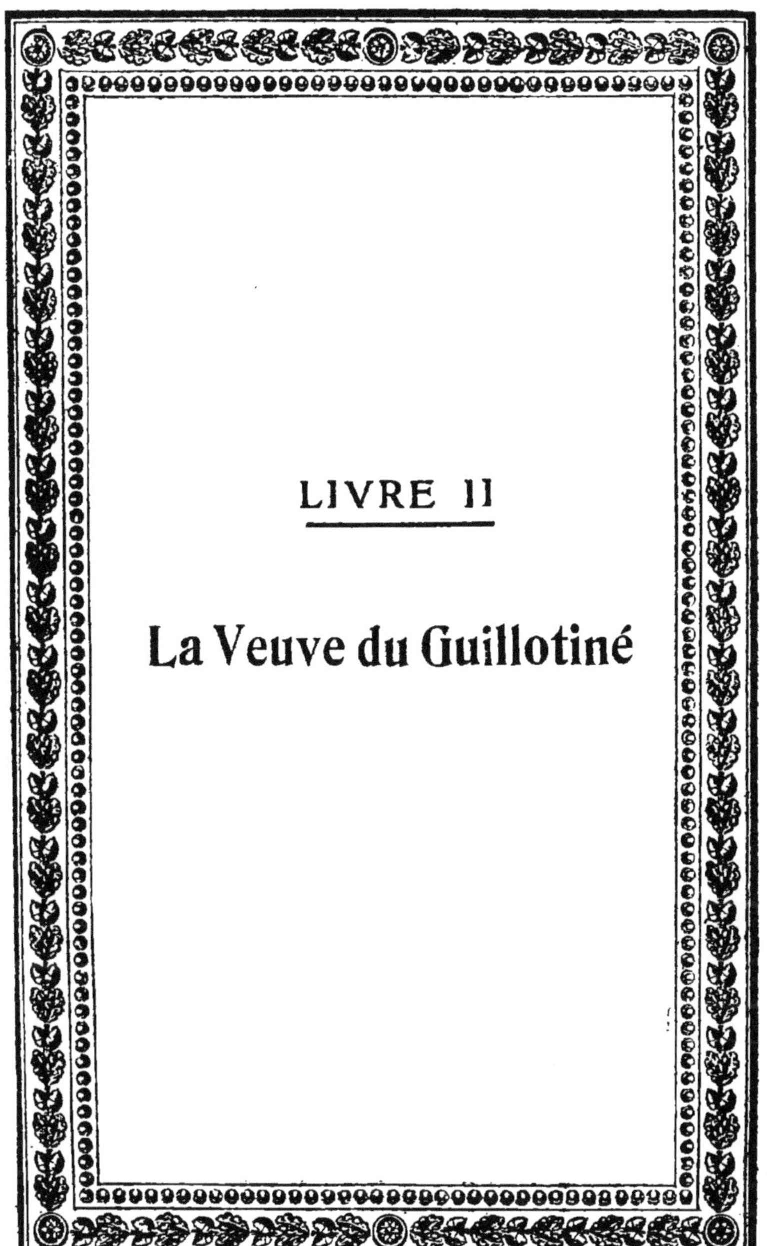

LIVRE II

La Veuve du Guillotiné

I

UN MAUVAIS LIEU, SON TENANCIER ET SES COMMENSALES

Au lendemain de la chute de Robespierre, dans un Paris qui, de la République, tombe dans la crapule, Joséphine se trouve, besogneuse, désemparée, forcée d'emprunter à droite et à gauche, à tout ce qui peut montrer quelque complaisance charitable pour cette veuve sans crédit. Elle fait des billets, les laisse protester, renouvelle, se débat, prise à la gorge par cette médiocrité qui, désireuse qu'elle est de jouir du bien-être, la fera, marche par marche, descendre à la galanterie (1). Instinctivement, il y a chez elle un réveil de la « fille » ; elle a à peine de quoi manger, mais elle veut avoir une voiture. Et à qui la demande-t-elle ? Au comité du Salut Public ! Oh ! elle s'y prend d'une manière tout à fait habile, avec

(1) Un billet protesté de Joséphine dont nous donnons, p. 89, la reproduction, se trouve aujourd'hui au Musée Carnavalet. *Catalogue*, I. B. A. 3413, A, 487.

une rouerie de grand ton. Beauharnais, à l'entendre, a laissé, en quittant l'armée du Rhin, des chevaux dont les représentants du peuple ont disposé. Elle demande fort humblement une indemnité pour cette perte, quelle que soit la somme. Faute d'indemnité, elle se contenterait de trois chevaux et d'une voiture (1). Et elle les obtient. Certes, en cet instant, elle n'a pas de quoi payer le picotin d'avoine de ses alezans, mais peu importe, elle emprunte et roule carrosse. Toute la créole est dans cette spéculation. Et, pour la réaliser, ce sera la seule fois où elle se souviendra qu'un cadavre, qui ne lui est point étranger, dort, quelque part, dans un terrain, aux environs de la Barrière-du-Trône-Renversé.

Le Directoire, que Dazincourt appelle la Régence de la Terreur, ce que Imbert de Saint-Amand traduit par : une parodie de la Régence (2), voit s'ouvrir tous ces salons où on traitera les affaires aussi louches que les amours qu'on y nouera. Dans ce milieu, Thérésia Cabarrus, devenue la citoyenne Tallien, la femme de cet « Alcibiade d'occasion », comme le nomme Arsène Houssaye, de « ce sensible guillotineur », comme le dit Michelet, Thérésia, parmi ces aigrefins, ces tripoteurs, cette séquelle de « ventres » et de « gueules », est reine. Ce qu'est son salon, nous l'avons dit ailleurs déjà (3). Pourquoi

(1) Lettre autographe signée : la veuve Beauharnais ; Paris, 9 messidor an III, 1 p. in-4. — Lettre vendue 37 francs à la vente Trémont, en 1852, n° 176. — *Manuel de l'Amateur d'autographes*, lettre B. — *L'Amateur d'autographes*, n° 18, 16 septembre 1862, p. 282.

(2) IMBERT DE SAINT-AMAND, *les Femmes des Tuileries : la jeunesse de l'impératrice Joséphine...*, p. 218.

(3) Cf. *Napoléon adultère*, liv. I, chap. V, p. 60. Nous y

Joséphine montrerait-elle de la répugnance à y fréquenter, elle qui cherche aventure et entreteneur? Elle y trouvera à peu près l'un et l'autre en la personne de Barras, et dans ce temps se liera avec Thérésia à un point qui fait dire à un écrivain, peu sévère cependant, qu'elle « n'hésitait pas à compromettre sa dignité dans une intimité publique avec Mme Tallien (1) ». Mais la dignité, ce n'est pas ce qu'il faut demander à la veuve du guillotiné, à la Joséphine de l'an III et du Directoire.

Cette intimité avec Notre-Dame-de-Thermidor survivra au Directoire. Mais Napoléon y mettra un jour bon ordre, et ce sera péremptoirement qu'il exigera le renvoi de « cette femme d'horreur et infâme (2) ». Nous avons déjà dit, dans le premier volume de cette enquête, à quel sentiment de morale politique il obéissait alors. Thérésia acceptera cette rupture sans colère, avec un peu de désenchantement mélancolique, peut-être, cette mélancolie qui fit toujours si bon ménage chez elle avec sa galanterie. C'est l'écho de cette amertume un peu souriante et penchée que nous apporte ce billet d'elle à la Joséphine de 1800, à la femme du Premier Consul de la République française :

A Madame de Bonaparte,
au château des Tuileries.

25 vendémiaire an IX.

Le citoyen Bronouville, mon *ancienne* amie, désire pénétrer jusqu'à vous; il croit qu'une lettre de moi

avons étudié les rapports du général Bonaparte avec Mme Tallien.

(1) ARTHUR LÉVY, *Napoléon intime*. Paris, 1897, in-8°, p. 97.
(2) Cf. *Napoléon adultère*, p. 72.

5.

pourra lui être utile et suffira pour vous intéresser en sa faveur. Désabusée par le temps, les circonstances et votre cœur, je ne me livre point à cette douce erreur, mais je n'ai pu refuser à un homme qui a servi pendant vingt-deux ans le gouvernement, un homme qui a tout perdu dans les crises de la Révolution, une preuve de ma bonne volonté. C'est une espérance de bonheur pour lui, et pour moi une occasion de vous rappeler que mon amitié sait résister à toutes les épreuves et qu'elle ne finira qu'avec mes jours.

THÉRÉSIA CABARRUS TALLIEN (1).

Quel accueil Joséphine a-t-elle réservé au porteur de cette recommandation ? On ne sait; mais il est vraisemblable qu'elle ne l'a point mis à la porte, car elle ne fut jamais familière avec l'ironie, et l'impertinence eut toujours des secrets pour elle.

Ayant pris ce ton dans le salon de la Chaumière de l'Allée des Veuves, Joséphine pouvait prétendre à celui que Barras ouvrait au Luxembourg, en sa double qualité de Directeur et de tripoteur. Avec Thérésia, la veuve Beauharnais y alla faire les honneurs, « pour pénétrer dans ma société (2) », a dit Barras. C'est possible. Il ne mentirait pas pour si peu.

C'était un singulier lieu que ce salon officiel, encore qu'aujourd'hui il n'ait guère changé, en certains endroits. Un journal du temps assurait qu'on y « voyait venir (3) ». On sait ce que cela veut dire. Outre le jeu, qui y faisait rage et le transformait en

(1) *L'Amateur d'autographes*, n° 302, 1er octobre 1866, p. 115.
(2) BARRAS, *ouvr. cit.*, t. I, p. 358.
(3) Cité par TH. IUNG, *ouvr. cit.*, t. III, p. 2.

tripot, (1) on y préparait, parmi « des aristocrates les plus corrompus, les femmes perdues, les hommes ruinés, des maîtresses et des mignons (2) », ces vols dont Thiébault dit, fort nettement, que Barras « partageait les produits (3) ». On n'avait pas, le 19 floréal an II, guillotiné tous les Fermiers Généraux.

Dans ce mauvais lieu, salon si on veut, « il fallait, dit M. Frédéric Masson, montrer peau blanche pour être reçu (4). » De fait, Joséphine y montra de la sienne plus qu'il ne le fallait décemment. « Joséphine porte une robe ondée rose et blanche, du haut en bas, avec une queue garnie par le bas d'effilés noirs; un corsage de six doigts, sur le corsage point de fichu; les manches courtes, en gaze noir; gants longs qui dépassent le coude, couleur noisette, qui sied à cette belle violette (!); souliers en maroquin jaune; bas blancs à coins verts. Si elle porte une coiffure à l'étrusque, ornée de bandelettes cerise, je suis sûr que ce n'est pas pour ressembler à l'antique. Elle imite la mode, voilà toute l'ambition de

(1) Duchesse D'ABRANTÈS, *Histoire des salons de Paris, tableaux et portraits du grand monde sous Louis XVI, le Directoire, le Consulat, l'Empire, la Restauration et le règne de Louis-Philippe Ier*, t. III, p. 193. — La première édition parut chez le libraire Ladvocat, en 1837, en 6 vol. in-8. L'édition de Bruxelles est en 5 vol. in-12.

(2) *Mémoires de la Revellière-Lepeaux, membre du Directoire exécutif de la République française et de l'Institut national*, publiés par son fils sur le manuscrit autographe de l'auteur et suivis de pièces justificatives et de correspondances inédites, Paris, 1895, in-8, t. I, p. 318.

(3) *Mémoires du général baron Thiébault*, Paris, in-8, t. I, chap. XII. — Signalons sur Thiébault une rare et curieuse plaquette : *Matériaux pour la biographie de M. le lieutenant général baron Thiébault*; Paris, 1841, in-8°.

(4) FRÉDÉRIC MASSON, *Joséphine de Beauharnais...*, p. 272.

la bonne Joséphine. Mais il arrive que la célèbre Madame de Beauharnais impose la mode (1) ». Nous ne savons où a été pris ce galant déshabillage, mais il ne dut certainement point trop mal aller à la créole. « Un corsage de six doigts et sur le corsage point de fichu !... » Peste ! Il nous paraît bien que M. René Bérenger a, de nos jours, poursuivi en police correctionnelle des demoiselles moins agréablement déshabillées que celle-là. Mais alors la morale genevoise était des plus mal goûtées, et un journaliste écrivait, sans ironie peut-être : « Voilà plus de deux mille ans que les femmes portent des chemises, cela est d'une vétusté à périr (2). » Aussi trouvèrent-elles plus élégant de n'en point porter du tout. Il est vrai qu'il n'y avait point de sénateurs encore au palais directorial du Luxembourg.

Barras y recevait somptueusement, et y donnait à danser dans des soirées aussi tumultueuses et suivies que celles organisées, à 15 sous par tête, au *Jardin de Paphos*, au *Waux-Hall*, à *Tivoli* ou au *Lycée républicain*, aux Porcherons (3). Comment on dansait chez Barras, c'est dans Arsène Houssaye qu'il le faut lire. Le morceau en vaut la peine :

Mme Tallien, Mme de Beauharnais, Mme Récamier, vêtues, comme on disait alors, pour l'amour de Dieu, tant elle savaient l'air de se déshabiller pour entrer dans un salon, gardaient au bras une chlamyde. Dès que les violons chantaient le signal, on les voyait gravement s'élancer sur le théâtre de leur grâce, et, armées de ce

(1) ARSÈNE HOUSSAYE, *vol. cit.*, p. 429.
(2) Cité par ARSÈNE HOUSSAYE, *vol. cit.*, p. 121.
(3) CH. VIRMAÎTRE, *Paris historique*. Paris, s. d., in-18° ; pp. 210, 211, 212.

BARRAS.

tissu léger, comme on disait au temps des périphrases, elles prenaient les attitudes les plus voluptueuses et les plus chastes par leurs manières de se draper. Tantôt, le « tissu léger » était un voile qui cachait l'amoureuse ou l'émotion de l'amoureuse ; tantôt, c'était une draperie pour défendre la pudeur effarouchée ; tantôt, c'était une ceinture, la ceinture de Vénus, que nouait la main des Grâces et que dénouait la main de l'Amour. C'était encore la jarretière espagnole, c'était aussi le nuage des Willis. On n'imagine pas de plus adorables comédies ; jamais l'Opéra n'avait donné de pareilles fêtes : les Sainval et les Contat s'avouaient vaincus par ces comédiennes du théâtre universel. Aussi, combien de fois Mme Tallien, Mme Récamier, Mme de Beauharnais, furent-elles emportées à demi mortes dans le boudoir voisin, avec le flot doré des enthousiastes. (1)

Le morceau est joli. Le spectacle ne devait pas l'être moins, et personne ne songeait à se demander depuis combien de mois était veuve cette belle danseuse du voluptueux trio de ces « déesses de ma raison », comme les appelait Barras, qui, en fait de raison, en manqua souvent.

Pour qui connaît maintenant le milieu et les personnages, le doute est-il possible sur les relations intimes qui existèrent entre Barras et celle dont le marquis de Sade chante, sous le nom de Zoloé, « l'ardeur la plus vive pour les plaisirs ? » Il n'est pas de contemporains qui n'en aient été convaincus. Thiébault est affirmatif (2), Montgaillard dit : « Barras avait admis Mme de Beauharnais dans son sérail (3) », et Barras enfin, lui-même, a avoué. Il est vrai que ce

(1) Arsène Houssaye, *vol. cit.*, pp. 23, 24.
(2) Thiébault, *ouvr. cit.*, t. III, p. 364.
(3) Montgaillard, *vol. cit.*, p. 278.

dernier témoignage est de bien peu d'importance, quoique M. Frédéric Masson ait cru pouvoir dire, et, c'est avec raison, qu'on « se prend à penser que Barras ne l'a peut-être pas tant calomniée (1). » La liaison, à l'époque, semble si peu faire de doute que quand on demande Joséphine comme marraine, on se hâte d'y joindre Barras comme parrain. Et cela quand ? Même après le mariage avec Bonaparte, et tandis que le général est en Égypte ! Matériellement, que prouve le fait ? Rien. Moralement ? Tout. Car, enfin, écrit M. Félix Bouvier, à ce propos, « pour accoupler ces deux noms, les parents avaient dû constater quelque intimité entre les deux personnages (2). » N'est-ce d'ailleurs pas, à la veille du mariage, que Barras place cette scène de quasi-viol que l'éditeur de ses mémoires a remplacée par cinq lignes de points prudents ? « La crudité des termes dans ce passage est telle, que, tout en laissant Barras exprimer assez clairement sa pensée, j'ai dû, par respect pour le lecteur, retrancher quelques lignes. » C'est là l'excuse de M. Georges Duruy. Quant au passage maintenu, le voici :

Me serrant dans ses bras, elle me reprochait de ne plus l'aimer, me répétant que j'étais ce qu'elle avait le plus aimé au monde, et dont elle ne pouvait se détacher au moment où elle allait devenir la femme du petit « général »...

. . . .

. . . .

Je me trouvais presque dans la situation de Joseph à

(1) Frédéric Masson, *Napoléon et les Femmes*, conférence prononcée à la Société des Conférences, le 28 février 1908. — Cf. *Revue hebdomadaire*, 7 mars 1908.

(2) Félix Bouvier, *Une Filleule de Barras et de Joséphine* ; *la Révolution française*, n° 9, 14 mars 1901, p. 210 et suiv.

l'égard de Mme Putiphar. Je mentirais cependant si je prétendais avoir été aussi cruel que le jeune ministre de Pharaon...

. . . .

Je sortis de mon cabinet avec Mme de Beauharnais, non sans quelque embarras de mon côté...(1).

. . . .

Barras s'est douté de l'opinion de ses lecteurs. Aussi, à la page précédente a-t-il pris soin de se dire « un Français élevé dans les principes de la chevalerie ». On ne s'en serait jamais douté. Quant à se déclarer l'amant de la créole : « Il y a peu d'orgueil de ma part, d'autres diraient beaucoup de modestie, dans cette révélation (2). » En effet. Le Luxembourg seul n'était point toujours témoin de ces petites scènes anacréontiques. Elles se passaient hebdomadairement à Croissy, où Joséphine avait un vide-bouteilles. Une fois par semaine, elle y recevait Barras et sa séquelle en partie fine. Il y avait des poulardes, des primeurs, des vins de choix, mais pas de vaisselle. On l'empruntait à un voisin, M. Pasquier. Joséphine, plus tard, devait revoir ce témoin de ses escapades du Directoire. M. Pasquier était alors maître des requêtes et préfet de police de Sa Majesté impériale et royale. M. Pasquier était galant homme. Il ne reconnut point alors sa voisine de Croissy et parut avoir tout oublié. Il ne devait s'en souvenir que dans ses mémoires (3).

Sur cette liaison, les témoignages de Joséphine sont assez nuls. C'est aussi par la paresse qu'elle a

(1) BARRAS, *ouvr. cit.*, t. II, p. 66.
(2) BARRAS, *ouvr. cit.*, t. II, p. 65.
(3) *Mémoires du chancelier Pasquier*, publiés par M. le duc D'AUDIFFRET-PASQUIER ; Paris, in-8° ; t. I (1789-1811), p. 118.

d'écrire, cette paresse qui met aujourd'hui ses autographes hors de prix. Adressées à Barras, nous n'avons retrouvé que deux lettres d'elle. Toutes deux datent des premières années du mariage, ce qui prouve amplement que la brouille entre Bonaparte et Barras ne date véritablement que du 18 brumaire. C'est le 14 fructidor que Joséphine écrit au Directeur, pour le gronder de n'être point venu la voir. Et

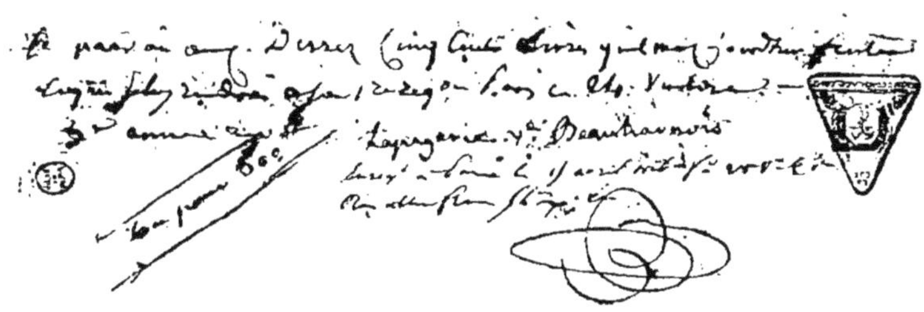

Un billet à ordre de Joséphine, protesté.
(*Musée Carnavalet.*)

elle ajoute : « Si je n'étois bonne femme, je me serois piquée ; heureusement, je n'ai pas de rancune ; ainsi, j'accepte avec plaisir votre invitation pour demain (1). » En effet, elle n'est point « piquée » puisque, plus tard, de Milan, le 18 fructidor, elle lui enverra une caisse de liqueurs « avec les sentiments de la plus tendre amitié (2) ». Il est donc plus que vraisem-

(1) *Inventaire des autographes et des documents historiques composant la collection de M. Benjamin Fillon.* Paris, 1877, nº 185. — Cette lettre, 1 page in-8, était écrite sur un papier à bordures rouges. Un nom avait été coupé dans le texte.

(2) JOSEPH TURQUAN, *Souveraines et Grandes Dames : la citoyenne Tallien, d'après les témoignages des contemporains et des documents inédits.* Paris, s. d., in-18, p. 292. — On trouvera cette lettre in-extenso dans *Napoléon adultère*, pp. 76, 77.

blable que ses lettres d'amour à Barras ont été rares, car celui-ci n'aurait pas manqué de les publier, tout en se réclamant des « principes de la chevalerie. »

Ce même silence, il le garde sur les demandes d'argent réitérées que lui aurait faites Joséphine. En fait de semblables demandes, il les dit adressées à Hoche, mais Montgaillard intervertit les rôles, et qui sait si ce n'est point lui qui, sur ce point, a parfaitement raison ? « Cette créole, dit-il, était fort dissipatrice. » Cela nous le savons, de par les comptes des fournisseurs de Joséphine et de par les observations de l'Empereur. Mais il ajoute : « sa conduite l'obligeait à recourir à tous les expédients de la galanterie. Elle envoya un jour Mme X..., son intime amie, au Luxembourg, battre monnaie. Barras refuse de payer et prétexte que sa bourse est vide. La dame, qui est aussi une des favorites du dictateur, aperçoit la clef du secrétaire, l'ouvre et prend tout ce qu'elle y trouve : « Il faut, mon cher, dit-elle, que vos maîtresses ne manquent de rien : ne vous servent-elles pas suivant vos goûts ? » Et Barras de rire aux éclats (1). Nous savons bien qu'il n'est rien au monde de plus suspect que les historiettes de Montgaillard, mais qui, pour celle-ci, songerait à contester que Barras n'en peut être le héros ?

Les anecdotes de Barras donnent un autre rôle encore à Joséphine. Parlant de la Malmaison, où, en l'an VII, s'établit la citoyenne Bonaparte, il assure qu'elle y voulait, en « pourvoyeuse » désintéressée, « prévenir tous les goûts dont elle ne serait même pas l'objet (2) ». C'est la touche un peu lourde par

(1) MONTGAILLARD, *vol. cit.*, p. 223.
(2) BARRAS, *ouvr. cit.*, t. IV, p. 194.

laquelle Barras achève le portrait, un peu plus qu'en buste, de Joséphine. Mais ici il est pris au piège. Le voilà pris en flagrant délit de plagiat. Dans cette accusation il a eu un prédécesseur qu'il passe sous silence. Il est hors de doute que Barras a lu le pamphlet fameux du juif Lewis Goldsmith ; or, dans ce pamphlet, à la page 124, n'y a-t-il pas une petite note, canevas sur lequel a brodé Barras :

Aujourd'hui, elle (*Joséphine divorcée*) est en rapport avec Mme Campan, directrice de la pension d'Ecouen; et quand les étrangers vont lui présenter leurs hommages, elle sait les captiver par la présence de quelques jolies pensionnaires, à qui elle fait donner des leçons de vertus. Ses bontés sont payées par l'argument irrésistible de Bazille... On ne peut pas toujours être ce qu'on a été (1).

Fi, Barras ! vous toujours si soucieux des « principes de la chevalerie », vous si riche, emprunter à un juif anglais !

(1) *Histoire secrète du cabinet de Napoléon-Buonaparte et de la cour de Saint-Cloud*, par Lewis Goldsmith, notaire, ex-interprète près les cours de justice et le Conseil des prises de Paris, 3e édition, 1er juillet 1814, à Londres, de l'imprimerie de T. Harper le Jeune, Crane Court, Fleet Street ; à Paris, chez les marchands de nouveautés ; 1814, in-8, p. 124.

II

« LE SABRE DE MON PÈRE »

De ce que Barras ment, comme tout Méridional bon teint, il importe de ne pas conclure à la candide innocence de Joséphine. Elle-même se chargera de démontrer que sur ce terrain elle ne cède en rien au divin vicomte.

C'est ainsi que, grâce beaucoup à elle, l'anecdote du sabre de Beauharnais sert encore aujourd'hui d'inévitable prélude à l'histoire de sa liaison avec Bonaparte. Ce petit conte, on le connaît ; et il est étrange de voir M. Frédéric Masson, si perspicacement savant en ce qui touche les Napoléonides, y ajouter une aveugle confiance. On connaît le fait. Le 22 vendémiaire, la Convention fait désarmer les sections rebelles. On saisit chez Joséphine le sabre du guillotiné du 5 thermidor et le lendemain Eugène, suppliant, en larmes, s'en vient pathétiquement réclamer l'arme chez le général Bonaparte, où elle n'avait que faire. Le vainqueur de la rébellion est ému, touché, rend « le sabre de son père », et reçoit, en remerciements, la visite de Joséphine. Coup de foudre. Cinq mois plus tard ils s'épousent. Quoi d'étonnant à voir toutes les bonnes âmes s'attendrir sur ce charmant petit roman ?

EUGÈNE BEAUHARNAIS.

Il faut cependant en rabattre. Au 22 vendémiaire, Joséphine n'est plus une inconnue pour Bonaparte. Dans le salon de Mme Tallien où il fréquente, — et cette fréquentation personne ne la conteste, — il a fait la rencontre de la vicomtesse de Beauharnais. Quand Barras prétend que c'est dans les salons du Luxembourg que c'est fait cette rencontre, sa mémoire le trompe. Que Bonaparte connaisse Joséphine avant ou après le 22 vendémiaire, peu importe à ces quelques jours près, puisque du 6 brumaire on a d'elle une lettre qu'elle lui adresse, tandis que la première réception des Directeurs au Luxembourg n'a lieu que le 1er frimaire suivant. La précision des dates rend donc douteuse l'histoire du sabre, que Barras assure avoir été propagée surtout par Joséphine, et dont Bailleul dit expressément qu'elle « ne fut mise en circulation qu'après le mariage (1) ». Et Bailleul est loin d'être suspect sur ce chapitre.

Mais comme la vérité est beaucoup plus simple! Bonaparte à la Chaumière rencontre Joséphine. Elle est encore agréable et son abord n'a pas de désarmante froideur. Il la trouve jolie, le lui dit peut-être, et elle, qui à assurer et la « matérielle » présente, et l'avenir, ne laisse pas échapper l'occasion. Est-ce lui qui la poursuit? Non. Au contraire. Et la preuve la voici :

Vous ne venez plus voir une amie qui vous aime, vous l'avez tout à fait délaissée; vous avez bien tort, car elle vous est tendrement attachée.

Venez demain, septidi, déjeuner avec moi; j'ai besoin de vous voir et de causer avec vous sur vos intérêts.

Bonsoir, mon ami, je vous embrasse.

Veuve BEAUHARNAIS (2).

Ce 6 brumaire.

(1) J.-C. BAILLEUL, *Etudes sur les causes de l'élévation de Napoléon*, Paris, 1834, in-8, t. I, p. 136.

(2) Baron DE COSTON, lieutenant-colonel d'artillerie en retraite, *Biographie des premières années de Napoléon-Bonaparte, c'est-à-dire depuis sa naissance jusqu'à l'époque de son commandement en chef de l'armée d'Italie*, Paris et Valence, 1840, in-8, t. I, p. 433. — Des lettres relatives à la documentation de cet ouvrage ont récemment passé en vente. Datées de Valence, 1838 et 1839, elles demandaient à M. Bon, ancien agent de change, propriétaire de la maison où logea Bonaparte lors de ses séjours à Valence, des renseignements sur les passages de Napoléon dans cette ville et à Lyon. Ces deux documents, 6 p. in-4, étaient mis en vente au prix

Veuve Beauharnais... En effet, cette femme est veuve depuis un peu plus d'un an. Y songe-t-elle seulement ?

Et le même jour le général répond :

Je ne conçois pas ce qui a pu donner lieu à votre lettre. Je vous prie de me faire le plaisir de croire que personne ne désire autant votre amitié que moi et n'est plus prêt que moi à faire quelque chose qui puisse le prouver. Si mes occupations me l'avaient permis, je serais venu moi-même porter ma lettre.

Coffret à bijoux de Joséphine.

Les lettres n'auront pas longtemps ce ton réservé et poli des gens qui n'ont point entre eux une nuit d'amour. C'est d'une autre plume qu'écrira Bonaparte au lendemain de cette nuit-là ! Joséphine habite alors rue de l'Université, face à la rue de Poitiers (1). C'est là que lui dépêche le général ce beau modèle, ardent et enflammé, de lettre d'amour :

Je me réveille plein de toi. Ton portrait et l'enivrante soirée d'hier n'ont point laissé de repos à mes

de 10 francs. — Cf. *Catalogue d'autographes Noël Charavay*, n° 383, juillet 1908, pièce n° 62745.

(1) *Mémoires de Mlle Avrillon, première femme de chambre de l'Impératrice, sur la vie privée de Joséphine, sa famille et sa cour*, Paris, nouv. édit., in-18, t. I, p. 145.

sens : douce et incomparable Joséphine, quel effet bizarre faites-vous sur mon cœur ! Vous fâchez-vous, vous vois-je triste, êtes-vous inquiète, mon âme est brisée de douleur, et il n'est point de repos pour votre ami, mais en est-il donc davantage pour moi lorsque me livrant au sentiment profond qui me maîtrise, je puise sur vos lèvres, sur votre cœur, une flamme qui me brûle ? Ah ! c'est cette nuit que je me suis bien aperçu que votre portrait n'est pas vous. Tu pars à midi, je te verrai dans trois heures. En attendant, *mio dolce amor*, un million de baisers, mais ne m'en donne pas, car ils brûlent mon sang (1).

Est-ce que M. de Ségur connaissait cette lettre quand il assurait, un peu ingénument, que Bonaparte « ne dut qu'au mariage les plus douces faveurs de cette veuve (2) » ? Non, sans doute, et pas plus, d'ailleurs, que ce plat et obscur Doris, dit de Bourges, lequel faisait, en 1815, rédiger par Napoléon ses souvenirs amoureux. Et sous la plume de ce Doris, savez-vous comment l'Empereur appréciait le mérite voluptueux de la créole ? Le morceau, pour sa singulière et déconcertante prescience, vaut d'être tiré de l'oubli :

Joséphine n'était pas seulement un être précieux sous le rapport des qualités morales ; mais elle était encore adorable sous les rapports de l'amour et la volupté. Décente et modeste dans les cercles, Joséphine, en tête à tête avec moi, devenait tout à coup une nymphe badine et folâtre, dont le jeu et les caresses ont plus d'une fois suspendu en moi les chagrins inséparables du trône et les ennuis de la repré-

(1) Baron DE COSTON, *ouvr. cit.*, t. I, p. 436.
(2) SÉGUR, *Histoire et Mémoires*, t. I, p. 178.

sentation. Elle touchait à sa vingt-huitième année (1) : j'ai depuis connu bien des femmes qui, à seize ans, n'avaient pas pour se faire aimer la moitié des charmes et des moyens qu'avait alors mon épouse, quoique bien plus âgée.

Si j'ai conservé sur le trône quelques restes d'aménité, Français ! si vous n'avez pas eu le plus sévère, le plus sourcilleux, le plus morose des monarques, remerciez-en Joséphine : sa douceur, ses caresses ont souvent adouci mon caractère et réprimé mes fureurs (2).

Qu'eût-il donc dit de plus, cet excellent royaliste, s'il eût connu la lettre à la *mio dolce amor* ?

*
* *

Dans cette union où Bonaparte apporte une passion que nous allons voir grandir d'heure en heure, de jour en jour, quelle part de tendresse Joséphine donne-t-elle ?

Sans doute, mon Dieu, les mariages de raison ne sont point rares, et celui de Joséphine avec Bonaparte a pu en être un, du moins quant à elle. Mais ses biographes, quasi-officiels et classiques, tirent un tel parti, — et souvent, sans le savoir, contre l'Empereur, — de cet amour supposé chez la créole, qu'il n'est peut-être pas inutile de confronter quel-

(1) Le sieur Doris se trompait. A l'époque de son mariage, Joséphine avait exactement trente-deux ans, huit mois et quinze jours.

(2) *Amours secretles* (sic) *de Napoléon-Buonaparte*, par l'auteur du *Précis historique* et des *Mémoires secrets*, 2e édit., revue et corrigée ; à Paris, chez Germain Mathiot, libraire, quai des Augustins, n° 25 ; imprimerie de Mme veuve Perronneau, quai des Augustins, n° 37, 1816, t. II, pp. 229, 230, 231.

ques témoignages à cet égard. N'est-ce pas un pamphlétaire qui disait déjà sous l'Empire : « Cette femme a tant de vertus que les Parisiens la comparoient à une lettre de change ; ils disoient qu'elle avoit été tirée par Barras et Compagnie, endossée par Cambacérès, et acceptée par Buonaparte (1) ? » Pour Barras, on sait à quoi s'en tenir. Voyons maintenant pour Bonaparte.

Un document des plus importants nous est fourni à cet égard par Joséphine elle-même. C'est une lettre peu citée, et qu'il faudrait cependant rappeler chaque fois pour montrer la tiédeur indifférente avec laquelle elle envisageait ce mariage qu'elle avait recherché, après avoir, peut-être — qui sait ? — manqué celui avec Siéyès (2). Dans cette lettre adressée à une amie, dans les premiers jours de janvier 1796. elle dévoile son état d'âme avec une déconcertante franchise, et il n'est guère brillant, cet état d'âme :

(1) LEWIS GOLDSMITH, *vol. cit.*, p. 121, note.

(2) C'est une nouvelle d'un journal du temps, retrouvé par M. Otto Friedrichs, le savant historien de la question Louis XVII, qui révèle ce fait assez inconnu. Le voici tel que le donne dans son numéro du jeudi 11 germinal an IV (31 mars 1796) la *Gazette française, papier-nouvelles de tous les jours et de tous les pays* : « On assure que l'abbé Siéyès, qui, dans l'Assemblée constituante, mit à contribution tous les canons pour prouver l'origine divine du droit des dîmes, et qui en eut fait autant, pour prouver celle du célibat des prêtres, si l'on eût voulu l'attaquer, était, il y a deux jours, fort amoureux de la veuve du malheureux général Beauharnais ; que son intention était d'épouser cette veuve, sans blesser les canons du Concile de Trente qui prescrit la continence aux gens d'église ; mais que malheureusement le général Buonaparte l'a emporté sur cet ex-vicaire général de Chartres, et qu'il ne lui reste plus que l'espoir de recueillir à Rome son chapeau de cardinal. » Indiscrétion ? Ironie ? On peut balancer à faire le choix.

On veut que je me remarie, ma chère amie, écrit-elle. Tous mes amis me le conseillent, ma tante me l'ordonne presque, et mes enfants m'en prient. Pourquoi n'êtes-vous pas là pour me donner vos avis dans cette importante circonstance, pour me persuader que je ne puis refuser cette union, qui doit faire cesser la gêne de ma position actuelle? Votre amitié, dont j'ai déjà eu tant à me louer, vous rendrait clairvoyante pour mes intérêts, et je me déciderais sans balancer dès que vous auriez parlé.

Vous avez vu chez moi le général Bonaparte. Eh bien, c'est lui qui veut servir de père aux orphelins d'Alexandre de Beauharnais, d'époux à sa veuve.

— L'aimez-vous? allez-vous me demander. Mais... non. — Vous avez donc pour lui de l'éloignement? — Non; mais je me trouve dans un état de tiédeur qui me déplaît et que les dévôts trouvent plus fâcheux que tout en fait de religion. L'amour étant une espèce de culte, il faudrait aussi, avec lui, se trouver toute différente de ce que je suis; et voilà pourquoi je voudrais vos conseils, qui fixeraient les irrésolutions de mon caractère faible. Prendre un parti a toujours paru fatigant à ma créole nonchalance, qui trouve infiniment plus commode de suivre la volonté des autres. J'admire le courage du général, l'étendue de ses connaissances en toutes choses, dont il parle également bien, la vivacité de son esprit, qui lui fait comprendre la pensée des autres presque avant qu'elle ait été exprimée; mais je suis effrayée, je l'avoue, de l'empire qu'il semble vouloir exercer sur tout ce qui l'entoure. Son regard scrutateur a quelque chose de singulier qui ne s'explique pas, mais qui impose même à nos Directeurs: jugez s'il doit intimider une femme! Enfin, ce qui devrait me plaire, la force d'une passion dont il parle avec une énergie qui ne me permet pas de douter de sa sincérité, est précisément ce qui arrête le consentement que je suis souvent prête à donner.

Ayant passé la première jeunesse, puis-je espérer de conserver longtemps cette tendresse violente, qui, chez le général, ressemble à un accès de délire ? Si, lorsque nous serons unis, il cessait de m'aimer, ne me reprochera-t-il pas ce qu'il aura fait pour moi ? Ne regrettera-t-il pas un mariage plus brillant qu'il aurait pu contracter ? Que répondrais-je alors ? Que ferais-je ? Je pleurerai. — La belle ressource ! vous écrierez-vous. — Mon Dieu, je sais que cela ne sert à rien ; mais, dans tous les temps, c'est la seule ressource que j'aie trouvée lorsqu'on blessait mon pauvre cœur, si aisé à froisser. Écrivez-moi promptement, et ne craignez pas de me gronder si vous trouvez que j'aie tort. Vous savez que, venant de vous, tout est bien reçu.

Barras assure que, si j'épouse le général, il lui fera obtenir le commandement en chef de l'armée d'Italie. Hier, Buonaparte, en me parlant de cette faveur qui fait déjà murmurer ses frères d'armes quoiqu'elle ne soit pas encore accordée : « Croient-ils, me disait-il, que j'aie besoin de protection pour parvenir ? Ils seront tous trop heureux, un jour, que je veuille bien leur accorder la mienne. Mon épée est à mon côté, et avec elle j'irai loin. »

Que dites-vous de cette certitude de réussir ? N'est-elle pas une preuve d'une confiance provenant d'un amour-propre excessif ? Un général de brigade protéger les chefs du gouvernement ! Je ne sais, mais quelquefois cette assurance ridicule me gagne au point de me faire croire possible tout ce que cet homme singulier me mettrait dans la tête de faire ; et, avec son imagination, qui peut calculer ce qu'il entreprendrait ?

Nous vous regrettons tous ici, et nous ne nous consolons de votre absence prolongée qu'en parlant de vous à tout instant, et en cherchant à vous suivre pas à pas dans le beau pays que vous parcourez. Si j'étais sûre de vous trouver en Italie, je me marierais demain, à condition de suivre le général ; mais nous nous croiserions peut-être en route. Aussi, je trouve plus prudent d'attendre votre réponse avant de me déterminer. Hâtez-la, et votre retour encore davantage.

Mme Tallien me charge de vous dire qu'elle vous aime tendrement. Elle est toujours belle et bonne, n'employant son immense crédit qu'à obtenir des grâces pour les malheureux qui s'adressent à elle, en ajoutant à ce qu'elle accorde un air de satisfaction qui lui donne l'air d'être l'obligée. Son amitié pour moi est ingénieuse et tendre ; je vous assure que celle que j'éprouve pour elle ressemble à ce que j'ai pour vous : c'est vous donner l'idée de l'affection que je lui porte.

Hortense devient de plus en plus aimable ; sa charmante taille se développe, et, si je voulais, j'aurais une belle occasion de faire de fâcheuses réflexions sur ce maudit temps qui n'embellit les uns qu'aux dépens des autres ! Heureusement, j'ai bien autre chose en tête vraiment, et je glisse sur les idées noires pour ne m'occuper que d'un avenir qui promet d'être heureux, puisque nous serons bientôt réunies pour ne plus nous quitter. Sans ce mariage qui me tracasse, je serais fort gaie, en dépit de tout ; mais tant qu'il sera à faire, je me tourmenterai. Je me suis fait l'habitude de souffrir et si j'étais destinée à de nouveaux chagrins, je crois que je les supporterais, pourvu que mes enfants, ma tante et vous me restassiez.

Nous sommes convenues de supprimer les fins de lettres : adieu donc, mon amie (1).

Voilà donc, à moins d'un mois avant le mariage, l'état psychologique de Joséphine. Son état de gêne, elle l'avoue, et son aveu ne serait même point super-

(1) Baron DE COSTON, *ouvr. cit.*, t. II, p. 347 et suiv.

flu, si nous n'avions, entre autres pièces aussi significatives, le relevé de sa garde-robe à cette date. C'est une garde-robe de fille galante que celle de Joséphine, et comme en a la moindre barbotteuse du Waux-Hall des Champs-Élysées. Il y a là quatre douzaines de chemises, — quatre ! — deux douzaines de mouchoirs, six jupons, six camisoles de nuit six paires de poches en bazin, dix-huit fichus de linon, douze paires de bas de soie, — douze ! — six châles de mousseline, deux robes de petit taffetas, trois robes de mousseline, deux robes d'organdi, trois robes de candéri, une robe de taffetas d'été, trois robes de toile de Jouy, une robe de linon brodé (1). Cela, et mieux encore, ne le trouve-t-on pas chez les « femmes du monde » — on sait lequel ! — les habituées des Galeries de Bois ou du Camp des Tartares au Jardin Égalité ? « Galanterie besogneuse », a-t-on dit. C'est la garde-robe qui en répond.

Mais cela c'est pour le matériel. Le moral, au surplus, est à cette hauteur. Aime-t-elle Bonaparte ? Non. Si elle aime quelqu'un dans cette affaire, c'est l'entreteneur uniquement. Si Bonaparte a été choisi, c'est qu'il ne s'en était point présenté de plus relevé, voilà tout. C'est Barras qu'il faut entendre parler sur ce sujet. Ce qu'il dit est cruel pour Joséphine, sans doute, mais comme elle-même a pris à cœur de prouver par ses actions ce que lui impute Barras, comment s'inscrire en faux contre ce dernier ?

« Guidée par des motifs d'intérêts, écrit le Directeur, elle ne mit point de réserve à les avouer avant tout : elle commença par bien établir qu'elle n'était

(1) Frédéric Masson, *Napoléon et les Femmes*, Paris, édit. de 1908, in-8, p. 31.

portée à ce nouveau lien par aucun mouvement de

Monsieur

J'ai l'honneur de mettre sous ces yeux de l'ami de l'ancien Consul d'Alicante un exemplaire de mes memoires historiques et secrets de la défunte Impératrice. Je vous prie de vouloir bien en prendre lecture si vous daignez leur donner part à votre suffrage. Je me trouverai doublement heureuse.

Je suis avec respect

Votre très humble
et très obeissante servante

Le Normand

18 novembre 1820.

Un autographe de Mlle Lenormand, relatif à ses *Mémoires sur Joséphine.*

cœur ; de tous les hommes qu'elle aurait pu aimer, ce petit « chat botté » est certainement le dernier :

il n'a rien qui lui revienne. Il tient à une famille de mendiants, et qui n'a recueilli d'estime dans aucun pays; mais il a un frère qui a fait un grand mariage à Marseille, et qui promet d'aider les autres, lui personnellement (1). Il paraît entreprenant, il garantit qu'il ne tardera pas à faire fortune. » Cela, ne sont-ce pas presque, mot à mot, les termes de la lettre de Joséphine à son amie ? Ce que Barras rapporte, mais elle l'a écrit ! Si quelqu'un ment ici, ce n'est assurément pas Barras.

Joséphine lui dit encore : « Pour moi, je n'ai pas cru devoir le mettre dans le secret de ma position si cruellement gênée ; il me croit une certaine fortune actuellement, et il pense que j'ai de grandes espérances du côté de la Martinique. Ne lui laissez rien savoir de ce que vous savez, cher ami, vous feriez tout manquer. Du moment que je ne l'aime pas, vous entendez que je puis faire cette affaire : c'est vous que j'aimerai toujours, vous pouvez y compter. Rose sera toujours à vous, à votre disposition, quand vous lui ferez un signe; mais je sais bien que vous ne m'aimez plus, me dit-elle en versant un torrent de larmes qu'elle avait à commandement: c'est là le plus grand de mes chagrins; je ne pourrais jamais m'en consoler, quelque chose que je fasse. Quand on a

(1) Il s'agit ici de Joseph Bonaparte qui, le 14 thermidor an II, épousa, à Cuges (Bouches-du-Rhône), Julie Clary. M. Georges Duruy, dans l'édition des *Mémoires* de BARRAS, a supprimé, partout où le Directeur l'avait écrit, le nom des Clary qui, aujourd'hui encore, ont des descendants. C'est singulièrement entendre le respect dû aux documents historiques, même quand ils sont diffamatoires. — Dans un prochain ouvrage nous publierons l'importante correspondance, que nous avons entre les mains, de Julie Clary, reine de Naples et d'Espagne.

aimé un homme tel que vous, Barras, peut-on connaître au monde un autre attachement ? » Et à ce beau langage que réplique le Sardanapale du Luxembourg ? Ceci, simplement : « Et Hoche, lui répondis-je avec fort peu d'émotion et presque en riant, vous l'aimiez aussi par-dessus tout, et pourtant l'aide de camp et Vanakre ! et *tuttiquanti !*... Allons ! vous êtes une fière *enjôleuse* (1) ! » Et toujours soucieux de ses « principes de la chevalerie », le ruffian de conclure en appelant la créole « véritable chevalier d'industrie ».

C'est un peu plus tard qu'elle dira à Arnault : « Il est drôle ce Bonaparte (2) ! » et après encore, à Bailleul : « Je crois Bonaparte un brave homme (3). » Bailleul, Arnault, mentent-ils donc de compagnie avec Barras ? C'est peu croyable, d'autant plus qu'ils ne sont animés d'aucun esprit d'animosité particulière contre Joséphine. Un brave homme, drôle ! Certes, ce n'est point cela qu'elle s'attendait à épouser, la superstitieuse à qui des négresses de la Martinique et Mlle Lenormand, dans son taudis de la rue Honoré-Chevalier, avaient prédit de plus glorieux destins ! Est-ce une fin pour elle qui, sortant du lit de Barras, pouvait prétendre à de plus profitables affaires ? Celle-ci est médiocre. L'homme est de petite apparence. Il peut, il est vrai, timbrer ses lettres d'un cachet « de gueules, à deux barres d'or, accompagnées de deux étoiles de même, l'une en chef et l'autre en pointe », qui est le blason des Bonaparte de

(1) Barras, *ouvr. cit.*, t. II, pp. 60, 61.
(2) Louis-Vincent Arnault, *Souvenirs d'un sexagénaire*, t. II, p. 292.
(3) J.-C. Bailleul, *ouvr. cit.*, t. I, p. 138.

Corse (1), mais s'il s'agit d'armoiries, les Tascher en ont de plus reluisantes ! Pour l'instant, c'est chose négligeable et négligée. Avoir fait de si beaux rêves ! Avoir cru, avec une foi si aveuglément naïve, aux tarots, et tomber à un Bonaparte, à ce Bonaparte « si drôle » !

Sera-t-il aussi *drôle* pour elle, au lendemain de la journée du 11 frimaire an XIII ?

(1) Les branches italiennes de la famille Bonaparte portent : « De gueules, à deux bandes d'argent, accompagnées de deux étoiles du même », et « de gueules à deux barres d'or accompagnées de deux étoiles du même, l'une en chef et l'autre en pointe. » DE MAGNY, *Maison impériale de Bonaparte*, XV.

III

DANS SES MEUBLES

Point de fille qui ne rêve d'un intérieur à elle, du confortable, du luxe de parade, du clinquant, susceptibles d'amorcer l'entreteneur sérieux, de le décider à des libéralités plus larges que celles qu'il pourrait accorder à l'amoureuse logée en un douteux garni. Un peu plus de deux mois avant le billet qu'elle adresse au général Bonaparte, — invite non déguisée, — Joséphine a prévu les éventualités. Elle est sans argent, elle l'avoue, le dit et l'écrit, vit d'emprunts, « doit à Dieu et au Diable », et c'est cet instant qu'elle choisit pour louer un petit hôtel, à dix milles livres d'assignats ou quatre mille francs d'argent métallique, de loyer annuel. Le bail est du 30 thermidor an III.

Cet hôtel, au 6 de la Chantereine (ou Chanterelle), à quelques pas des Porcherons, est celui-là que le séjour de Bonaparte rendra fameux, où, au matin du 18 brumaire, piafferont dans le « modeste jardin » et la cour étroite, les chevaux harnachés pour l'opération policière, l'épuration politique qui se consommera à Saint-Cloud.

Joséphine et la propriétaire tombent d'accord sur-le-champ et s'entendent à merveille. Ne font-elles pas le même métier ?

Cet hôtel, construit par Perrard de Montreuil (1), architecte du comte d'Artois, a été donné par le vicomte de Ségur à sa maîtresse Julie Careau (2). Dans les premiers jours de la Révolution, il est devenu un centre de réunion élégant. Mirabeau y fréquente, et aussi Dumouriez. On y rencontre Besenval, Tilly et Lauzun, ce brelan d'amoureux, — ou d'amants, — de Marie-Antoinette, Condorcet, Rivarol, Vergniaud et ses amis, cet impertinent de Louvet, de Faublas mué en jacobin à l'eau de rose, et ce Gorsas, que la chanson des *Chemises* rendra plus fameux que son *Courrier des départements*. Quant aux femmes, ce sont la Contat, la Saint-Huberty, et cette Raucourt, aux mœurs singulières, que Mme Bonaparte honorera, plus tard, de son amitié. A cette époque, ce sont trois créatures un peu fanées déjà. Seule, Julie Candeille, la maîtresse de Vergniaud,

(1) Au lieu de Le Doux, ainsi que le dit IMBERT DE SAINT-AMAND, *les Femmes des Tuileries : la jeunesse de l'Impératrice Joséphine...*, p. 242. — C'est aussi le nom donné par TH. IUNG, *Lucien Bonaparte et ses Mémoires*, 1775-1840, *d'après les papiers déposés aux Archives étrangères et d'autres documents inédits*, Paris, 1882, in-8, t. I, p. 164, note, et GUSTAVE BORD, *l'Hôtel de la rue Chantereine et ses Habitants* (1777-1857) ; *le Carnet*, mars 1903. Au surplus, sur cet hôtel, voir ÉDOUARD FOURNIER, *Promenade historique dans Paris*, p. 82.

(2) Et non *Carreau*, comme l'écrit M. Frédéric Masson. Les actes d'état civil publiés par JAL, *Dictionnaire critique*, art. *Talma*, écrivent tous *Careau*. C'est l'orthographe adoptée par M. Gustave Bord dans son étude si savante et en tous points définitive.

mettra dans ce milieu, dans ce « ramas de contre révolutionnaires, d'aristocrates et de concubines », ainsi que le dit Jean-Paul Marat, l'ami du peuple (1), l'éclat de son sourire et la radieuse fraîcheur de ses printemps.

En se mariant avec Talma, Julie Careau termine sa vie galante, ou à peu près. Mais l'union ne va pas sans quelques difficultés. Le curé de Saint-Sulpice refuse de la bénir, alléguant la profession *infamante* de Talma, lequel en fait une affaire d'État, et en appelle à l'Assemblée nationale (2). Enfin, c'est à Notre-Dame-de-Lorette, que le mariage se fait, le 19 avril 1791, célébré par le vicaire du lieu, orné du nom de Lapipe.

M. Frédéric Masson assure qu'au 30 thermidor an III, Julie Careau était déjà séparée de Talma. Il est difficile de contester cette affirmation, chez un historien toujours si exact et si précis. Ici, cependant, il convient de faire observer que le divorce entre les deux époux ne fut prononcé que le 18 pluviôse an IX, à la mairie du Xe arrondissement, et ce, « sur leur demande mutuelle, faite à haute voix ». Mais peut-être déjà étaient-ils séparés de fait.

Louée par un bail de trois, six ou neuf années, la maison de la rue Chantereine ne fut achetée par Bonaparte que le 11 germinal an VI, pour 52.400 li-

(1) Louise Fusil, *Souvenirs d'une actrice*, t. I, chap. XX.

(2) Cf. *Rapport sur l'affaire du sieur Talma, comédien français*, par M. Durand de Maillane, imprimé par ordre de l'Assemblée nationale, Paris, Imprimerie nationale (1790), in-8. — L'Assemblée passa à l'ordre du jour. — Sur Julie Careau, cf. L.-V. Arnault, *ouvr. cit.*, t. II, pp. 132 et suiv.; Louise Fusil, *ouvr. cit.*, t. I, chap. XX.

vres (1). L'acte d'achat l'appelle « Napolione » et le qualifie de « président de la légation française au Congrès de Rastadt ». Cette même année, le 8 ventôse, l'administration centrale du département de la Seine, « considérant qu'il était de son devoir de faire disparaître tous les signes de la royauté qui pouvaient encore se trouver dans son arrondissement ; voulant aussi consacrer le triomphe des armées françaises par un de ces monuments qui rappellent la simplicité des mœurs antiques; ouï le Commissaire du pouvoir exécutif, arrête que la rue Chantereine prendrait le nom de rue de la Victoire (2). » Quels étaient donc ces « signes de la royauté », que l'administration centrale reprochait à cette voie écartée? De s'appeler « Chante, reine! » tout simplement.

Ce nom de *rue de la Victoire* ne pouvait manquer de choquer S. M. R. Louis XVIII, revenue de Gand. Aussi le supprima-t-elle. Une décision ministérielle du 25 novembre 1833 rendit à la rue son nom évocateur d'un passé de si noble gloire (3).

Bonaparte quitta, on le sait, l'hôtel de la rue Chantereine, pour aller, comme Consul, loger au Luxembourg. Un brevet impérial du 1er juillet 1806 offrait l'hôtel en présent au général Lefebvre-Desnoëttes. Il passa entre les mains de Bertrand, le Bertrand de Sainte-Hélène, auquel succéda Jacques Coste, le fondateur du *Temps*. En dernier lieu, de 1846 à 1852,

(1) On trouvera l'acte d'achat dans TH. IUNG, *Bonaparte et son Temps...*, t. III, p. 425.

(2) F. et L. LAZARE, *Dictionnaire des rues de Paris*, cité par GUSTAVE BORD, *loc. cit.*, p. 361.

(3) GUSTAVE BORD, *loc. cit.*, p. 362.

l'hôtel fut occupé par l'institution Boutet. En 1857, la nouvelle rue de Châteaudun éventra le jardin, traversa la cour, abattit l'hôtel, et ne laissa debout que quelques murs et deux arbres au fond d'une cour, pour attester devant la postérité de si grands souvenirs disparus.

Voyons maintenant ce qu'est la maison.

Le *Moniteur* dit qu'elle est « simple et sans luxe (1) ». Définition qui paraît juste si on compare ce luxe à celui qui attend Bonaparte. Mais en ce moment l'hôtel, tel qu'il est, peut réaliser ses plus beaux vœux d'ambition.

La maison, à quatre faces, à pans coupés à quatre angles (2), est construite au milieu d'un jardin d'un arpent (3). On accède au rez-de-chaussée par un perron qui sera transformé en tente et dira que c'est là le logis de qui revint d'Italie avec les lauriers d'Arcole. En bas, quatre pièces : le boudoir de Joséphine, le cabinet de Bonaparte, le salon et la salle à manger. Le boudoir est digne de la locataire. Pavé de mosaïque (4), il est en demi-rotonde et garni de glaces partout. M. Frédéric Masson en compte trois, dont une de 12 pouces de haut sur 36 de large (5). Aux murs, il y a seize estampes. Il y a un peu plus de flacons sur la commode d'acajou à dessus de marbre bleu turquin. Le cabinet de Bonaparte est sobre. Là

(1) *Moniteur ou Gazette Universelle*, 20 frimaire an VI.

(2) IMBERT DE SAINT-AMAND, *les Femmes des Tuileries : la jeunesse de l'impératrice Joséphine...*, p. 240.

(3) C. D'ARJUZON, *Mme Louis Bonaparte*, Paris, s. d., in-8, p. 6.

(4) IMBERT DE SAINT-AMAND, *les Femmes des Tuileries : la jeunesse de l'impératrice Joséphine...*, p. 240.

(5) FRÉDÉRIC MASSON, *Joséphine de Beauharnais...*, p. 267.

se jouera, dans la nuit du 17 au 18 brumaire, le prologue du coup d'État ; de là, botté, sabre au flanc, serré dans son habit bleu, poudreux encore des sables pharaoniques, il partira pour monter à cheval dans la cour, parmi le piaffement des coursiers de l'escorte militaire, soumise à la volonté de son destin. Du salon on note la belle cheminée (1), garnie de bronzes dorés merveilleux, les boiseries peintes en blanc et or, les bas-reliefs déroulant dans leur stuc figé les grands exemples révolus des héroïsmes romains (2). La salle à manger a huit estampes au long de ses murs, et sous les estampes quatre chaiscs d'acajou couvertes de crin noir. La table est ronde (3).

C'est un méchant escalier qui mène à l'étage, le seul. Là, trois chambres. Un salon, dont on ne dit rien, et la chambre de Bonaparte sur les portes de laquelle sont peints des vases étrusques et des lyres dans le goût du temps, et aussi des aigles serrant la foudre (4). Des aigles !... L'intérieur de la chambre est en forme de tente. Des tambours couverts d'étoffe chamois servent de sièges (5). A côté, c'est la chambre de Joséphine. Comme le boudoir, elle est en rotonde. C'est la chambre de Julie Careau, d'une fille. Aussi des glaces partout, du parquet au plafond, masquant les portes (6), et faites, on a peur de deviner pourquoi. Les glaces ne rougissent point.

(1) IMBERT DE SAINT-AMAND, *les Femmes des Tuileries : la jeunesse de l'impératrice Joséphine...*, p. 214.

(2) C. D'ARJUZON, *vol. cit.*, p. 6.

(3) FRÉDÉRIC MASSON, *Joséphine de Beauharnais...*, p. 267.

(4) IMBERT DE SAINT-AMAND, *les Femmes des Tuileries : la jeunesse de l'impératrice Joséphine...*, p. 241.

(5) C. d'ARJUZON, *vol.cit.*, p. 6.

(6) *Ibid.*, p. 6.

Et c'est tout. Dans la cour, à laquelle on accède par le long et étroit couloir (90 mètres), qui débouche dans la rue Chantereine, se trouvent, à droite, les écuries et les remises. Dans l'écurie, deux che-

Monsieur le prince Archichancelier, je vous remercie de votre intérêt, c'est un grand malheur que de perdre une amie aussi simple de vertus que celle que je regrette la vie a besoin d'intérêt et les sentiments purs ne devroient pas être la source de chagrins je l'ai malheureusement bien éprouvé et cela flétrit davantage le cœur, ma santé déjà bien foible doit se ressentir d'un coup aussi sensible, cependant mes devoirs à mes enfants m'obligent de la soigner; c'est ce que je fais et toute désenchantée que je suis de la vie je n'en suis pas moins [l']intérêt que l'on veut bien me porter et il m'est doux de vous remercier du vôtre et de vous réitérer l'assurance de mes sentiments.

aix le 23 juin [illegible] Hortense

Autographe d'Hortense de Beauharnais.

vaux au poil noir ; dans la remise, une mauvaise voiture (1). Celle accordée par le Comité de Salut public? Peut-être.

Voilà le nid de la lune de miel. Légalement, cette lune n'aura que deux jours.

(1) FRÉDÉRIC MASSON, *Napoléon et les Femmes...*, pp. 28, 29.

*
* *

Le mariage a lieu le 19 ventôse an IV, à 10 heures du soir, à la mairie du IIe arrondissement. C'est un soir de mars frais et sec. Dans la grande salle de la mairie attend Joséphine, avec les témoins : Tallien et Barras. — Barras ! On attend. Le général n'est pas arrivé. Calmelet, qui doit l'assister, Étienne-Jacques-Jérôme Calmelet, homme de loi, habitant rue la Place-Vendôme, n° 207, s'impatiente. L'heure se passe. L'officier de l'état-civil, Charles-Théodore-François Leclercq, sommeille dans son fauteuil, derrière la table. Dans le silence, la pendule hache à menus coups l'heure. A quoi peut rêver Barras ? Et elle ? Sans doute, enveloppée de son châle de mousseline, prête-t-elle anxieusement l'oreille aux bruits de la rue. Songe-t-elle à son mariage d'il y a seize ans, seize ans, deux mois et vingt-six jours ? Songe-t-elle au thermidor de l'an II ? Mais voici, dans les grands escaliers de pierre à noble rampe forgée, un bruit de bottes et de sabres. Lui. Il entre, suivi de Jean-Léonore-François Lemarois, son aide de camp, domicilié rue des Capucines, ce Lemarois qu'il fera général de division, aide de camp de Sa Majesté et grand officier dans sa Légion d'honneur.

Enfin ! Il est là ! On va pouvoir en finir. Leclercq, mi-endormi, se secoue, se redresse. Il bredouille l'acte. Qui donc s'aperçoit que les dates de naissance des deux époux sont singulièrement transcrites ? Joséphine y est rajeunie de quatre ans ; Bonaparte vieilli d'un an. C'est le cadeau de noces du général.

Les témoins signent. C'est d'abord Barras, puis

Lemarois. Mais Lemarois, né dans la Manche, à Bricquebec, le 7 mars 1776, n'a pas le droit de signer. Il n'est pas majeur. Qu'importe ! Il signe quand même. Et savez-vous pourquoi Bonaparte l'a choisi à cet effet ? « Parce que c'était lui qui, comme aide de camp de service, avait introduit à l'hôtel de la rue Neuve-des-Capucines, le jeune Eugène de Beauharnais, et que la visite du fils de Joséphine avait été l'occasion des rapports qui s'étaient établis entre les deux époux (1). » La légende du « sabre de mon père » qui reparaît. Elle est tenace. Lemarois a signé. Brave Lemarois ! Tallien, Calmelet et Leclercq paraphent la pièce. En tête, le général a signé : Buonaparte. Sous sa griffe s'étale l'écriture écrasée de la créole : M. J. R. Tascher (2).

Des poignées de main, un bonsoir, on s'en va. C'est ainsi qu'on se mariait en l'an IV.

Mme Bonaparte conduit son mari à l'hôtel de la rue Chantereine. Comme le général nerveux la serre sur son étroite poitrine dans la voiture qui les ramène ! Et quels parfums dans les boucles brunes frissonnant au-dessus de la nuque dorée ! Et tout ce corps de libre souplesse abandonné, ployé et tiède, à son étreinte ! Et puis elle, Joséphine, *mio dolce amor*, la femme, sa femme ! Au petit perron de l'hôtel, la voiture s'arrête. Proie soumise, vaincue et con-

(1) Imbert de Saint-Amand, *les Femmes des Tuileries : la jeunesse de l'impératrice Joséphine...*, p. 240.

(2) On trouvera, avec l'acte de naissance de Napoléon, son acte de mariage, dans la *Revue rétrospective ou bibliothèque historique contenant des mémoires et documents authentiques, inédits ou originaux, pour servir à l'histoire proprement dite, à la biographie, à l'histoire de la littérature et des arts*, Paris, 1834, in-8, t. V, p. 148 et suiv.

sentante, Joséphine est portée dans la chambre aux glaces. Est-ce le souvenir du déshabillage de ce soir-là qui le hantera, quelques mois plus tard, sous Vérone, à la veille de Rivoli, quand, dans le nocturne silence des armées fourbues, écrasées au long des terres glacées, il écrira : « Bon Dieu, que je serais heureux, si je pouvais assister à l'aimable toilette, une petite épaule, un petit sein blanc, élastique, bien ferme, par-dessus cela une petite mine avec le mouchoir à la créole à croquer. Tu sais!... » Non, elle ne saura plus alors, et le « baiser à la bouche, aux yeux, sur l'épaule, au sein, partout, partout ! (1) » la « laisseront froide comme du marbre ». C'est Bonaparte lui-même qui le lui écrira. Mais ce soir, à quoi serait-il, sinon à son bonheur ? Il n'en jouit pas sans partage, puisque Fortuné, le carlin de Joséphine, tient en ce moment la place et ne la prétend pas céder au nouveau maître. La résistance de la bestiole jappante irrite Bonaparte, et cependant à la moue de Joséphine, il cède, tant il est empressé à lui plaire, et ainsi que le fait remarquer un auteur, avec quelque esprit :

Jusqu'au chien du logis il s'efforce de plaire (2).

(1) Cette lettre, datée de Vérone, le 1er frimaire an V, et adressée *A la citoyenne Bonaparte*, faisait partie de la collection d'autographes de M. Alexandre Meyer-Cohn, de Berlin. Elle fut, en 1908, vendue aux enchères publiques et atteignit le prix de 3.137 francs. Le catalogue de la vente en supprimait quelques lignes comme trop vives et susceptibles d'effaroucher des pudeurs germaniques.

(2) JOSEPH TURQUAN, *Souveraines et Grandes Dames : la générale Bonaparte, d'après les témoignages des contemporains*, Paris, s. d., in-18, p. 73.

Et la place est laissée à Fortuné. « Vous voyez bien ce roquet-là, dit un jour le général à Arnault, c'est mon rival. Il était en possession du lit de madame quand je l'épousai. Je voulus l'en faire sortir Prétention inutile. On me déclara qu'il fallait me résoudre à coucher ailleurs ou consentir au partage. Cela me contrariait assez, mais c'était à prendre ou à laisser. Je me résignai. Le favori fut moins complaisant que moi. J'en porte la preuve à cette jambe (1). » Et cinq mois après le mariage, une lettre d'amour de Bonaparte à Joséphine se clôt par : « Millions de baisers, et même à Fortuné en dépit de sa méchanceté (2). »

Le destin de ce roquet, dont la duchesse d'Abrantès disait qu'elle n'avait « jamais connu de plus horrible bête », fut tragiquement dénoué. En 1797, à l'époque où Bonaparte s'installa, pendant les chaleurs, au château de Monbello, Fortuné fut, un soir, happé par le solide mâtin du cuisinier. D'un coup de croc il fut mis sur le flanc et mourut. « Je vous laisse à penser quelle fut la douleur de sa maîtresse ! » dit Arnault. Nous le pensons bien.

(1) L.-V. ARNAULT, *ouvr. cit.*, t. III, p. 31.

(2) *Lettres de Napoléon à Joséphine pendant la première campagne d'Italie, le Consulat et l'Empire ; lettres de Joséphine à Napoléon et de la même à sa fille*, Paris, 1833, in-8, t. I, p. 49. — Lettres publiées par la reine Hortense. — C'est à leur propos qu'A. PICHOT écrivait, dans la *Revue de Paris*, 1833, p. 248 et suiv. : « Vous avez souvent entendu dire aussi qu'il n'y avait pas de lettres ennuyeuses comme celle des amoureux, excepté quand un romancier y mettait la main... et encore le roman par lettres a passé de mode (*Déjà* !). Eh bien, voilà deux volumes de lettres d'amour que je viens de lire, non pas seulement avec le simple attrait de curiosité que leur prête le nom dont elles sont signées, mais avec toute l'émotion de ma première lecture de *la Nouvelle Héloïse...* »

*
* *

Le 5 ventôse, Bonaparte a été nommé général en chef de l'armée d'Italie. Le 19, il s'est marié. Le 21, il est en route pour rejoindre son poste. Il laisse Joséphine seule à Paris. Ceci dit sa confiance, ceci dit son amour. Le 30, il prend à Nice le commandement des hordes pillardes et jacobines qu'il va mener vers les triomphants destins de Montenotte, de Millesimo et de Mondovi. Au confluent de la Trebia, là où Titus Sempronius combattit sous les auspices funestes, on franchira le Pô. A Crémone, où le consul Paul-Émile Scipion put à peine échapper aux mains d'Annibal, il sera vainqueur. Vainqueur partout, à Peschiera, sur l'Adige et l'Edro, à Roveredo, à Bassano, sur la Brenta, à Cecina, sur le Tartaro, partout. Lauriers cueillis, triomphes arrachés aux destins, ce sera au sourire, à l'amour, au souvenir de sa femme qu'il les dédiera. Qui, plus qu'elle, en est digne ? qui, mieux qu'elle, mérite l'hommage de cette gloire nouvelle et à nulle autre comparable ? Joséphine, elle, elle seule, et c'est assez. Il le croit. Amoureux ! Et ses bulletins de victoire, fougueux, frénétiques, violents, enflammés, de jour en jour prennent la route de la rue Chantereine, s'abattent, poussiéreux des chemins brûlés, dans le petit hôtel discret où, le soir de son mariage, il a trouvé, quoi ? Un aigle d'or, oublié par Talma.

IV

LA « VIEILLE » ET SON JEUNE MARI

Il l'a épousée. Donc, il l'aime. Pourquoi?

Est-ce, comme on l'a dit, comme Barras le répète, parce qu'il la sait intrigante, influente? Influente, où cela? Est-ce parce qu'il est tout fier d'entrer, grâce à elle, dans la société du faubourg Saint-Germain, parmi cette noblesse, qu'il proclamera, plus tard, « de belle race » ? Est-ce parce qu'il compte tirer parti des liaisons de Joséphine? Est-ce pour tout cela ou pour autre chose encore?

Du faubourg Saint-Germain, la créole ne connaît que les déclassées et les aventurières, qui tiennent un salon comme on tient un tripot, ou pis. Et ce monde, même, demeuré royaliste, réactionnaire, accueille-t-il, recherche-t-il, attire-t-il, cette veuve d'un général guillotiné, soit, mais d'un général jacobin quand même? Si ce prodige s'opère un jour, c'est qu'alors Joséphine sera au-dessus de ce monde-là, et si elle est recherchée par lui, ce sera uniquement parce qu'on la sait complaisante à demander des grâces, des faveurs, des radiations (1), toute la menue monnaie de la haute fortune où la hisse le plus prodigieux des hasards, le plus étonnant des destins.

Mais, en l'an IV, qui peut prévoir les choses de si loin? C'est donc que Bonaparte la prend pour son intelligence, sa beauté? L'intelligence de Joséphine, cela tient du mythe. Inutile de multiplier les exemples. « Elle ne sait que lire, écrire, chanter et danser (2) », dit Montgaillard. On a vu que M. Frédéric Masson lui conteste même ce dernier agrément. Alors? Alors, la vérité est plus simple. Bonaparte l'aime parce qu'elle est agréable, belle, enfin parce qu'il l'aime et cela tranche tout.

Elle est donc belle?

Sans doute, il ne faut pas la juger d'après les tableaux de Prudhon, où elle se complaît, langoureuse créole, parmi de verts paysages ou les coussins de soie verte des athéniennes, en des poses mollement alanguies.

A qui fait-elle illusion? A personne, sinon à Bonaparte, du moins au Bonaparte de ce temps-là. Il savent bien ce qu'ils disent, les grognards de l'Immortelle, les vétérans des bandes de l'an IV et de l'an VII, quand ils l'appellent, dans leur jargon familier : la Vieille (3). Mais ce sont des soldats! Sans

(1) « C'est de midi à 5 heures la raison d'être de Joséphine. » FRÉDÉRIC MASSON, *Joséphine impératrice et reine*, Paris, 1908, in-8, p. 89.

(2) MONTGAILLARD, *vol. cit.*, p. 276. — Et il ajoute fort judicieusement : « L'ignorance des créoles était passée en proverbe. »

(3) PARQUIN, *Souvenirs et Campagnes d'un vieux soldat de*

doute. Mais, Désirée Clary-Bernadotte est une femme, et une belle-sœur, et cela ne l'empêche aucunement, elle aussi, de dire « la Vieille », en parlant de l'Impératrice (1).

En cette année de mariage, sa taille est encore « celle des nymphes (2) ». Derniers vestiges d'une grâce qui se fana vite ! Que vienne le divorce, et elle engraissera, au point de marcher à l'obésité (3). Sa gorge est « pauvre » et « ses hanches tombantes (4) ». La souplesse de ses gestes, leur câlinante mièvrerie excusera tout. Jeune, elle avait le corps lourd, la taille épaisse, la figure large sans traits, le nez relevé et commun (5), mais la féminité accomplie, tout cela s'est fondu, harmonisé, et il n'est plus resté qu'une créature dont la vivacité dans la paresse, l'ardeur alanguie, font le charme délicieusement troublant. C'est aussi qu'elle apporte en elle, autour d'elle, quelque chose de l'atmosphère exotique où elle est née, où elle a vécu, où elle a connu la volupté.

Dans cet ensemble qui ravit et retient, en surface, il n'y a qu'une tache, mais terrible. Ce sont les dents.

l'Empire, p. 203. — Ce Parquin fut le mari de Mlle COCHELET qui a laissé des *Mémoires sur la reine Hortense et la famille impériale*, Bruxelles, 1837, 4 vol. in-12, réimprimés, en 1842, chez Ladvocat, à Paris, en 4 vol. in-8.

(1) FRÉDÉRIC MASSON, *Napoléon et les Femmes...*, p. 19.

(2) MONTGAILLARD, *vol. cit.*, 277.

(3) GEORGETTE DUCREST, *Mémoires sur l'impératrice Joséphine, la ville, la cour et les salons de Paris sous l'Empire*, Paris, Barba, s. d., in-4, p. 19. — Sur cette Georgette Ducrest, cf. FRÉDÉRIC MASSON, *Joséphine impératrice et reine*, Paris, 1908, in-8, p. 33.

(4) HENRI BOUCHOT, *la Toilette à la cour de Napoléon, chiffons et politiques de grandes dames* (1810-1815), *d'après des documents inédits*, Paris, s. d., in-8, p. 34.

(5) FRÉDÉRIC MASSON, *Joséphine de Beauharnais...*, p. 84.

Elle les a affreusement gâtées. Mais coquette elle savait dissimuler à merveille. Aussi, un perpétuel sourire fermait-il sa bouche, et alors, elle faisait, « surtout à quelques pas, toute l'illusion d'une jeune et jolie femme (1) ». C'était d'ailleurs chose assez courante, semble-t-il, à la cour impériale. Sur ce point le prince Eugène ressemblait assez à sa mère. Chez lui les dents étaient gâtées, au point qu'elles le défiguraient, dit une femme (2). De même pour Mme Savary, duchesse de Rovigo, née de Faudoas. Elle aurait été fort jolie, observe la duchesse d'Abrantès, « si ses dents n'eussent été, quoiqu'elle fût fort jeune, déjà toutes gâtées (3) ». Joséphine, on le voit, n'était pas une exception. Le juif Goldsmith en tire un singulier parti. « Barras, assure-t-il, bientôt dégoûté d'elle, en raison d'une maladie de

Portrait de Joséphine exécuté au trait de plume.

(1) *Mémoires de Mme la duchesse d'Abrantès, ou Souvenirs historiques sur Napoléon, la Révolution, le Directoire, le Consulat, l'Empire et la Restauration*, seconde édition, Paris, 1835, in-8, t. II, p. 47.

(2) Georgette Ducrest, *vol. cit.*

(3) Duchesse d'Abrantès, *ouvr. cit.*, t. III, p. 216.

famille, que ses enfants et elle ont au suprême degré, une haleine infectée, s'en défit dès qu'il put (1). » Et Imbert de Saint-Amand, si complaisamment apologétique, consent à reconnaître lui-même que « sa bouche, fort petite, cachait des dents peu belles (2) ».

Comme toutes les créoles elle s'est vite fanée, fleur épanouie trop tôt. A trente-deux ans, l'année de son mariage, elle « est une femme mûre déjà (3) ». Barras, lui aussi, parle de « sa décrépitude précoce (4) », et le toujours timide Imbert de Saint-Amand insinue que « sa beauté était un peu passée (5) ». Plus tard, en se défendant contre ces « irréparables outrages », qu'elle réparait d'ailleurs à merveille, elle avouait mélancoliquement après des acclamations qui l'avaient accueillie : « Cela me rend d'autant plus heureuse que les Français aiment surtout la jeunesse et la beauté, et que depuis longtemps je n'ai plus ni l'un ni l'autre (6) ». Elle avait alors, il est vrai, quarante-six ans, âge terrible pour toute femme, irrémédiable pour une impératrice, et ce qui demeurait de sa beauté défunte n'était plus que « la vieillesse plâtrée de la sultane émérite (7) ». Cependant, elle ne consentait point à abdiquer, car quelle femme abdique ? Les fards lui flétrissaient la peau (8), mais elle

(1) LEWIS GOLDSMITH, *vol. cit.*, p. 121.
(2) IMBERT DE SAINT-AMAND, *les Femmes des Tuileries : la citoyenne Bonaparte*, Paris, 1884, in-18, p. 130
(3) FRÉDÉRIC MASSON, *Joséphine de Beauharnais...*, p. 285.
(4) BARRAS, *ouvr. cit.*, t. II, p. 56.
(5) IMBERT DE SAINT-AMAND, *les Femmes des Tuileries : la jeunesse de l'impératrice Joséphine...*, p. 142.
(6) GEORGETTE DUCREST, *vol. cit.*, p. 33.
(7) DUC DE BROGLIE, *Souvenirs*, t. I, p. 58.
(8) FRÉDÉRIC MASSON, *Napoléon et les Femmes...*, p. 73.

les employait avec une extrême habileté (1). Elle jouait du rouge et du blanc avec virtuosité, car, dit O'Méara, « elle se défendait avec beaucoup d'art contre les assauts du temps (2) ». Ces soins, elle ne les appliquait point seulement à son visage, mais encore aux portraits qu'on exécutait d'elle. Vieillir, à la rigueur, soit, mais non point vieillir pour la postérité, laisser aux siècles futurs l'image radieuse d'une jeunesse éclatante et évanouie ! Le secrétaire de ses commandements dit-il autre chose, dans cette lettre qu'il adresse au miniaturiste Jean Guérin ?

Bayonne, le 7 juin 1808 (3).

Je viens, Monsieur, de recevoir les deux portraits que vous m'avez annoncés par votre lettre du 29 du mois dernier. Je me suis empressé de les remettre à l'Impératrice, qui m'a chargé de vous transmettre les observations suivantes, savoir :

1° Que les cheveux sont un peu trop noirs ;

2° Qu'il y a quelque adoucissement à donner à la pommette des joues et près du nez ;

3° Qu'il faut adoucir aussi la mâchoire, qui paraît trop forte et qu'on pourrait, en général, désirer un peu plus de finesse ;

4° Que le col est trop long et que la lèvre supérieure, surtout des côtés, a de même besoin d'être raccourcie.

Tels sont ces petits changements qui ont paru néces-

(1) Imbert de Saint-Amand, *les Femmes des Tuileries : la citoyenne Bonaparte...*, p. 130.

(2) Barry O'Méara, *Napoléon en exil ou l'Echo de Sainte-Hélène*, Paris, 1822, in-8, t. II, p. 80.

(3) L'Empereur était parti pour Bayonne, le 2 avril précédent ; il y arriva le 15 avril, convoqua, le 23, une junte générale espagnole pour le 15 juin, et repartit le 22 juillet. Le 15 août, il était de retour à Saint-Cloud.

saires pour arriver à la ressemblance parfaite. Il n'y en a aucun à faire dans la coiffure ni dans l'ajustement.

S. M. l'Impératrice désire que vous lui en fassiez une copie dans une proportion extrêmement petite et comme pour une bague.

J'ai l'honneur d'être parfaitement, Monsieur,

Votre très humble et très obéissant serviteur,

J.-M. DESCHAMPS (1).

Donc, avec ses rides précoces, fanée, elle est pour Bonaparte comme la plus belle représentation de son idéal amoureux, l'essence même de la volupté dans la femme. « Quoiqu'elle eût perdu toute sa fraîcheur, elle avait trouvé le moyen de lui plaire, et l'on sait bien qu'en amour le pourquoi est superflu, on aime parce que l'on aime (2). » Et sous la plume de qui se trouve cette morale incontestable ? Sous la plume de Marmont ! Et cela n'est-il pas pour

(1) *Revue des documents historiques, suite de pièces curieuses et inédites publiées avec des notes et des commentaires*, par ÉTIENNE CHARAVAY, archiviste paléographe, Paris, 1879, in-8, 2e série, t. I, p. 131. — La note suivante de GUÉRIN, *Archives Nationales*, O234, donne le prix de ces genres de travaux : « Mémoire présenté à Son Excellence le grand chambellan de France, par Jean Guérin, peintre, pour six portraits de Leurs Majestés Impériales, à raison de 500 francs chaque. Total : 3.000 francs. — JEAN GUÉRIN. — Paris, le 15 janvier 1811. » — Cf. ALPH. MAZE-SENSIER, *les Fournisseurs de Napoléon Ier et des deux Impératrices, d'après des documents inédits*, Paris, in-8, 1893, p. 196.

(2) *Mémoires du maréchal Marmont, duc de Raguse, de 1792 à 1841, imprimés sur le manuscrit original de l'auteur, avec le portrait du duc de Reischstadt, celui du duc de Raguse et quatre fac-similé de Charles X, du duc d'Angoulême, de l'empereur Nicolas et du duc de Raguse.* Paris, 1857, in-8, t. I, p. 183. — Sur les *Mémoires* de MARMONT, voir la notice aux appendices dans *Napoléon adultère*, p. 270.

prouver que la haine elle-même sait, fort bien quelquefois, faire sa part à la vérité?

*
* *

Et lui?

C'est encore Marmont qui nous dira de quelle tendresse son souvenir l'enveloppe. « Il pensait sans cesse à sa femme, il la désirait, il l'attendait avec impatience... Jamais amour plus pur, plus vrai, plus exclusif n'a possédé le cœur d'un homme (1). » Cela, Bonaparte ne le démentira jamais, et si un jour il se hasarde à dire : « Il suffirait que ma femme voulût une chose pour que je fisse le contraire (2) », tenez que c'est une plaisanterie, une pointe malicieuse et badine à l'adresse de Joséphine qui, dit Rœderer, était ce jour-là, à Malmaison, « très à portée d'entendre ces paroles ».

Mais, à quel autre qu'à lui-même, faut-il demander comment Bonaparte aime Joséphine? Regardez ces lettres de la première campagne d'Italie, écrites au lendemain du mariage, alors que, ainsi que le dit Ségur, « son amour même pour Joséphine lui était un aiguillon de gloire », et considérez de quelle haute et furieuse flamme cette passion brûle en lui. « Je reçois ta lettre, mon adorable amie », lui écrit-il de Marmirolo, le 29 messidor, 9 heures du soir, « elle a rempli mon cœur de joie... Depuis que je t'ai quittée, j'ai toujours été triste. Mon bon-

(1) Marmont, *ouvr. cit.*, t. I, p. 188.

(2) *Autour de Bonaparte : journal du comte P.-L. Rœderer, ministre et conseiller d'État, notes intimes et politiques d'un familier des Tuileries*; introduction et notes par Maurice Vitrac, Paris, 1909, Daragon, in-8, p. 82.

heur est d'être près de toi. Sans cesse je repasse dans ma mémoire tes baisers, tes larmes, ton aimable jalousie ; et les charmes de l'incomparable Joséphine allument sans cesse une flamme vive et brûlante dans mon cœur et dans mes sens... Je croyais t'aimer il y a quelques jours ; mais, depuis que je t'ai vue, je sens que je t'aime mille fois plus encore. Depuis que je te connais, je t'adore tous les jours davantage... Ah ! je t'en prie, laisse-moi voir quelques-uns de tes défauts ; sois moins belle, moins gracieuse, moins tendre, moins bonne surtout ; surtout ne sois jamais jalouse (1)... » Ce ne sont point de faux serments, de vaines promesses. Joséphine ! il n'est qu'à elle ! Qu'on lui amène de jolies prisonnières, vaincues par avance, et il les accueillera « avec une dignité calme », il les fera conduire aux avant-postes, rendre à la liberté, à l'amour, à l'amant (2). C'est ainsi qu'il entend, au sens strict et étroit du mot, la fidélité conjugale. De Marmirolo encore, le 13 messidor, à 2 heures de l'après-midi : « Je suis tout à Joséphine, et je n'ai de plaisir ni de bonheur que dans sa société (3). » En peut-elle jurer, sinon autant, même la moitié, la plus infime partie ? « Je fais appeler le courrier ; il me dit qu'il est passé chez toi, et que tu lui as dit que tu n'avais rien à lui ordonner. Fi ! méchante, laide, cruelle, tyranne, petit joli monstre ! Tu te ris de mes menaces, de mes sottises ; ah ! si je pouvais, tu sais

(1) *Lettres de Napoléon à Joséphine*..., déjà cit., t. I, pièce III, pp. 46, 47, 48.

(2) Frédéric Masson, *Napoléon et les Femmes*..., p. 40.

(3) *Lettres de Napoléon à Joséphine*..., déjà cit., t. I, pièce IV, p. 51.

bien, t'enfermer dans mon cœur, je t'y mettrais en prison (1) ! » Et deux jours après : « N'es-tu pas l'âme de ma vie et le sentiment de mon cœur?... Adieu, belle et bonne, toute non pareille, toute divine (2)... » Encore : « Toi, à qui la nature a donné douceur, aménité et tout ce qui plait, comment peux-tu oublier celui qui t'aime avec tant de chaleur? Trois jours sans lettres de toi ; je t'ai cependant écrit plusieurs fois. L'absence est horrible, les nuits sont longues, ennuyeuses et fades, la journée est monotone. Aujourd'hui, seul avec les pensées, les travaux, les écritures, les hommes et leurs fastueux projets, je n'ai pas même un billet de toi que je puisse presser sur mon cœur (3)... » Et les baisers ! comme ils pleuvent en cascades, furieux et fous, cabrés et enflammés à travers ces feuilles rudes où s'écrase la plume et dont l'encre est séchée par la poussière éparse des champs de bataille ! « Je te donne mille baisers... Millions de baisers... Mille baisers aussi brûlants que tu es froide... Mille baisers aussi brûlants que mon cœur, aussi purs que toi... Mille baisers amoureux... Mille tendres baisers... Mille baisers bien doux, bien tendres, bien exclusifs... Mille baisers ardents et bien amoureux... Je t'embrasse un million de fois... Mille, mille baisers bien tendres, comme mon cœur... J'espère qu'avant peu je te serrerai dans mes bras, et je te couvrirai d'un

(1) *Lettres de Napoléon à Joséphine...*, déjà cit. — Marmirolo, 1er thermidor an IV, t. I, pièce V, pp. 55, 56.

(2) *Lettres de Napoléon à Joséphine...*, déjà cit. — Castiglione, le 3 thermidor an IV, t. I, pièce VI, p. 58.

(3) *Lettres de Napoléon à Joséphine...*, déjà cit. — Brescia, le 14 fructidor an IV, t. I, pièce IX, p. 66.

million de baisers brûlants comme sous l'équateur... Je te donne cent baisers (1)... »

Voilà le ton de cette correspondance amoureuse, tendre et forte, qui, à cette époque toute en loques soldatesques et en gloire guerrière, mêle les éclats que Jean-Jacques met dans la bouche de l'amant de Julie. Et cela se hausse, grandit, rugit et bondit, en souple flamme, et sans jamais faiblir. « Il y règne un ton si passionné, dit Mme de Rémusat, on y trouve des sentiments si forts, des expressions si animées et en même temps si poétiques, un amour si à part de toutes les amours qu'il n'y a point de femme qui ne mît du prix à avoir reçu de pareilles lettres (2). » La seule qui n'y mette point de prix c'est Joséphine. « Il est drôle, ce Bonaparte ! » En effet, ce n'est point Alexandre de Beauharnais qui l'habitua à ce langage de fièvre bondissante, hérissée et caressante ! Et à ces lettres, elle ne répond pas (Bonaparte le lui reproche dix, vingt fois), et quand, enfin, pressée, talonnée, mise au pied du mur et en présence de son amour, elle se doit d'écrire, de répondre, ce sont deux ou trois lignes brèves, banales, insignifiantes, qu'emporte le courrier. Lettres indifférentes, a-t-on dit (3). Les citer est superflu. La conduite de Joséphine répond pour elles.

Il est à peine croyable que cette correspondance amoureuse de Bonaparte ait été uniquement publiée

(1) *Lettres de Napoléon à Joséphine...*, déjà cit., t. I, p. 43 à 97, pièces nos I, II, III, IV, V, VI, VII, IX, XI, XII, XIV, XVI, XXIII.

(2) *Mémoires de Mme de Rémusat, publiés avec une préface et des notes*, par son petit-fils PAUL DE RÉMUSAT, Paris, 1880, in-8, t. I, p. 146.

(3) J.-C. BAILLEUL, *ouvr. cit.*, t. I, p. 138.

pour justifier Joséphine de quelques bénignes allégations du *Mémorial* dicté dans le fauve et torride désert de Sainte-Hélène. Ne voyait-on donc pas que c'était là dresser contre la créole un réquisitoire que n'eût osé, avec une aussi coupable candeur, aucun des ennemis des Napoléonides? Quelle arme, et quelle arme puissante contre la femme de l'Empereur ! Quelles bases solides et durables à toutes les accusations contre elle ! Et parce qu'on l'a voulu ainsi, il est permis aujourd'hui au moindre pamphlétaire de prendre ces lettres, de les montrer, de dire : « N'est-ce pas qu'il l'aimait cette femme-là ? » Et la réponse accordée, d'ajouter : « Eh bien, voici comment cette femme a répondu à cet amour ! »

Hélas ! pourquoi faut-il que ce soient eux qui aient raison, et que la ferveur et la vérité dues à la grande mémoire impériale forcent à l'avouer ?

V

NOTRE-DAME-DES-VICTOIRES

Les premières batailles déblayées, le glaive latin vainqueur dans les champs italiques, ses bandes maîtres du terrain, Bonaparte pense à faire venir sa femme en Italie. Certes, dès le premier instant, ce fut là sa pensée, son plus cher rêve. Mais jusqu'à présent il a différé, reculé. C'est qu'il craint tout pour elle : les embuscades, les surprises de la grande route, les mille et un dangers sournois qui naissent sans qu'on puisse les prévoir ou les éviter. Quand il sent le pays à peu près sûr, il se hâte d'écrire, de réclamer Joséphine, « sa » Joséphine. « Prends des ailes, viens, viens ! » lui écrit-il. C'est un langage que sa femme n'entend point. Alors il insiste, écrit encore, toujours presse, ordonne, commande, supplie. Et, parmi dix, parmi vingt lettres que les courriers emportent vers elle, à travers les énormes fracas guerriers, les dangers des combats, les coups de fusils lâchés dans le dos, en voici une, et non la moins significative :

RÉPUBLIQUE FRANÇAISE

LIBERTÉ — ÉGALITÉ

QUARTIER GÉNÉRAL

An IV de la République française une et indivisible.

Milan, le 29 avril après-midi.

BONAPARTE, GÉNÉRAL EN CHEF DE L'ARMÉE D'ITALIE, A JOSÉPHINE

Je ne sais pas pourquoi depuis le matin je suis plus content. J'ai un pressentiment que tu es partie pour ici ; cette idée me comble de joie. Bien entendu que tu passeras par le Piémont ; le chemin est beaucoup meilleur et plus court. Tu viendras à Milan où tu seras très contente, ce pays-ci étant très beau ; quant à moi, cela me rendra si heureux que j'en serai fou. Je meurs d'envie de voir comment tu portes les enfans. Cela doit te donner un air majestueux et respectable qui me paraît devoir être très plaisant. Ne vas pas surtout être malade. Non, ma bonne amie, tu viendras ici, tu te porteras très bien ; tu feras un petit enfant joli comme sa mère, qui t'aimera comme son père, et quand tu seras bien vieille, bien vieille, que tu auras cent ans, il fera ta consolation et ton bonheur. Mais d'ici à ce temps-là, garde-toi de l'aimer plus que moi : je commence déjà à en être jaloux. Adieu, *mio dolce amor ;* adieu, la bien-aimée. Viens vite entendre la bonne musique et voir la belle Italie. Il ne lui manque que ta vue, tu l'embelliras à mes yeux ; du moins, tu le sais, quand ma Joséphine est quelque part, je ne vois plus qu'elle (1).

(1) *Revue rétrospective*..., 1833, t. I, pp. 374, 375. — Lettre omise dans la correspondance publiée par la reine Hortense.

La bonne musique, la belle Italie, l'amour de Bonaparte, Joséphine a mieux que cela à Paris. C'est le temps où, avec Barras et la Cabarrus, elle a repris ses belles et agréables relations de l'an III, où, sa situation assurée, il lui est loisible de goûter un plaisir sans arrière-pensée, une volupté sans amertume. Et elle en profite. Bals et concerts, parties fines et soupers, théâtres et promenades, elle est partout et de tout, maintenant que la jeune gloire levée en Italie comme une prodigieuse aurore la sacre Notre-Dame-des-Victoires (1). C'est la fête du Directoire qui continue, et brillamment. Cependant, de jour en jour, sans nouvelles, Bonaparte s'impatiente : « Je suis au désespoir, écrit-il à Carnot, ma femme ne vient pas elle a quelque amant qui la retient à Paris. » Il devine son malheur et flaire la trahison. Alors Joséphine comprend qu'il faut s'expliquer. Qu'inventer ? Elle est malade... « Non, ma bonne amie, tu viendras ici, tu te porteras bien ! » Elle est enceinte... « Je meurs d'envie de voir comment tu portes les enfans ! » Elle est lasse... « Cela doit te donner un petit air majestueux et respectable qui me paraît devoir être très plaisant ! » Oh ! cet homme ! cet insupportable mari qui a réponse à tout, qui aime sa femme, qui la veut à lui ! Alors que répondre ?

(1) « On racontoit en société, que l'épouse du général Buonaparte avoit été agréablement surnommée Notre-Dame-des-Victoires. » *Gazette Françoise, papier-nouvelles de tous les jours et de tous les pays*, 12 prairial an IV. — Cette feuille, en vente au *Bureau général des journaux*, parut du mois de janvier 1792 au 18 décembre 1797, format in-4. Elle eut 3.068 numéros et avait été fondée par P.-L. Fiévée et Poncelin. — Cf. MAURICE TOURNEUX, *Bibliographie de l'histoire de Paris pendant la Révolution française*, Paris, 1894, in-fol., t. II, p. 627, n° 10733.

Rien. Joséphine ne répond pas. Du moins, ce faisant, elle ne ment pas, elle ne joue pas cette basse et ignoble comédie de la grossesse dont, par une vengeance du destin, le divorce de 1809 lui fera porter le châtiment. Car c'est cela qu'elle a inventé dans sa rouerie : la grossesse ! C'est sur cela qu'elle spécule, presque comme une fille. C'est de ce mensonge qu'elle masque ses déportements publics et privés à Paris. L'arracher à ces petits plaisirs-là ? Ce Bonaparte est donc fou ? Quitter tout cela pour aller le rejoindre, où cela ? Dans un pays en guerre, dans des bivouacs de hasard, sous des tentes guerrières où il n'a que sa paillasse de fortune à lui offrir ? Allons donc ! Se moque-t-il, en vérité ? C'est pour Joséphine une perspective à laquelle elle ne saurait sourire. Ce mari qu'elle a pris, parce qu'il fallait vivre, comment l'aimerait-elle avec sa gale de Toulon (1), avec son maigre visage fauve, brûlé de la flamme vive et froide des yeux qui envahissent toute la face ? Ce n'est pas son genre, à elle, cela.

Donc, elle se refuse à partir, elle tergiverse, elle ment. Plus tard, ce seront pour elle des souvenirs bien lointains et bien oubliés. Elle dira alors qu'elle a « pris son mari pour être avec lui », ce à quoi, badinant et

(1) Le 28 janvier 1817, l'Empereur dit : « La gale est une terrible maladie ; je l'ai gagnée au siège de Toulon. Deux canonniers, qui l'avaient, furent tués devant moi et leur sang me couvrit. Cela fut mal soigné et je l'avais encore en Italie et à l'armée d'Égypte. A mon retour, Corvisart me l'a ôtée en me mettant trois vésicatoires à la poitrine, qui ont amené une crise salutaire. Auparavant, j'étais jaune et maigre ; depuis, je me suis toujours bien porté. » Baron GOURGAUD, *Sainte-Hélène, journal inédit de* 1815 *à* 1818, avec préface et notes de MM. le vicomte de Grouchy et Antoine Guillois, Paris. s. d., in-8, t. I.

moins oublieux sans doute qu'elle, Napoléon répondra que la femme est faite pour le mari, et le mari pour la patrie, la famille et la gloire (1). Mais, dans l'instant, est-il véritablement le mari de Joséphine? A la voir à Paris, dans ces premiers mois de l'an IV, on en pourrait douter.

Le Piémont conquis, Bonaparte envoie à Paris, au Directoire, Junot porteur de vingt et un drapeaux. Mais ce n'est point le sort de ces loques glorieuses et hachées qui le préoccupe. Ces hampes vaincues, ce ne sont que le prétexte; Junot a une autre mission : ramener avec lui, en Italie, Joséphine. C'est là la consigne de Junot; comme il est soldat, il l'exécute, et non sans peine.

Le 24 juin 1796, le Directoire accorde à Joséphine ses passeports pour l'Italie (2), et Carnot, plus d'un mois auparavant, a déjà annoncé ce départ, de jour en jour reculé. « Nous espérons, écrivait-il au vainqueur anxieux là-bas, nous espérons que les myrthes dont elle vous couronnera ne dépareront pas les lauriers dont vous a déjà couronné la victoire (3). » Mais ce qu'il ne disait point, et pour cause, l'organisateur de la victoire jacobine, c'est ce que ces myrthes, un peu flétris déjà, avaient entre temps couronné quelques autres fronts déjà. Mais enfin, Joséphine par-

(1) *Lettres de Napoléon à Joséphine...*, déjà cit. ; *A l'Impératrice à Mayence*, Varsovie, le 23 janvier (1807) ; t. I, pièce n° LXXXIX, p. 247.

(2) IMBERT DE SAINT-AMAND, *les Femmes des Tuileries : la citoyenne Bonaparte...*, p. 52.

(3) Carnot au général en chef Bonaparte, 2 prairial an IV. — *Souvenirs et Mémoires, recueil mensuel de documents autobiographiques, souvenirs, mémoires, correspondances*. Paris 1898, in-8, t. I, p. 55.

tait, oui, mais en « sanglotant comme si elle allait au supplice (1) ». Et elle allait vers les baisers de son mari ! mieux, vers le baiser du vainqueur de Lodi ! Pourtant, dans l'exil de Longwood, c'était presque sans ironie que le monarque déchu déclarait qu'il ne doutait pas que Joséphine « n'eût quitté un rendez-vous d'amour pour venir auprès de lui (2) ». Elle ne quittait pas un rendez-vous, elle quittait Paris. L'eût-elle quitté pour suivre la grande ombre impériale enfoncée derrière les tropiques ? Laissons-la bénéficier du doute.

Murat, Junot et Joseph Bonaparte étaient du voyage. Mme Bonaparte emmenait sa femme de chambre Louise. Il a couru d'assez vilains bruits sur ce qui se passa au cours du trajet. Nettement, Joséphine a été accusée d'avoir fait la cour à Junot, lequel, aussi soucieux de l'honneur de son chef que de la hiérarchie militaire, aurait masqué son refus par une cour acharnée à la femme de chambre. Vrai ou non, le fait n'est que peccadille quand on sait ce qui devait se passer quelque peu de temps après.

Vers le milieu de messidor, Joséphine arriva à Milan où, depuis le 25 floréal précédent, les armées françaises haillonneuses et épiques avaient fait leur entrée triomphale parmi les bourdons sonnant à toute volée et l'aboi pacifique et joyeux des canons conquis.

A Milan, ce n'était ni la tente, ni le bivouac qui l'attendaient, mais bien un palais, lequel « avec ses assises de granit rose, semées de parties cristallisées

(1) L.-V. ARNAULT, *ouvr. cit.*, t. II, p. 293.

(2) Le comte DE LAS CASES, *le Mémorial de Sainte-Hélène*, nouv. édit., in-18, t. II, p. 330.

qui étincelaient aux rayons du soleil, ses vastes et somptueux salons carrés, ses hautes colonnades, sa large et longue galerie, était l'une des plus luxueuses résidences de Milan (1) ». C'était là la demeure que le duc de Serbelloni, président du Directoire de la République Cisalpine, offrait à l'amie de Barras, à la femme de Bonaparte.

A Milan, à l'arrivée de Joséphine, Bonaparte la quittait bientôt, lancé à la poursuite de l'ennemi. Le 18, il est à Roverbella ; le 23, à Vérone; le 29, à Marmirolo; il y demeure jusqu'au 1er thermidor; le 3 et le 4, il est à Castiglione; le 13 et 14 fructidor, à Brescia; le 17, à Ala; le 24, à Montebello ; le 26, à Ronco; le premier jour complémentaire, à Vérone; le 26 vendémiaire, à Modène; il est de retour à Vérone le 19 brumaire, y demeure jusqu'au 4 frimaire, et dans ce laps de temps, vers Milan, dix-sept courriers apportent dix-sept lettres d'amour à Joséphine. Enfin, Wurmser battu sous Mantoue, l'armée de la République victorieuse des noires aigles bicéphales, il respire, et ne respire que pour sa Joséphine. Il « l'aime à la fureur ». Il accourt à Milan, crève les chevaux, enveloppé du tourbillon doré de ses jeunes victoires et des dernières fumées encore rougeoyantes d'Arcole. Il arrive... Quelle énorme catastrophe s'acharne sur ce vainqueur toujours heureux? Quel désastre abat l'homme prédestiné qui, dans ces champs désormais fameux, vient de conclure son pacte avec la victoire, de la forcer à être sienne? A la postérité il en a laissé la rugissante et mélancolique plainte, et ce que cachent de douleur domptée les deux lettres

(1) IMBERT DE SAINT-AMAND, *les Femmes des Tuileries : la citoyenne Bonaparte*..., p. 125.

ARMÉE d'ITALIE

LIBERTÉ, ÉGALITÉ.

RÉPUBLIQUE FRANÇAISE

Au Quartier-Général de [illegible] 13 [illegible]

le *an* 4.me *de la République Française.*

BONAPARTE

Général en Chef de l'Armée d'Italie.

[illegible]

[illegible]

Une lettre d'amour de Bonaparte à Joséphine.
(*Première campagne d'Italie*).

Traduction : « J'arrive, mon adorable amie, ma première pensée est de t'écrire. Ta santé et ton image ne sont pas sorties un instant de ma mémoire pendant toute la route. Je ne serai tranquille que lorsque j'aurai reçu des lettres de toi. J'en attends avec impatience. Il n'est pas possible que tu te peignes mon inquiétude. Je t'ai laissée triste, chagrine et demi-malade. Si l'amour le plus profond et le plus tendre pouvait te rendre heureuse, tu devrais l'être. Je suis accablé d'affaires. Adieu, ma douce Joséphine, aime-moi, porte-toi bien, et pense souvent, souvent à moi.

« Bonaparte. »

que voici, seuls le savent ceux qui ont pu aimer comme ce Bonaparte de l'an IV a aimé :

A Joséphine, à Gênes.

Milan, le 7 frimaire an V, à 3 heures après-midi.

J'arrive à Milan, je me précipite dans ton appartement, j'ai tout quitté pour te voir, te presser dans mes bras ;... tu n'y étais pas : tu cours les villes avec des fêtes; tu t'éloignes de moi lorsque j'arrive, tu ne te soucies plus de ton cher Napoléon. Un caprice te l'a fait aimer, l'inconstance te le rend indifférent.

Accoutumé aux dangers, je sais le remède aux ennuis et aux maux de la vie. Le malheur que j'éprouve est incalculable; j'avais droit de n'y pas compter.

Je serai ici jusqu'au 9 dans la journée. Ne te dérange pas ; cours les plaisirs; le bonheur est fait pour toi. Le monde entier est trop heureux s'il peut te plaire, et ton mari seul est bien, bien malheureux (1).

La nuit s'écoule, et puis la journée. Avant qu'elle ne soit finie, Bonaparte a écrit une nouvelle lettre :

A Joséphine, à Gênes

Milan, le 8 frimaire an V, 8 heures du soir.

Je reçois le courrier que Berthier avait expédié à Gênes. Tu n'as pas eu le temps de m'écrire, je le sens facilement. Environnée de plaisirs et de jeux, tu aurais tort de me faire le moindre sacrifice. Berthier a bien voulu me montrer la lettre que tu lui as écrite. Mon intention n'est pas que tu déranges rien à tes calculs, ni aux parties de plaisir qui te sont offertes; je n'en

(1) *Lettres de Napoléon à Joséphine...*, dejà cit., t. I, pièce nº XVIII, pp. 85, 86.

vaux pas la peine, et le bonheur ou le malheur d'un homme que tu n'aimes pas n'a pas le droit d'intéresser.

Pour moi, t'aimer seule, te rendre heureuse, ne rien faire qui puisse te contrarier, voilà le destin et le but de ma vie. Sois heureuse, ne me reproche rien, ne t'intéresse pas à la félicité d'un homme qui ne vit que de ta vie, ne jouit que de tes plaisirs et de ton bonheur. Quand j'exige de toi un amour pareil au mien, j'ai tort : pourquoi vouloir que la dentelle pèse autant que l'or? Quand je te sacrifie tous mes désirs, toutes mes pensées, tous les instants de ma vie, j'obéis à l'ascendant que tes charmes, ton caractère, et toute ta personne ont su prendre sur mon malheureux cœur. J'ai tort si la nature ne m'a pas donné les attraits pour te captiver; mais ce que je mérite de la part de Joséphine, ce sont des égards, de l'estime, car je l'aime à la fureur et uniquement.

Adieu, femme adorable, adieu, ma Joséphine. Puisse le sort concentrer dans mon cœur tous les chagrins et toutes les peines ; mais qu'il donne à ma Joséphine des jours prospères et heureux. Qui le mérite plus qu'elle ? Quand il sera constaté qu'elle ne peut plus aimer, je renfermerai ma douleur profonde, et je me contenterai de pouvoir lui être utile et bon à quelque chose.

Je rouvre ma lettre pour te donner un baiser... Ah ! Joséphine !... Joséphine (1) !...

Ce sont des lettres souvent citées, mais elles ne le seront jamais assez. Chaquefois que la « bonne » Joséphine, son amour, sa tendresse, sa bonne étoile et autres mythes semblables serviront à attaquer le granit de la mémoire impériale, chaque fois qu'elle servira de prétexte à diminuer le Maître, chaque fois

(1) *Lettres de Napoléon à Joséphine*..., déjà cit., t. I, pièce n° XIX, p. 87 et suiv.

alors ces deux lettres seront rééditées, simplement, purement, sans commentaires, car à elles mêmes, elles se suffisent. Et un seul mot sera nécessaire, le mot qui indiquera que c'est la fille qui, contre la mère, a donné cette arme, qui, contre l'attaque, a fourni ce bouclier.

*
* *

Joséphine est donc absente de Milan. Où donc est-elle ? Bonaparte le dit : à Gênes. Mais elle n'y est pas seule.

Le mot de Stendhal est connu : « Amusez une femme et vous l'aurez (1). » A l'armée d'Italie il s'est trouvé, en l'an IV, un paltoquet pour amuser Joséphine. Et elle s'est donnée, sans plus. C'est la seule chose à laquelle elle ne mette pas de formes.

L'individu qui a réussi ce tour, à la vérité facile, a nom Hippolyte Charles, et est attaché à l'état-major du général Leclerc, ce Leclerc qui, mari de Pauline Bonaparte, mourra si misérablement dans l'enfer torride de Saint-Domingue.

M. Charles, au début de la Révolution, est entré comme volontaire au régiment des guides de Besançon. Les hasards des campagnes l'ont fait capitaine. Le voici aide de camp de Leclerc et amant de Joséphine. Il est vrai, comme on l'a dit, « que ces guerriers du premier Empire ne doutaient de rien (2) », mais M. Charles n'a rien d'un guerrier. C'est un amuseur, un *polichinelle*, écrit-on, un faiseur de bons mots,

(1) STENDHAL, *Œuvres posthumes : Napoléon*; Paris, 1898, in-18, p. 183.

(2) ÉTIENNE LAMY, *Un Témoin du premier Empire* ; *le Correspondant*, 10 mars 1895.

un « calembouriste râblé (1) ». Râblé, en effet, il l'est quoique petit. Mais l'étroitesse de sa taille n'exclut pas l'harmonie des formes. Il a vingt-sept ans, de belles moustaches et des cheveux noirs bouclés. Cela sied à son teint mat. Sous les chamarrures de l'uniforme de hussard, il ravit Joséphine comme Pauline. Cette dernière, jalouse, a voulu le faire fusiller pour cette préférence accordée à sa belle-sœur. Cela c'est M. Joseph Turquan qui l'assure. Tenez qu'il exagère. Bonaparte absent de Milan, M. Charles s'est trouvé au palais Serbelloni comme chez lui. Pendant un mois il y a déjeuné tous les jours (3). Bonaparte est-il aveugle au point de ne pas s'apercevoir de ce louche trafic ? Non, sans doute, car un jour on apprendra qu'il a chassé M. Charles de l'armée. Il ne l'a pas chassé du cœur de Joséphine. Elle le prouvera moins de deux ans plus tard, d'une manière qui ne demeurera point énigmatique ou cachée pour les mauvaises langues de Paris, et démontre alors l'erreur où se plonge M. Imbert de Saint-Amand qui déclare avec une pudeur, digne d'un meilleur sort : « Quand il n'y a pas de scandale public, l'alcôve est la limite que l'his-

(1) FRÉDÉRIC MASSON, *Napoléon et les Femmes : conférence prononcée à la Société des Conférences*, le 28 février 1908. — Cf. *Revue hebdomadaire*, 7 mars 1908.

(2) JOSEPH TURQUAN, *Souveraines et Grandes Dames ; les sœurs de Napoléon, les princesses Elisa, Pauline et Caroline, d'après les témoignages des contemporains*, Paris, s. d., in-18, p. 147. — C'est un morceau savoureux à lire que ce passage.

(3) C'est là ce que déclare un pamphlet du second Empire : *les Femmes galantes de Napoléon ; secrets de cour et de palais*, Londres et Genève, 1863, imprimé à Jersey, chez Falle, place Royale, t. II, pp. 75, 76. — Examen fait des dates et des absences de Bonaparte, le fait est possible, sinon vraisemblable.

toire n'a pas le droit de franchir (1). » On sait où mènent ces lénifiantes théories.

Bonaparte pardonnera M. Charles à Joséphine, mais il ne pardonnera pas à M. Charles. La duchesse d'Abrantès a conté de quelle pâleur il fut envahi un jour que le hasard le fit rencontrer. Et il ne savait pas tout, bien que Barras assure que le général lui ait dit que Joséphine avait fait pour Charles « toutes sortes de folies », qu'elle lui « avait donné des sommes énormes et jusqu'à des bijoux comme à une fille (2) ». Ce n'était pas juger plus sévèrement le *polichinelle* qu'il ne le méritait.

A en croire Sismondi, M. Charles n'aurait pas été le seul partenaire de Joséphine à cette époque. Il dit fort nettement que Bonaparte « pendant ses premières campagnes d'Italie éloigna de son quartier général plusieurs amants de Joséphine (3) ». Murat est-il parmi ces amants dont parle Sismondi ? A en croire la duchesse d'Abrantès, il n'y aurait pas de doute possible, et elle lui attribue, au cours d'un déjeuner d'officiers de hussards, des propos qui seraient bien significatifs s'ils n'étaient pas tout aussi suspects. Mais quel que fût le nombre de ces amants, Bonaparte pardonna. Il devait pardonner plus d'une fois encore. L'amour brûlait en lui d'une trop haute et forte flamme pour s'éteindre ainsi, tout à coup, aux premières trahisons. De telles passions n'abdiquent que vaincues, lentement, mais sûrement, et cette

(1) IMBERT DE SAINT-AMAND, *les Femmes des Tuileries : la citoyenne Bonaparte...*, p. 262.

(2) BARRAS, *ouvr. cit.*, t. IV, pp. 32, 33.

(3) SISMONDI, *Notes ; Revue historique*, t. IX, p. 363. — Cité par ARTHUR LÉVY, *vol. cit.*, p. 130.

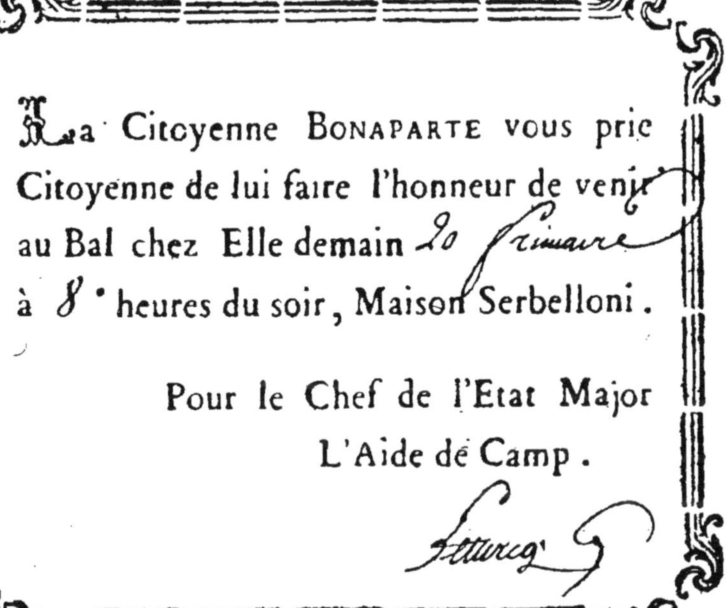

La Citoyenne BONAPARTE vous prie Citoyenne de lui faire l'honneur de venir au Bal chez Elle demain 20 Frimaire à 8 heures du soir, Maison Serbelloni.

Pour le Chef de l'Etat Major
L'Aide de Camp.

Invitation aux bals donnés par Joséphine pendant son séjour au palais Serbelloni, à Milan, pendant la première campagne d'Italie.

heure-là ne sonna, pour Bonaparte, que quelques années plus tard.

Il s'appliqua donc à conquérir cette femme qui se dérobait sournoisement, il lui fit une vie merveilleuse et unique de tendresse et de gloire, rapportant tout à elle, vainqueur pour elle et vaincu par elle. Ce qu'était son intérieur, Arnault nous le dit d'une façon charmante, et Miot de Mélito le confirme sur ce point. Le général était alors si amoureux de sa femme que, même devant des étrangers, il prenait avec elle « des libertés conjugales qui ne laissaient pas de nous embarrasser », confesse le fidèle ami du roi Joseph (1). Héros qui mêle la simplicité antique et amoureuse à l'éclat de son épopée ! Il a imprégné cette terre d'Italie de tous ces souvenirs épars de sa passion. Et, aujourd'hui encore, comme on l'évoque d'un cœur bondissant et élancé, sur ce plateau de Rivoli qui découvre la plaine fameuse avec les eaux éclatantes de l'Adige dans le lointain net et clair ! Il est là, présent et vivant, l'amoureux, l'amant de l'an IV, debout au sortir du défilé de la Chiusa, debout contre la vieille église brûlée de soleil, debout

(1) *Mémoires du comte Miot de Mélito, ancien ministre, ambassadeur, conseiller d'État et membre de l'Institut*, publiés par le général baron de FLEISCHMANN ; Paris, 1858, in-8, t. I, p. 175. — C'est de Miot de Mélito que le comte Beugnot écrit : « Sa vie a été celle d'un serviteur dévoué et fidèle jusqu'au dernier jour de l'empereur Napoléon et de sa famille. » *Notice sur les « Mémoires du comte Miot de Mélito »* ; *Le Correspondant*, septembre 1858. — Le numéro suivant du *Correspondant* contient une lettre rectificatrice du comte Beugnot sur certaines erreurs de sa notice, relatives à la rupture entre Napoléon et Lucien. — Le général de Fleischmann, ambassadeur de Wurtemberg, à Paris, en 1831, était le gendre de Miot de Mélito.

sur le plateau désert de ce jour, découpé en obscure et fauve silhouette sur le ciel uni. Son amour sacre cette terre plus encore que sa victoire. Il a apporté ici, à l'âpre et farouche gain de la bataille, plus que son génie : son cœur, et la première amertume de sa volupté hésitante et trahie.

VI

LES SOIRÉES AMOUREUSES DE MALMAISON

Un jour, loin de Paris, entre une victoire gagnée et une bataille à livrer, Bonaparte brise, par mégarde, la glace du portrait de Joséphine qu'il a toujours sur lui.

— Marmont, dit-il, soudain troublé, anxieux, pâle « d'une manière effrayante », Marmont, ma femme est bien malade ou infidèle (1).

Elle n'était pas malade, ne le fut jamais, et quand elle le fut pour la première fois, elle en mourut (2).

(1) MARMONT, *ouv. cit.*, t. I, p. 188.

(2) Ce fut, tout au plus, une malade imaginaire. « Bien que Joséphine ait une santé de fer, écrit son historien, qu'elle soutînt la fatigue et les intempéries avec cette incroyable résistance qu'ont les femmes, elle se croyait toujours malade, sollicitait sans cesse des remèdes, abusait des purgations et parvenait à force de petits soins à déranger son économie. Lorsque Leclerc ou Horeau ne savaient plus comment refuser des médicaments inutiles, ils appelaient Corvisart qui arrivait à la consultation et, avec son sérieux souriant, ordonnait des pilules. Elles étaient de mie de pain, l'Impératrice s'en trouvait immédiatement soulagée et s'em-

Quant à être infidèle, oui, et Bonaparte ne savait pas si bien dire.

C'était alors la seconde grande absence qu'il faisait, parti qu'il était, le 30 floréal an IV, pour l'Égypte et la promesse dorée de la plus éclatante de ses conquêtes.

Ce qu'elle était en l'an IV, Joséphine l'était encore en l'an VI. Bonaparte parti, M. Charles lui demeurait, et c'est avec lui qu'elle entreprit de se consoler de son veuvage. Un an après le départ de son mari, elle était installée à Malmaison, en châtelaine, et avec le *polichinelle*.

Malmaison, c'était alors une vaste propriété rurale, conservant, des pirateries normandes du neuvième siècle, ce nom de mauvais augure *Mala Mansio*, fâcheux gîte, ou encore maladrerie. Sur des actes de la censive elle figure, vers 1240 ou 1244, fieffée à l'abbaye royale de Saint-Denis. En 1622, elle appartient aux Perrot, famille de robe ; en 1760, aux Barentin ; en 1765, aux d'Aguesseau. En 1798, quand Bonaparte la visite, elle appartient aux Le Coulteux du Moley, lesquels sont alliés aux Canteleux. La Révolution ne les en a pas dépossédés. Aussi bien M. du Moley s'est-il rallié au jacobinisme, on le voit « hurler » contre les nobles (1), et, en 1789, ses enfants envoyent à la Monnaie, en don patriotique, leurs joujoux, soit trois onces d'or (2). De Mme du Moley

pressait de faire au premier médecin quelque beau présent, comme cette tabatière d'écaille ornée d'un camée antique d'Esculape qu'on voit au musée de Cluny. » FRÉDÉRIC MASSON, *Joséphine Impératrice et Reine...* ; pp. 77, 78.

(1) Mme VIGÉE-LEBRUN, *Souvenirs*, Paris, 1869, in-18, t. I, p. 173.

(2) E. et J. DE GONCOURT, *vol. cit.*, p. 69.

on dit peu de chose, sinon qu'elle est jolie, et très à la mode, du moins sous le Directoire (1). Malmaison plaît assez au général, sauf le prix qu'il trouve trop élevé. « Il faudrait pour y vivre, dit-il à Bourrienne, 30.000 livres de rente (2). » C'est la vérité, et Chanorier, le maire de Croissy, que Joséphine chargera plus tard des négociations de l'achat, dira, lui aussi, qu'il faut de 20 à 25.000 livres de rente pour pouvoir vivre à Malmaison (3). Mais 20.000 ou 30.000 livres de rente, Bonaparte ne les a point. Aussi n'achète-t-il pas Malmaison.

A quel caprice Joséphine résista-t-elle jamais ? Pour l'instant, Malmaison la ravit comme un jouet nouveau, comme un cachemire aux tons inconnus, comme une pierre de couleur. Elle se retrouve dans le même état d'esprit qu'en l'an III, alors qu'elle a, sans le sou et avec des dettes, loué, au prix que l'on sait, le petit hôtel de la rue Chantereine. C'est Chanorier, qu'elle a connu à Croissy, au temps de ses parties fines avec Barras, ce Chanorier qui deviendra fou de terreur au lendemain de l'attentat de la rue Nicaise et mourra, fou toujours, le 28 mai 1806, qui s'occupe de l'affaire.

Le 11 ventôse an VII, il va visiter Malmaison, et le rapport qu'il fait à Joséphine est bien pour l'encou-

(1) Mme Vigée-Lebrun, *ouv. cit.*, t. I, p. 172.

(2) De Bourrienne, *Mémoires sur Napoléon, le Directoire, le Consulat, l'Empire et la Restauration*, t. II, p. 143. — La première édition de ces *Mémoires* parut chez Ladvocat, en 1829. — Cf. notice sur les *Mémoires de Bourrienne*, dans *Napoléon adultère*, p. 266.

(3) *Lettres de Chanorier à la citoyenne Bonaparte*, Croissy, le 11 ventôse, an VII. — *Bibliothèque nationale*, fonds des manuscrits français, n° 12.763, f° 95. — *Souvenirs et Mémoires...*, déjà cit., t. II., p. 315 et suiv.

rager à l'achat. La propriété a 387 arpents, dont 75 de parc, bois, vignes, terres et prés. Mme Junot, qui dit que « le parc n'était pas grand (1) », lui accorde 100 arpents (2). C'est donc mieux qu'un jardinet. De ventôse à fin germinal, les négociations traînent. Joséphine en prend quelque impatience. Elle écrit au citoyen Renouvier qu'il « lui tarde bien de voir finir l'affaire (3) ».

La Renaudin elle-même y prend quelque intérêt. Le 2 floréal on la voit écrire à Calmelet pour lui demander : « A-t-elle acheté la Malmaison, les uns disent que oui, les autres non ; et quand je dis que je n'en çais rien, je parois vouloire faire mysterre sur tout (4). » Qu'elle se rassure ! Ce même jour, on en termine, et Joséphine devient propriétaire de Malmaison au prix de 225.000 francs pour la propriété, et non 160.000 francs, ainsi que le dit Bourrienne (5), 37.516 francs pour les meubles et 9.111 fr. 68 pour les droits d'enregistrement, de mutation. Et sur ces 271.627 francs elle ne paye même pas le quart. Seuls, elle règle les meubles, soit 37.516 francs. « La vic-

(1) Duchesse D'ABRANTÈS, *ouv. cit.*, t. III, p. 164.

(2) *Ibid.*, t. III, p. 213.

(3) Lettre autographe signée, 1 page pleine in-18. — *Catalogue d'une belle collection de lettres autographes, manuscrits, documents historiques sur la Révolution, les guerres de la Vendée, etc., provenant de plusieurs cabinets, dont la vente aura lieu, le jeudi 24 avril 1862...*; Paris, Laverdet, 1862, in-8, 613, pièce n° 97.

(4) Lettre autographe signée, au citoyen Calmelet; Fontainebleau, le 2 floréal an VII ; 1 page et demie in-4. — *Catalogue d'autographes Étienne Charavay* ; décembre 1887 pièce n° 4. — La même lettre figura en septembre 1883, au prix de 20 francs, dans la *Revue des autographes, des curiosités de l'histoire et de la biographie*, n° 114, pièce n° 25.

(5) DE BOURRIENNE, *ouv. cit.*, t. IV, p. 29.

toire fournira le bronze, » ordonnaient les ordres du jour aux armées de la Convention. Plus simplement, Joséphine décrète que le général fournira le reste, quand il reviendra de Syrie, s'il revient, ce qui est douteux. Mais ces 37.516 francs elle les paye. Avec l'argent de Bonaparte? C'est douteux. Alors? Mystère pour l'argent, problème pour sa source.

Une fois de plus intervient Barras. On assure que le cadeau est de lui, et qu'elle le « dédommage en lui accordant la jouissance de ses attraits dévoilés (1) ». Voilà qui est bien. Mais on ajoute que cela se passait quelques mois avant son mariage avec Bonaparte. Des dates : elle s'est mariée en l'an IV, elle s'est installée à Malmaison en l'an VII. Il suffit. Mais Barras lui-même proteste, et sa protestation vaut d'être accueillie. En effet, à l'en croire, c'est à lui que Joséphine voulait faire cadeau de Malmaison, « chaumière alors très modeste (2) » ! Et le genre de gynécée qu'elle prétendait y installer pour lui, le lecteur le connaît. Ici encore il suffit.

Mais en attendant d'y convier Barras, Joséphine y établit M. Charles. Au début il y vint en cabriolet attelé d'une jument, « connue pour être la bête la plus vive de Paris (3) ». Bientôt il s'y installa à demeure. Malmaison fut son séjour habituel. Il « l'habitait tout à fait en maître (4) ». Il paraît qu'il n'est point le seul à avoir, dans ce temps, consolé cette Ariane un peu

(1) *Les Femmes galantes de Napoléon ; secrets de cour et de palais...*, déjà cit., t. II, pp. 30, 31.
(2) BARRAS, *ouv. cit.*, t. IV, p. 194.
(3) Duchesse D'ABRANTÈS, *ouv. cit.*, t. IV, p. 141.
(4) *Ibid.*, t. III, p. 165.

marquée. « Elle a plusieurs fois renouvelé ses amants après avoir fait la fortune de chacun d'eux (1). » Avec quel argent ?

Mais peu importe. Charles, à Malmaison, jouit des honneurs dus au maître. Par une lettre d'Eugène à

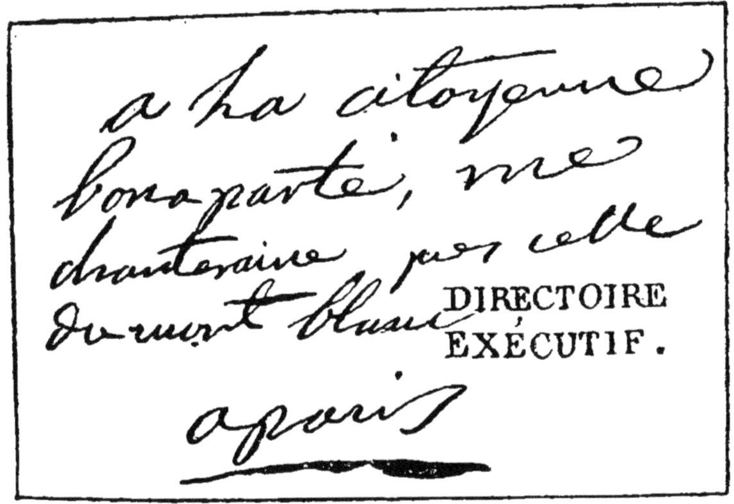

Suscription d'une lettre de Barras à Joséphine.

sa mère, nous savons que le *polichinelle* apportait à la créole un petit chien, et qu'il l'emmenait aux Italiens dans les quatrièmes loges, qui sont les loges grillées. On sait pourquoi. Ce détail, Napoléon ne l'oubliera pas. Au lendemain d'Eylau, il lui ordonnera : « Va quelquefois au spectacle, et toujours en grande loge (2). » Pourquoi ? « Parce qu'il ne faut pas aller en petite loge aux petits spectacles ; cela ne convient

(1) BARRAS, *ouv. cit.*, t. IV, p. 30.

(2) *Lettres de Napoléon à Joséphine...*, déjà cit. — A l'Impératrice, à Paris, Liebstadt, le 11 février, à midi, 1807. — T. I, p. 274, pièce n° CIII.

point à votre rang. Vous ne devez aller qu'aux quatre grands théâtres, et toujours en grande loge (1). » Comprend-on que Napoléon ait de la mémoire ?

A Malmaison, les jours s'écoulent, paresseux, heureux et lents, de floréal à fructidor. Dans les beaux jardins ombreux, ils se promènent, ces amants oublieux de l'autre qui, dans ce temps, atteste les siècles de sa victoire dans les champs pharaoniques. Là-bas, c'est dans la trombe des poussières du désert, dans l'éclat blanc du soleil, sous Damanhour, Rhamanieh, Chébréiss, El-Khanka, Salahieh, Faïoum, El-Arrich, Jaffa, Loubi, la galopade des centaures aux plumets palpitants et monumentaux, la tuerie rouge, sabre aux dents, pistolets au poing, contre les hordes barbares du vieil Orient ; c'est la cavalcade héroïque, rouge et or, à travers des paysages illuminés d'incendies et hérissés d'hypogées et de pyramides ; c'est l'Angleterre traquée, acculée, pourchassée ; c'est l'épopée vivante taillée dans l'épopée morte du passé ; c'est des drapeaux de chevelures, des trésors orientaux, des lauriers blancs de poussière ; c'est la fatigue certaine et la mort probable.

Ici, à Malmaison, aux bords d'une Seine chassant les eaux paresseuses sous les peupliers bruissants inclinés sur la rive, c'est la fraîcheur des beaux jours de prairial, le parc plein d'oiseaux et les bois de la Jonchère pleins d'agrestes parfums. C'est, vers Saint-Germain, l'adieu pourpre et mauve des soleils couchants, et, au-dessus de Rueil, la lente montée de l'obscur visage de la nuit. Beauté silencieuse des

(1) *Lettres de Napoléon à Joséphine...* ; déjà cit. — A l'Impératrice, à Paris ; Osterode, le 17 mars 1807. — T. I, pp. 288, 289, pièce nº CX.

soirs apaisés ! Peut-être, là-bas dans sa maison pleine de cris, de bottes sonores sur la dalle de mosaïque, à Elfi-Bey, le mari de Joséphine y songe-t-il à ces soirs de l'Ile-de-France où l'odeur de la terre, plus fine, plus pénétrante, semble l'odeur même du ciel. Il ne sait pas encore, et quand il saura ? Les évoquera-t-il dans ses chaudes et lourdes nuits d'insommie, tempes martelées de tocsins éperdus, poings serrés, yeux fous, les évoquera-t-il, les deux amants de là-bas, qui errent dans les jardins nocturnes de Malmaison, enlacés et silencieux, les lèvres humides de tant de baisers qui lui sont volés ? « On la voit de la route, raconte une femme de Rueil à la future Mme Junot, et le soir au clair de lune, lorsqu'avec sa robe blanche et son voile elle s'appuie sur le bras de son *fils* qui est en habit noir ou bleu, cela fait un effet presque fantastique : on dirait que ce sont deux ombres. Pauvre femme ! elle pense peut-être à son premier mari, que les bourreaux de la Révolution ont tué ! elle pense aussi à celui que Dieu lui a rendu et qu'un boulet de canon peut lui emporter en un instant. Comment fait-il là-bas pour entendre la messe au milieu de tous ces Turcs (1)?... » Oh ! Monsieur de

(1) Duchesse D'ABRANTÈS, *ouvr. cit.*, t. III, p. 163. — Mme d'Abrantès termine ce chapitre par cette note sur M. Charles : « M. Charles acheta, dans l'année 1803 ou 1804, la terre de Casan. Il y passait une partie de l'année. Il voulut marier une fille naturelle qu'il avait, en 1822, mais il se trouva que ses affaires étaient dans un tel dérangement qu'il ne put faire ce qu'il avait résolu. Il en eut un grand chagrin, car il est bon père, bon ami, et son cœur est parfait. Casan fut vendu, et M. Charles est aujourd'hui (1831) retiré à Romans, sa patrie, où il vit modestement retiré et tranquille. » La mansuétude de la duchesse est une explication. « Junot aimait M. Charles comme son frère », dit-elle,

Vogüé, que vous faites bien de passer sous silence cette petite aventure et d'affirmer, avec une si juvénile intrépidité, qu'après comme avant le carnaval révolutionnaire, femme du consul, impératrice, épouse répudiée, Joséphine ne donne pas la moindre prise à la médisance (1) ! » Comme avant ?... En effet.

et autre part : « Il en a reçu de grands services en plus d'une occasion. » Dès lors, on comprend.

(1) E.-M. DE VOGÜÉ, *Pour Joséphine*, 1904.

VII

LIQUIDATION DES COMPTES

Bonaparte est arrivé en Égypte, le cœur plein du souvenir de sa femme. C'était le sujet habituel de ses conservations familières avec Bourrienne (1). Elle était toujours pour lui la créole du soir du 19 ventôse an IV. Il avait pardonné à Milan, il aimait encore, et il avait oublié.

Cependant, à Paris, les déportements de Joséphine n'étaient point assez cachés pour ne point parvenir, par les correspondances privées, jusqu'en Égypte. Dès ventôse, dit-on, le général en avait été instruit, aux sources de Messoudia'h, par Junot. Il était devenu tout pâle et s'était frappé plusieurs fois la tête, en proie à un égarement nerveux. Et Junot quitté, brusquement, devant Bourrienne, il avait éclaté :

(1) De Bourrienne, *ouvr. cit.*, t. II, p. 69.

— Vous ne m'êtes point attaché, lui dit-il. Les femmes !... Joséphine !... Si vous m'étiez attaché, vous m'auriez informé de tout ce que je viens d'apprendre par Junot. Voilà un véritable ami. Joséphine !... Et je suis à 600 lieues !... Vous deviez me le dire !... Joséphine !... m'avoir ainsi trompé !... elle !... Malheur à eux !... J'exterminerai cette race de freluquets et de blondins !... Quant à elle, le divorce !... Oui, le divorce !... Un divorce public, éclatant !... Il faut que j'écrive !... Je sais tout !... C'est votre faute !... vous deviez me le dire !...

Bourrienne avait alors tenté de calmer le flot de cette colère élancée et hérissée, et avait dit :

— Votre gloire...

Mais Bonaparte, au mot, s'était cabré :

— Ma gloire ! Oh ! je ne sais ce que je donnerais pour que ce que Junot m'a dit ne fût pas vrai, tant j'aime cette femme !... Si Joséphine est coupable, il faut que le divorce m'en sépare à jamais !... Je ne veux pas être la risée de tous les inutiles de Paris ! Je vais écrire à Joseph ; il fera prononcer le divorce (1).

Voilà le récit de Bourrienne. Est-il exact ?

La duchesse d'Abrantès s'est inscrite en faux, en tous points, contre ce témoignage, non par respect pour Joséphine, dont elle ne se souciait que fort peu, non par ferveur pour Napoléon, pour lequel elle avait un étonnement un peu méprisant (2), mais par

(1) DE BOURRIENNE, *ouvr. cit.*, t. II, p. 211 et suiv.

(2) Quant à l'Empereur, dès le 7 août 1813, voici comment il jugeait Mme d'Abrantès, dans une note pour Savary, ministre de la Police générale : « J'approuve que vous vous arrangiez avec la duchesse d'Abrantès pour lui désigner une campagne où elle se retire et vive désormais. Vous lui

amour, ou ce qu'on voudra, pour Junot. « Je n'hésite pas un instant à affirmer, écrit-elle, que tout ce que renferment les quatre pages relatées dans une note de ce volume est entièrement faux. Comme je ne puis penser que M. de Bourrienne ait inventé cette histoire, ce qui serait indigne, je supposerai un moment ce que M. de Bourrienne admet pendant tout le cours de ses Mémoires : c'est que Bonaparte a fait un conte au lieu de raconter une histoire (1). » Et pendant soixante lignes d'un petit texte serré elle s'évertue à prouver que Junot ne pouvait commettre ces indiscrétions, jouer « le plus lâche des rôles », à cause de son « amitié idôlâtre » pour le général. On sait ce qu'il faut en penser de cette « idôlâtre » amitié. « J'aurai occasion de démontrer, dit judicieusement M. Frédéric Masson, que les largesses de l'Empereur vis-à-vis de Junot ont passé le croyable ; que, non content de ce qu'il recevait, Junot a été le plus audacieux pillard de l'armée et que Napoléon, malgré qu'il en fût exaspéré, ne lui a point fait rendre gorge ; que Junot, admirable soldat, général inepte, fut mis constamment en mesure, par les plus beaux commandements, de gravir le dernier échelon de la hiérarchie militaire ; que, dans ces commandements, il ne se montra pas seulement inexpérimenté et incapable, mais déplorablement stupide. Il compromit le succès de grandes opérations, refusa même de

ferez connaître que, ayant été gouvernante de Paris, s'y étant mal comportée, ayant dérangé les affaires de sa famille de manière à la ruiner et à laisser ses enfants sans pain, il est temps que cela finisse et qu'elle ne fasse plus parler d'elle. » *Archives Nationales*, AF, IV, 1902. — L. Lecestre, *ouvr. cit.*, t. II, p. 280, pièce n° 1071.

(1) Duchesse d'Abrantès, *ouvr. cit.*, t. II, p. 97, note.

marcher et pourtant ne fut pas disgracié. L'Empereur lui attribua une des plus belles sinécures de l'Empire, un gouvernement où, pensait-il, Junot ne pourrait faire de sottises. Il y fit folie sur folie, et il fallut bien s'apercevoir qu'il avait perdu la raison depuis fort longtemps (1). »

Mais ces preuves, d'ordre aussi matériel que moral, et qui sont légion, on peut leur reprocher de ne point s'appliquer strictement au témoignage de Bourrienne, si âprement contesté par Mme d'Abrantès. Eh bien, c'est Mme d'Abrantès qui a tort, c'est Bourrienne qui a raison contre elle, et qui nous en apporte la preuve? Eugène, Eugène lui-même, et on peut bien penser que, sur ce point, l'assurance du fils de Joséphine est loin d'être suspecte ou intéressée. Et qu'écrit Eugène à Joséphine?

Bonaparte, depuis cinq jours, paraît bien triste, et cela est venu à la suite d'un entretien qu'il a eu avec Junot et même Berthier; il a été plus affecté que je ne croyais de ces conversations. Tous les mots que j'ai entendus

(1) Frédéric Masson, *Napoléon dans sa jeunesse*, 1769-1793; Paris, 1908, in-8, pp. 119, 120, note. — On sait que Junot devint fou dans le courant de juin 1813. Il adressait des lettres extravagantes au prince Eugène. Une de ces lettres datée de Spreziano, le 7 juillet 1813, est typique. « Je vous fais, disait-il, de mon autorité privée, roi depuis l'Adige jusqu'au Cattaro. Je vous donne tout ce que les Turcs possèdent en Bosnie, en... en... jusqu'au Bosphore de Thrace. Je vous donne une île dans l'Adriatique, une dans la Mer Noire, une dans la mer Rouge, une dans la Méditerranée, une dans l'Océan, une dans l'Inde... Nous nous emparerons de tout et nous nous ferons couronner au milieu de dix millions de soldats, tous amis, au milieu de Pékin et dans dix ans tout cela sera exécuté. Je vous dirai tous les détails des détails de vive voix. » Le 29 juillet suivant, Junot se suicidait. — Cf. *Souvenirs et Mémoires*, déjà cit., 1900, t. III, pp. 214 et suiv.

reviennent de ce que Charles est venu dans ta voiture jusqu'à trois postes de Paris et que tu l'as vu à Paris, que tu as été aux Italiens avec lui dans les quatrièmes loges, qu'il t'a donné ton petit chien, que même en ce moment il est près de toi... Cependant, il redouble d'amabilités pour moi. Il semble par ses actions vouloir dire que les enfants ne sont pas garants des fautes des mères...

Bourrienne présent ou non à l'entretien, peu importe. Mais pour Junot point de doute : il est là. Sa femme le nie. Mais qu'est-ce que cela prouve ? Ainsi, sans la connaître, elle apporte son témoignage en faveur de cettre lettre : « Bonaparte à cette époque aimait beaucoup Eugène », dit-elle (1). Et cette fois, elle a raison.

Donc, Bourrienne a fait un récit vraisemblable, sinon exact quant aux détails. Il ne commet qu'une erreur, c'est de placer la scène de colère désespérée de Bonaparte en février 1799. Cette date, le général lui-même la réfute par cette lettre à Joseph, écrite du Caire, sept mois auparavant, le 25 juillet 1798. Et cette lettre ne laisse aucun doute sur ses sentiments à cette époque :

Tu verras dans les papiers publics le résultat des batailles (2) et la conquête de l'Égypte qui a été assez disputée pour ajouter une feuille à la gloire militaire de cette armée. L'Égypte est le pays le plus riche en blé, riz, légumes, viande, qui existe sur la terre ; la barbarie y est à son comble. Il n'y a point d'argent, pas

(1) Duchesse D'ABRANTÈS, *ouvr. cit.*, t. II, p. 96.

(2) La bataille des Pyramides avait été livrée deux jours auparavant, 5 thermidor, suivie de l'entrée des troupes au Caire, abandonné par Ibrahim-Bey.

même pour solder les troupes. Je puis être en France dans deux mois (1). — Je te recommande mes intérêts (2). — J'ai beaucoup de chagrin domestique, car le voile est entièrement levé. Toi seul me restes sur la terre, ton amitié m'est bien chère, il ne me reste plus pour devenir misanthrope qu'à la perdre et te voir me trahir... C'est une triste position que d'avoir à la fois tous les sentiments pour une même personne dans un seul cœur... Tu m'entends. Fais en sorte que j'aie une campagne à mon arrivée, soit près de Paris ou en Bourgogne ; je compte y passer l'hiver et m'y enfermer, je suis ennuyé de la nature humaine. J'ai besoin de solitude et d'isolement, les grandeurs m'ennuient, le sentiment est desséché. La gloire est fade. A vingt-neuf ans, j'ai tout épuisé, il ne me reste plus qu'à devenir bien vraiment égoïste. Je compte garder ma maison, jamais je ne la donnerai à qui que ce soit (3). Je n'ai plus que de quoi vivre! Adieu, mon

(1) Il revint en réalité quinze mois plus tard, vendémiaire an VIII.

(2) C'est à ces intérêts du général absent que se rapporte une lettre de Joseph, du 26 frimaire an VII, par laquelle il annonce son intention de vendre les chevaux de Bonaparte, laissés en France, car il ne veut pas donner, lui, Joseph, un sol pour leur entretien. Joséphine partage sa manière de voir. Il termine : « Vous vous chargerez de les faire vendre. Je suis convaincu que vous faites ce qui dépendra de vous pour que les intérêts du général ne soient pas lésés. » — *Catalogue d'autographes Noël Charavay*, n° 351, février 1906, pièce n° 56139, offerte à 15 francs.

(3) L'hôtel de la rue Chantereine, nous l'avons dit, fut

unique ami, je n'ai jamais été injuste envers toi ! Tu me dois cette justice malgré le désir de mon cœur de l'être... Tu m'entends! Embrasse ta femme, Jérôme (1).

Et c'est de ce jour que date la rupture amoureuse avec Joséphine. La blessure reçue en Égypte, dans l'exil guerrier, touche Bonaparte au cœur d'une manière irrémédiable. Désormais, c'en est fini. Rien ne demeure des serments de l'an IV, et c'est à cette date que la première maîtresse, Pauline Fourès, entre dans la vie de Napoléon adultère (2).

*
* *

A Paris, Joséphine a été prévenue de la colère de son mari. Comment ? Par qui ? On ne sait. Bonaparte a parlé de divorce. C'est le premier sursaut de crainte chez Joséphine. Comment y parer ?

A fréquenter Barras, au Luxembourg, elle a fait la rencontre de Gohier, le président du Directoire. Et des relations assez intimes, — c'est tout, Gohier a de la vertu et est marié, — se sont nouées entre eux.

On a dit beaucoup de mal de Gohier. Il ne méritait pas tant d'injures. Napoléon disait de lui : « homme intègre et franc ». Ce ne sont pas des éloges qu'il

donné, le 1er juillet 1806, par brevet impérial, à Lefebvre-Desnoëttes.

(1) *Les Rois frères de Napoléon Ier; documents inédits relatifs au Premier Empire*, publiés par le baron DU CASSE; Paris, 1883, in-8, p. 8.

(2) Sur la liaison de Bonaparte et Pauline Fourès, voir le premier volume de cette série, *Napoléon adultère*, pp. 91 et suiv.

prodiguait. Sans doute, Gohier a été un rouage de la Terreur, mais qui, au Directoire, peut lever haut des mains où ne perle point la goutte ineffaçable d'un sang coupable, — ou même innocent ? Après la Législative il a été nommé secrétaire général du ministère de la Justice, — il a débuté comme avocat au Parlement de Rouen, — et, le 20 mars 1793, à l'aurore de la Terreur, il a repris le portefeuille de Garat. Il a été l'ami de Fouquier-Tinville. On le lui reproche ? C'est qu'on n'a pas lu les lettres qu'il adressait à l'accusateur public. Qu'on en prenne une, au hasard :

Le Ministre de la Justice, au citoyen Fouquier.

Tu n'as pas oublié, mon cher concitoyen, que nous sommes convenus de nous réunir à dîner une des décades prochaines, toi, les citoyens Dobsent, Rollin et vos compagnes. Je me rappelle que tu m'as dit que cela vous serait peut-être plus commode pour le 30; mais comme rien n'a été décidé à cet égard, je te prie de me faire savoir si je puis compter sur vous pour demain ou bien pour la troisième décade.

Salut et fraternité.

GOHIER (1).

Et toutes sont de cette insignifiance. Ce n'est point assez pour en faire un buveur de sang. Ce passé même, il mit des formes à le renier. En présence de tous ceux qui n'y mirent point tant de façons, c'est quelque chose déjà. On lui en tint rigueur. Il résista au coup de force du 18 brumaire ; en messidor an X, il

(1) *Archives Nationales*, série W, carton 136, pièce 63. — La lettre est du 19 pluviôse an II. Une note marginale de Fouquier-Tinville apprend qu'il y a répondu le même jour.

n'eut qu'un petit poste : le consulat de France en Hollande. Ses appétits étaient modestes. Il s'en contenta.

Tel, Gohier offre une garantie morale, ce que les Anglais appelle la *respectability*, dont Joséphine,

« *Bonaparte décampant de l'Egypte* ».
Caricature anglaise anonyme, 1799.

rouée, comprend toute l'importance. Fréquentant les Gohier, Bonaparte peut-il penser qu'elle fréquente aussi M. Charles et les autres ? D'ailleurs, Gohier est de bon conseil, et à ses alarmes qu'elle lui va exposer, que réplique-t-il ?

— Divorcez. Vous me dites que vous n'avez que de l'amitié l'un pour l'autre, M. Charles et vous ; mais si cette amitié est tellement exclusive, qu'elle vous fasse violer les convenances du monde, je vous dirai, comme s'il y avait de l'amour : divorcez, parce que l'amitié, aussi abnégative des autres sentiments, vous tiendra lieu de tout. Croyez que vous éprouverez du chagrin de tout ceci (1).

Divorcer ! Il la bâillait belle, ce Gohier ! Mais c'était cela précisément qu'elle voulait éviter, et à quel prix ! Elle se rendait bien compte maintenant de tout ce que sa conduite, épiée, scrutée, rapportée par les Bonaparte, avait eu d'imprudent et de hasardeux. En cet instant seulement lui apparaissaient les avantages de sa position, les honneurs et les bénéfices qu'elle en retirait. Elle allait perdre tout cela ! Pour qui ? Pour M. Charles. Par qui ? Par les Bonaparte. C'était donc d'eux qu'il lui importait de se méfier, de ce Joseph, honnête, scrupuleux et ne badinant pas sur ce terrain, de cette Pauline, jalouse, et surtout de la mère, de Mme Lætitia, aïeule que le triomphe impérial allait hausser, hiératique, au-dessus de l'Empire même, au-dessus du trône et des trônes, Mme Mère, honorée dans sa fécondité et sacrée par ce Ventre qui donna au monde la volée des aigles. Et celle-là ne disait rien, ou peu, mais regardait de ses prunelles promises à l'aveugle fixité du marbre, et ce silence c'était plus redoutable que tout, que les détails que donnerait Joseph, que les insinuations que glisserait Lucien, que les ironies acérées que lancerait Pauline.

Il importait à Joséphine de prévenir tout cela, de cueillir Bonaparte à son arrivée en France, de pleurer — c'était si facile ! — de gonfler la gorge comme une belle colombe amoureuse et pâmée, et de se laisser glisser, abandonnée et molle, dans les maigres bras nerveux à peine lassés par les travaux guerriers.

(1) Duchesse D'ABRANTÈS, *ouvr. cit.*, t. III, p. 165.

Et le 19 vendémiaire, au soir, éclata la brusque nouvelle : à Fréjus, sur la frégate *le Muiron*, Bonaparte avait débarqué. Ce fut chez les Gohier que Joséphine en fut informée, et la première stupeur joyeuse passée, de s'écrier : « Je vais au-devant de lui ; il est important pour moi que je ne sois pas prévenue par ses frères qui m'ont toujours détestée. » Et, insidieuse, enveloppante et persuasive, préparant le terrain, insinuant la défense, elle ajoutait : « Au reste, je n'ai rien à craindre de la calomnie ; quand Bonaparte apprendra que ma société particulière a été la vôtre, il sera aussi flatté que reconnaissant de l'accueil que j'ai reçu dans votre maison pendant son absence (1). » C'était prévoir l'agrément de Bonaparte de bien loin, mais elle était tellement sûre d'elle ! Et la nuit même, sa voiture brûlait le pavé de la route de Bourgogne.

Le 25 vendémiaire, à 6 heures du matin, le général arrivait à Paris. En huit jours il avait traversé une France soulevée dès que son pas toucha la terre. L'explosion du délire populaire salua Bonaparte l'Italique. Le soldat venait enfin chasser les avocats, c'est les tripoteurs qu'on veut dire.

La fuite en Égypte jadis
Conserva le Sauveur des hommes,
Pourtant quelques malins esprits
En doutent au siècle où nous sommes,
Mais un fait bien sûr en ce jour,
Du vieux miracle quoi qu'on pense,
C'est que de l'Égypte son retour
Ramène un sauveur à la France (2).

(1) *Mémoires de Louis-Jérôme Gohier, président du Directoire au 18 brumaire*; Paris, 1824, in-8, t. I, p. 199.

(2) *La Girouette de Saint-Cloud, impromptu en un acte mêlé*

Ainsi un couplet de vaudeville préparait l'événement du 18 brumaire, dont déjà se levait l'aube attendue, saluée, acclamée.

Rue Chantereine, les Bonaparte accoururent, tous, hormis Louis qui avait précédé Joséphine sur la route de Bourgogne, alors que la voiture de Bonaparte arrivait par celle du Bourbonnais.

Joséphine n'est point là. C'est donc vrai ! Elle est coupable et fuit l'explication du retour, le règlement de compte qu'il importe de faire une fois pour toutes, afin d'en finir. Les quarante-huit heures de retard que met Joséphine à revenir à Paris lui coûteront bien des larmes, trois nuits d'affolement, trois jours de désespoir, car, dira plus tard Eugène, « les ennemis de ma mère eurent le champ libre et mirent ce temps à profit pour lui nuire dans l'esprit de son mari (1) ». Ce que Barras, le professeur des « principes de chevalerie », traduit, à l'égard de Joséphine, par : « Elle a si complètement déshonoré la couche nuptiale que le Corse si scrupuleux, si délicat, ne peut plus y rentrer (2). » En attendant, Bonaparte fait mettre, en paquet, chez le concierge de l'hôtel, les hardes et les bijoux de Joséphine (3). Donc c'est fini. Eh ! non, ce n'est point fini, parce qu'il est homme, qu'il a un cœur, et qu'il aime ; parce qu'elle est femme, donc

de vaudevilles, par BARRÉ, RADET, DESFONTAINE, BOURGUEUIL, MAURICE (SEGUIER) et EMMANUEL DUPATY. — On trouvera une curieuse analyse de cette pièce dans l'excellent ouvrage, devenu classique, de M. L.-HENRY LECOMTE, *Napoléon et l'Empire racontés par le théâtre*, 1797-1899, Paris, 1900, in-8, pp. 49, 50.

(1) Prince Eugène, *Mémoires et Correspondances*, publiés par le baron DU CASSE, Paris, in-8, t. I, p. 75.

(2) BARRAS, *ouvr. cit.*, t. IV, p. 30.

(3) FRÉDÉRIC MASSON, *Napoléon et les Femmes...*, p. 71.

subtile et rouée. Et la rouerie la voici : c'est de mettre en avant ses enfants, et de faire, par leurs voix qu'il aime, implorer à Bonaparte le pardon de la femme infidèle.

Et elle réussit. Il pardonne, ouvre sa porte, tend les bras, et le lendemain quand, mandé par lui, arrive Lucien, il le trouve au lit, et Joséphine à côté de lui dans la déroute fripée des oreillers. C'est Lucien qui le dit.

*
* *

Les enfants ? C'est vrai, elle a des enfants. C'est dans des circonstances comme celles qu'on vient de voir, qu'elle les sort. Comme ils tiennent peu de place dans cette vie fiévreuse, louche et équivoque que Joséphine mène, de la fin de la Terreur à la veille du 18 brumaire ! On confesse qu'en bien des cas les enfants sont fort gênants. Ces cas, chez Joséphine, sont de chaque heure. Alors, elle les met en pension. Une fois, à propos d'eux, elle n'a point menti. C'est quand, dans sa lettre à Vadier, elle dit : « Mes enfants n'étaient pas distingués des sans-culottes. » Avant la Révolution, non ; après, oui. Eugène, elle l'a mis en apprentissage chez un menuisier, « ce qui était ou très philosophique ou fort peu maternel (1) ». Au sortir des Carmes, elle a prié Hoche, — Hoche ! il faut souligner ce nom dans ces circonstances, — de le prendre dans son état-major. Elle l'en a retiré et envoyé compléter son éducation à la pension Mac Dermott, à Saint-Germain. Elle l'y oublie quelquefois : « Je te prierais bien fort, lui écrit son fils, de

(1) BARRAS, *ouvr. cit.*, t. II, p. 60.

venir me voir sans tarder. Tu ne songes donc pas qu'il y a près d'un mois que je ne t'ai vue. » Et il ajoute innocemment : « J'espère que le temps ne t'empêchera pas : dans ce moment-ci, il fait beau (1). » Elle le sait bien, mais quand il fait beau, ce n'est pas à Saint-Germain qu'elle va. De même pour Hortense, « la pauvre jeune fille » qui « n'avait pas d'ambition (2) », et qui est placée chez Mme Campan.

Celle que Napoléon, pour se préparer au rétablissement de la royauté (dit Vitrolles), appelait « sa petite Vendéenne (3) », se lamente, elle aussi, sur l'oubli de sa mère : « J'ai cru, écrit-elle, que toutes les victoires du général étaient la cause de ton retardement à me voir. Si c'est cela qui me prive du plaisir de voir ma chère petite maman, je voudrais qu'il n'y en eût pas souvent, car je te verrais un peu moins rarement (4). » Est-ce sa faute à elle, Joséphine ? Elle a tant à faire, tant de gens à voir : Barras... la Cabarrus... Charles... et puis encore Bonaparte. Elle ne sait plus. Et tous ces dîners, ces

(1) A la citoyenne Beauharnais, rue Chantereine, nº 6, à Paris. — *Revue rétrospective...*, déjà cit., 1833, t. I, p. 572. — Sur Eugène dans la vie privée, consulter : *Histoire du prince Eugène de Beauharnais, prince d'Eichstaedt, duc de Leuchtenberg, grand officier de la Légion d'honneur*, par C..., ex-officier d'infanterie, Paris, 1821, in-12, et ALBERT PULITZER, *Une Idylle sous Napoléon, le roman du prince Eugène*; Paris, s. d., in-8, etc.

(2) *Souvenirs inédits de Mme Campan*, publiés par GEORGE CLINTON-GENET, *Revue hebdomadaire*, 18 juillet 1896. — Outre les *Souvenirs*, si connus, de Mme Campan, cf. *Mme Campan, journal anecdotique ou conversations recueillies dans ses entretiens*, par M. MAIGNE ; Paris et Londres, 1825, in-8.

(3) *Mémoires et Relations politiques du baron de Vitrolles, publiés selon le vœu de l'auteur*, par EUGÈNE FORGUES, Paris, 1884, in-8, t. I (1814), p. 30, note.

(4) *Revue rétrospective...*, déjà cit., 1833, t. I, pp. 576, 577.

bals, ces promenades, ces soupers, ces parties à Croissy et autre part. D'ailleurs, Hortense est à merveille chez Mme Campan.

Cette Jeanne-Louise-Henriette Genet, femme du Campan, qu'on a vu rôder, de par sa charge, dans les cabinets de Marie-Antoinette, à Versailles, a, sous le Directoire, ouvert cette maison d'éducation à Saint-Germain, pour ne pas mourir de faim. Le nom de ses élèves dit ses relations et l'esprit de l'établissement. On y trouve une Mackau, une Faudoas-Barbasan, qui deviendra duchesse de Rovigo, une Lecoulteux du Molley, qui sera Mme Jules de Noailles, d'autres encore, en attendant, en août 1795, Pauline Bonaparte, qui alors « ne savait ni lire ni écrire (1) », et les jeunes filles qui formeront la pépinière où généraux et maréchaux d'Empire viendront prendre femme, tel Michel Ney, promis aux balles royalistes. Cette éducation, cette maison, rentrent dans le système de la politique impériale, si judicieuse, si subtile quand il s'agit de la fusion des deux sociétés qui se trouvent en présence au lendemain de la tourmente révolutionnaire. Aussi, quand Napoléon établit la maison d'Écouen, c'est Mme Campan qu'il y place à la tête. Elle a d'aileurs sollicité le poste. En 1814, elle dira que Bonaparte « est venu la trouver, que ce n'est pas elle qui est allée au-devant de ses faveurs ». Elles les a cependant reçues ses faveurs et encaissées ses gratifications, car sur l'ordinaire et l'extraordinaire de la cassette, l'Empereur prend

(1) Lettre autographe signée, de Mme Campan à Joseph Bonaparte, 1er pluviôse an VII, 2 p. in-4. — *Inventaire des autographes... de la collection Benjamin Fillon...*, déjà cit., pièce n° 1136.

pour elle des cadeaux. Ne forme-t-elle pas les femmes de l'Empire de demain, celles qui, prises par ses officiers, ses serviteurs, perpétueront le système dynastique et politique qu'il a établi? Du moins il le pense. Il faut avouer que Mme Campan seconde singulièrement ses vues, s'il faut l'en croire. A Écouen, elle fait chérir le fondateur, mais elle occupe sans cesse ses élèves des malheurs et des vertus des anciens souverains, aussi n'y a-t-il pas une seule maison en France où le roi soit plus aimé qu'à Ecouen. C'est sa manière, à elle, de faire « chérir le fondateur ». Cela elle l'écrit, mais, par inadvertance, elle se servira d'un papier où l'aigle impériale s'écartèle dans le filigrane (1). Qu'elle s'étonne après cela d'être éconduite par les Bourbons! De là à dire que sa fidélité à l'Empereur l'a exposée aux persécutions royales, il n'y a qu'un pas. On l'a fait.

Aussi bien, ce n'est pas encore des palinodies des « fidèles », de ces singuliers serviteurs, que nous avons à nous occuper ici. Ce seront de cruelles et sévères vérités à dire, quelque jour.

*
* *

L'explication du retour d'Égypte a eu sur Joséphine une influence presque décisive. Certes, elle se modérera dans ses déportements, elle n'affichera plus ses amants. Elle fera des dettes encore, toujours, fabuleusement, et comme aucune femme n'en fit avant elle, et même après, de sa frivolité coutumière elle

(1) *Inventaire des autographes de la collection Benjamin Fillon...*, déjà cit., pièce n° 1137.

Du camp près St Julien le 25 prairial an 8

Je ne t'Ecris que deux mots. ma chère maman
Bonaparte envoye un Courier à paris pour
annoncer notre victoire d'hier elle a été
bien longtems indécise et ce n'est que sur
le soir que nous les avons battus
Complettement Bessieres a chargé bien à
notre tête, nous les avons culbutés et
ni l'un ni l'autre n'avons rien attrapé
ainsi soit sans inquiétude. Bonaparte
l'a bien Echappé belle mais son bonheur
le suit partout peut-être n'aura-t-il pas
le tems de t'Ecrire
La bataille a été décisive en notre faveur
et j'espère qu'elle ne contribuera pas peu
à notre prochain Retour près de toi
En attendant je t'embrasse comme je t'aime

Beauharnais

Un autographe d'Eugène de Beauharnais.

n'abdiquera rien. Telle elle fut à la veille du retour, telle elle sera au lendemain, mais elle se cachera de tout ce qui peut déplaire à Bonaparte. Elle ne risquera pas une seconde fois de perdre sa situation, sa position, son « entreteneur ». Le mot a été dit par de plus autorisés que nous.

Lentement un obscur et secret travail se fera en elle. Détachée brutalement, ainsi qu'il convient qu'il soit, de ses louches fréquentations du Directoire, elle comprendra ce que l'homme qu'elle a épousé fait pour elle. Elle se sentira haussée, de jour en jour, vers ces inaccessibles et éblouissants sommets où il la fait monter dans une éclatante et triomphale ascension, et arrivée si haut, elle craindra, plus que tout, de retomber si bas. Cela, ce n'est point seulement l'étude de sa psychologie, l'analyse de son caractère, qui le livre, c'est elle-même, par ce qu'elle dit, par ce qu'elle écrit. La lettre que voici, ci-dessous, du Consulat, marque son évolution. Ah ! ce n'est point ainsi qu'elle lui écrivait, à son mari, en l'an IV ! Alors, c'était lui qui, jour par jour, heure par heure, livrait sa conduite en marquant les étapes de sa gloire, c'était lui qui rendait des comptes, prouvait son respect fidèle aux serments conjugaux, c'était lui, enfin, qui était l'amoureux et l'amant, et avec quelle fureur fervente, on le sait. Maintenant c'est fini. Il n'a plus pour elle que « la plus tendre amitié (1) ». Il l'aime moins par le cœur que par les sens qui se souviennent et vibrent à ce souvenir. « Joséphine me plaît, j'aime ce nom », dit-il à Mlle George. Mais c'est parce que ce nom fait

(1) Mlle Avrillon, *ouvr. cit.*, t. I, p. 203.

lever pour lui toutes les radieuses visions d'autrefois, évanouies, endormies et blessées à jamais.

Elle, cependant, dans ce cœur qu'elle a perdu, cherche à reprendre sa place. C'est elle qui maintenant écrit, se décide à remplir des pages, à remplacer les deux ou trois lignes indifférentes du lendemain du mariage par des épitres larmoyantes, suppliantes et caressantes, et un peu basses pour qui en connaît l'arrière-pensée. Et quant à la lettre, la voici. Elle se juge :

Tous mes chagrins ont disparu en lisant ta bonne et touchante lettre qui renferme les expressions aimables de ton sentiment pour moi. Combien je te sais gré de t'être occupé si longtemps de ta Joséphine ! Si tu le savais, tu t'applaudirais d'être le maître de causer une joie si vive à la femme que tu aimes. Une lettre est le portrait de l'âme, et je presse celle-ci contre mon cœur. Elle me fait tant de bien ! Je veux la garder toujours ; elle sera ma consolation pendant ton absence, mon guide lorsque je serai près de toi, car je veux toujours être à tes yeux la bonne, la tendre Joséphine, occupée uniquement de ton bonheur. Si un mouvement de joie passe jusqu'à ton âme, si la tristesse vient la troubler un moment, ce sera dans le sein de ton amie que tu répandras ton bonheur ou tes peines ; tu n'auras pas de sentiment que je ne partage ; voilà mon désir, mes vœux, qui se réduisent tous à te plaire où à te rendre heureux. Je t'ai mandé dans ma dernière lettre toutes mes courses. Dans celle-ci, je veux continuer à t'instruire de toutes mes actions. J'ai été hier voir *Ariane*. Mlle Duchesnois a joué avec une vérité, une expression qui fait oublier sa laideur. Demain mardi, j'irai dîner chez le consul Cambacérès. Je t'ai déjà dit, je crois, que j'avais été passer une journée chez Mme Murat : voilà tous mes plaisirs.

Adieu, Bonaparte. Je n'oublierai pas la dernière phrase de ta lettre; je l'ai recueillie dans mon cœur. Comme elle s'y est profondément gravée! et avec quel transport le mien y a répondu ! Oui, ma volonté est aussi de te plaire, de t'aimer ou plutôt de t'adorer (1).

Voilà le ton. Il sent la commande, l'obligation. C'est pour elle de bonne politique. Reste à savoir si Bonaparte s'y laissera prendre. Quant à elle, elle s'y acharnera obstinément, insidieusement, du Consulat au divorce. Du jour de l'an VII où elle a appris le mot du général, ce terrible mot de divorce, de ce jour-là elle en aura le perpétuel cauchemar devant les yeux. Malgré ce qu'elle sent de grand, de durable, de définitif dans le sacre auquel l'amoureuse complaisance de Napoléon l'a fait participer, malgré l'assurance quasi-divine qu'elle en recueille, elle sent cette menace présente, et debout toujours, à côté d'elle, dans son ombre, spectre shakespearien de son passé de félonie. Elle vivra dans cette angoisse aujourd'hui, demain, toujours, à jamais, jusqu'à l'heure où la vengeance des Destins s'accomplit et lui prouve qu'il faut d'autres fronts pour porter, avec un noble honneur, une couronne, la couronne de Napoléon.

Signature de Bonaparte, premier consul.

(1) *Revue rétrospective...*, déjà cit., 1833, t. I, pp. 375, 376.

VIII

« TOUT CE QUI EST NOBLE ET DÉLICAT NE LUI EST JAMAIS ÉTRANGER »

« ... Ma volonté est aussi de te plaire. » Voilà ce que, Consulesse, elle écrit. Voyons comment elle s'y applique.

Dès le 19 brumaire elle participe à tous les honneurs du nouveau régime établi. Devant ce régime acclamé et demandé par la nation, la réaction jacobine et royaliste ne désarme pas. La première, vite, sera remise à la raison. Sous l'Empire elle ne sera plus que souvenir. Des couronnes fermées masqueront ces bonnets rouges. Quant à l'autre, celle qui a pour zélateurs un Georges et des Polignac, la brute et les coquins, rien ne la terrassera. En 1814 elle se trouvera debout comme au premier jour. Qui dira de quel poids les clémences du Consul ne pèseront point dans la balance au jour de la première abdication !

En attendant que cette réaction se manifeste par des machines infernales, elle se traduit en couplets. Bonaparte y est raillé, injurié; Joséphine, jamais. C'est déjà une indication. Elle dit ce qu'elle représente, l'ex-vicomtesse de Beauharnais, pour ceux qui ont à mendier, ou pis encore. Elle est exceptée de la haine politique, non point parce que femme, mais parce que Beauharnais. C'est pourquoi l'arrêté du 1er frimaire an XI qui ordonne qu'il y aura auprès de l'épouse du premier Consul « quatres dames pour faire les honneurs du palais » ne souffrira nulle difficulté dans son exécution. Sans mauvaise volonté, une de Luçay, une de Rémusat, une de Talhouët, une de Law-Lauriston, viendront, en toilettes de mousseline des Indes blanche et coiffées d'une écharpe de cachemire, faire les honneurs de cette cour, où « Mme Bonaparte seule faisait paraître des grâces, comme à la dérobée », dit Stendhal (1). Assurance peut-être excessive, car les quatre dames de la Consulesse ont un charme ou un attrait qui peut trouver grâce, même devant les plus sévères. Toutes sont de meilleure noblesse que cette Tascher exotique, toutes ont connu des jeunesses moins besoigneuses. Elles viennent cependant, comme toutes viendront. Mais viennent-elles pour elle ?

Ce qu'il y a d'intrigues, de marchandages louches, sous ces soumissions apparentes, Bonaparte le sait, mais il importe. A ses honneurs, à sa puissance montant de jour en jour vers son faîte, il veut, il prétend faire participer sa femme. C'est par elle qu'on le touchera, lui; elle sera le canal qui conduira et mènera à la source des faveurs, de l'argent surtout. « Elle a de la bonté, de la grâce, et, quoique toute-puissante,

(2) STENDHAL, *vol. cit.*, p. 19.

elle paraît fidelle à ses anciens amis », écrit Fontanes à Châteaubriand (1), alors depuis peu, grâce au grand maître de l'Université et à Élisa Bonaparte, premier secrétaire à l'ambassade de France (2). Et le future libelliste de *Buonaparte et des Bourbons*,

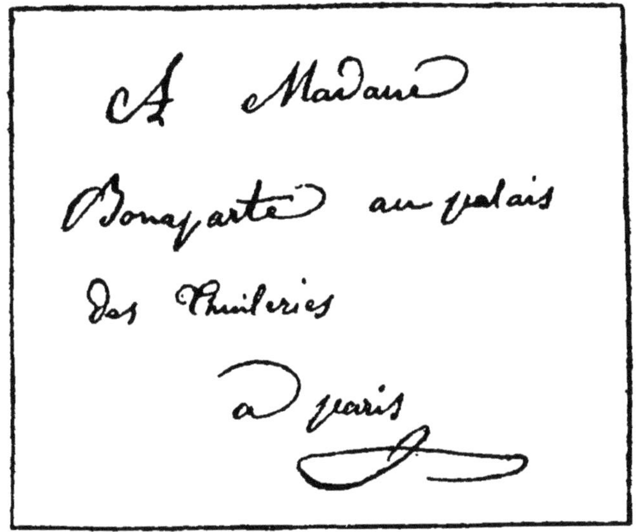

A Madame
Bonaparte au palais
des Thuileries
a paris

Suscription d'une lettre d'Eugène de Beauharnais à sa mère.

envoie un camée à la femme du « Corse ». M. Frédéric Masson a même découvert qu'il avait fait payer ses dettes par l'Empereur, grâce à l'intermédiaire de Mme de Rémusat (3). Et Mme de Rémusat est parmi les dames venues à Saint-Cloud au lendemain de l'arrêté du 1er frimaire an XI. On voit pourquoi. Et ainsi des autres, comme il en est d'elle.

(1) Fontanes à Châteaubriand, 10 vendémiaire an XII. — *Revue des documents historiques*..., déjà cit., 1878, t. V, p. 155.

(2) Cf. *Mémoires d'outre-tombe*, t. II, *passim*.

(3) Frédéric Masson, *Joséphine impératrice et reine*..., p. 145.

Châteaubriand envoie un camée, Brune une statue de marbre (1), Larevellière-Lépeaux des vers de petites filles (2), de partout les présents affluent. Il faudra les payer un jour. C'est Bonaparte qui payera avec la même monnaie de sa puissance. Ainsi, dans ces premiers jours du Consulat, se dessine déjà très nettement l'influence qu'aura Joséphine, même jusqu'à la fin de l'Empire, malgré la rupture, malgré le divorce, où elle obtiendra encore de l'Empereur de l'argent — énormément — et des faveurs déconcertantes. Ce que Napoléon accorde, il l'accorde par elle, pour elle, parce qu'elle le demande et parce que pour l'obtenir elle l'importune. Il fait ainsi la part du feu, si on peut dire, et, à son détriment, contribue à la naïve légende de la « bonne » Joséphine, qui a tant donné, et surtout ce qui n'était point à elle.

A cette heure, elle comprend admirablement ce qu'elle peut, ce qu'elle a, ce qu'elle gagne à être la femme de Napoléon. Alors, elle se surveille, évite les imprudences, maladroitement souvent, mais, dans

(1) « Madame, je vous envoie la Vénus couchée, que j'ai fait venir d'Italie pour vous. Sa pose convient parfaitement à un boudoir ou à l'ornement d'un bain. » Lettre de Brune à Joséphine Bonaparte, une demi-page in-folio. — *Catalogue de la collection Paul Dablin*, pièce n° 236.

(2) Lettre de Larevellière-Lépeaux à la citoyenne Bonaparte, 1 p. in-4. — Il envoie à Joséphine l'hommage en vers des élèves du pensionnat de la citoyenne Montaigne et ajoute : « Permettez-moi, citoyenne, de saisir cette occasion de vous dire que le général Bonaparte peut me compter au nombre de ses plus francs admirateurs, et que je fais les vœux les plus sincères pour que celle à laquelle il a lié son sort soit comblée d'autant de bonheur que lui-même est comblé de gloire. » Cette lettre, publiée dans *l'Amateur d'autographes*, n° 135-136, 1er-16 août 1867, p. 221, fit partie plus tard de la *Collection Benjamin Fillon*, à l'inventaire de laquelle elle figure sous le n° 651.

ces cas, l'intention n'est-elle pas tout ? Et c'est là le moment qu'elle choisit pour aller se jeter dans les bras de Barras, et lui crier : « Mon ami, pourquoi ne sommes-nous pas unis ? Pourquoi ne m'avez-vous pas épousée quand j'étais libre (1) ? » Et, dans ce temps où Bonaparte couche avec elle tous les soirs (2), elle entretient des relations avec un aide de camp de Barras, lequel tait son nom, parce « que la discrétion de nos mœurs françaises » l'empêche de le nommer (3) ? Toujours les « principes de la chevalerie ! »

Non. Sur ce terrain, il devient évidemment superflu de défendre Joséphine. Tout proteste pour elle, et surtout son intérêt. Elle est assez fine pour comprendre que Bonaparte n'a pas le pardon à répétition, et que le moindre grief lui serait le motif tout trouvé d'une rupture, qui attendra 1809, pour creuser, entre elle et lui, le fossé que demandent sa dignité et la majesté du Grand Empire.

Une fois encore, non. Si Joséphine est coupable, ce n'est point ici. Elle peut donc l'être d'une manière ? Oui, sans doute, et elle ne l'ignore point puisqu'elle se cache pour faire ce que Bonaparte lui défend. Quand il a ordonné péremptoirement, et au nom de judicieuses et profondes raisons qui tiennent encore plus à la morale qu'à la politique, la rupture de ces liaisons équivoques des derniers temps de la Terreur et du Directoire, Joséphine a-t-elle toujours obéi ? Les visites que lui fait Mme Tallien attestent ce qu'il en faut penser. De même pour Raucourt, reçue autrefois dans l'intimité de Barras, ainsi qu'il

(1) BARRAS, *ouvr. cit.*, t. IV, pp. 114, 115.
(2) DE BOURRIENNE, *ouvr. cit.*, t. III, p. 328.
(3) BARRAS, *ouvr. cit.*, t. IV, p. 145.

le déclare. Raucourt, on sait ce que c'est, quelque chose de plus bas que la fille, une dilettante de la débauche, une virtuose des amours contre nature (1). Or, « elle était reçue très souvent chez Mme Bona-

La Raucourt.

parte (2) ». Le prétexte? L'amour commun des fleurs. « Joséphine aimait beaucoup les fleurs. Mlle Raucourt en était très amateur. Elles faisaient des

(1) Sur Raucourt et ses mœurs, voir notre ouvrage *Une Maîtresse de Napoléon (Mlle George, de la Comédie-Française), d'après des documents nouveaux et des lettres inédites*, avec une préface de M. Jules Claretie, de l'Académie française ; Paris, 1908, in-4, p. 35 et suiv.

(2) *Mémoires inédits de Mlle George, publiés d'après le manuscrit original*; Paris, 1908, in-18, p. 29.

échanges. Vous devez vous rappeler que Mlle Raucourt avait fait faire à la Chapelle une serre qui renfermait les plantes les plus rares. A un voyage que fit Joséphine, elle s'arrêta à la Chapelle ; elle vint visiter la serre et emporta des plantes. Ce petit détail est pour bien établir l'intimité de Joséphine avec Mlle Raucourt, et la familiarité qui faisait qu'elle l'appelait Fanny (1). » Ces relations, on les conteste. Mais voici un billet de Joséphine, daté de Malmaison, 31 décembre 1809, par lequel elle autorise le peintre Redouté à remettre un exemplaire de son ouvrage *les Liliacées et la Flore de la Malmaison* (il y a vingt livraisons, à deux louis la livraison) à Raucourt (2). Il n'y a qu'une explication : c'est que Napoléon ait toléré cette intimité. Jusqu'à preuve du contraire, on peut en douter.

Mais il y a pis.

Dans les premiers jours du Consulat, le marquis de Sade a publié un petit libelle, qui l'a fait enfermer à Charenton. Cela s'intitule *Zoloé et ses deux acolythes*, Zoloé étant Joséphine, et Mmes Tallien et Visconti remplissant les deux autres rôles. Qu'écrivait le marquis de Sade ? Quel portrait moral faisait-il de l'emblématique Zoloé ? « A un ton très insinuant, une dissimulation hypocrite consommée, à tout ce qui peut séduire et captiver, elle joint l'ardeur la plus vive pour les plaisirs, une avidité d'usurier pour l'argent, qu'elle dissipe avec la promptitude d'un joueur, un luxe effréné, qui engloutirait le revenu

(1) Mlle George, *vol. cit.*, pp. 202, 203.
(2) Pièce signée, un quart de page in-4. — *Revue des autographes, des curiosités de l'histoire et de la biographie*, n° 147, septembre 1892, pièce n° 158, offert à 12 francs.

de dix provinces. » Le divin marquis calomniait-il à ce point la divine créole ? Pouvait-on sérieusement contester la vérité de sa dernière assurance ? Ce luxe, cette dissipation, cet argent semé aux quatre coins de Paris, et dans les mains les moins dignes, tout cela n'est-il pas avoué, reconnu, établi ? Mais ce qui l'est moins, c'est la source de cet argent, l'origine de ces revenus qui ne comblèrent jamais, malgré leur énormité, les déficits accumulés d'année en année, et menèrent Joséphine, en 1814, quasi à la banqueroute.

« J'ai donné 25 louis à votre couturière (1), » lui écrivait, en l'an VI, Berthier, mis, lui aussi, à contribution. Ce que dit Fouché est plus grave. Il reconnaît avoir versé à Joséphine, sur les fonds prélevés sur les maisons de jeu, 1.000 francs par jour. Il en donnait un peu moins à Bourrienne, lequel, à son dire, ne touchait que 25.000 francs par mois. « De cette façon, ajoute M. le duc d'Otrante, je pus contrôler mutuellement les informations du secrétaire par celles de Joséphine et celles-ci par les rapports du secrétaire. » C'est ce que Son Excellence le ministre de la Police appelait « se renseigner très exactement (2) ». Et l'objet de ces informations ? L'Empereur. Mille francs par jour, à cet effet, encore dut-on en rabattre, étaient de beaux deniers. L'utilité en paraît au moins contestable, mais les fonds secrets de la police ont de ces mystères. C'est une tradition qu'ils gardent, paraît-il, jalousement.

(1) Lettre de Berthier à la citoyenne Bonaparte. Paris, ce 22 brumaire an VI ; *Souvenirs et Mémoires...*, déjà cit., t. I, p. 70.

(2) *Mémoires de Joseph Fouché, duc d'Otrante, ministre de la Police générale*, Bruxelles, 1824, in-12 ; t. I, pp. 204, 214, 215.

Maintenant, que croire des dires de Fouché ?

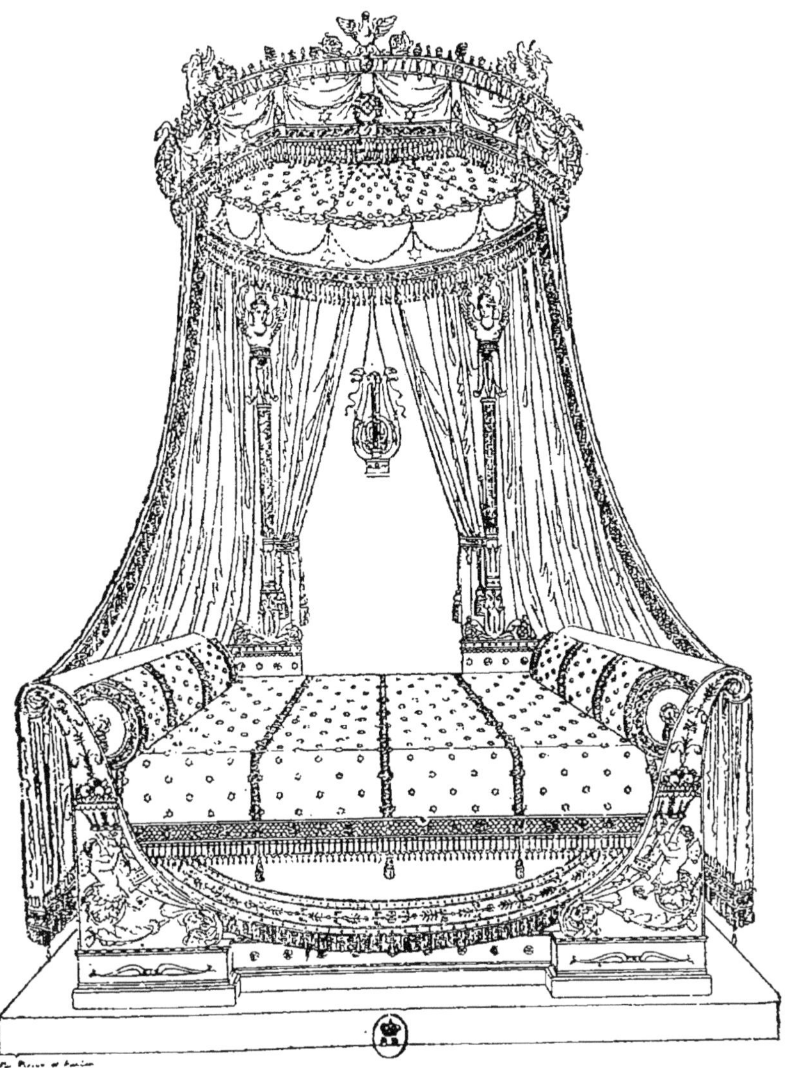

Le lit de l'Impératrice (Dessin de Percier et Fontaine).

La question est singulièrement troublante. L'affirmation du ministre de la Police se trouve dans le tome premier de ses *Mémoires*, tome qui est incontestablement son œuvre ainsi que nous pensons l'avoir démontré ailleurs (1). Ainsi donc, il prend l'accusation sous sa responsabilité. De fait, elle n'était point neuve. En 1814, Lewis Goldsmith disait la même chose, à la somme près. « Fouché, lit-on dans son pamphlet, était obligé de lui donner 1000 louis par mois, sur l'argent qu'il retirait des maisons de jeu (2). » Lucien, dans ses *Mémoires*, se fait l'écho de cette même accusation, alors quasi-publique. Mais il se garde bien de l'affirmer ou de la contester. « J'ai été trop calomnié moi-même, explique-t-il, pour ne pas me défier de ces sortes d'inculpations, même quand il s'agit de mes ennemis (3). » La question demeure donc entière, mais n'est-il pas déjà singulier de la voir se reproduire ainsi sous diverses plumes, à des époques où, pour deux d'elles, au moins, tout rapprochement, même voulu, était impossible ? Et comme Joséphine elle-même peut être malaisément défendue contre ces accusations formelles ! Son luxe et ses dettes ne sont-ils point des griefs qui viennent les corroborer ? De l'argent, de l'argent il lui en fallait, d'où qu'il vînt, et les fournisseurs à l'armée d'Italie ne l'ignoraient point. Qu'elle se soit mêlée, — oh ! inconsciemment, on le veut bien, — à de louches tripotages, cela semble d'une évidence rare. M. Frédéric Masson, qui n'avance rien qui ne soit appuyé d'une preuve, y conclut assez formellement. Mais cela on le retrouve dans dix mémorialistes différents, lesquels

(1) Cf. *Napoléon adultère*, appendices, p. 272.

(2) Lewis Goldsmith, *vol. cit.*, p. 123.

(3) Th. Iung, *Lucien Bonaparte et ses Mémoires...*, déjà cit., t. II, p. 294.

ne se répètent pas toujours, et citent des chiffres quelquefois et des noms souvent. C'est ainsi que Thiébault fixe à 500.000 francs le pot-de-vin qu'elle toucha pour son intervention en faveur de la Compagnie Flachat dans les fournitures pour l'armée d'Italie (1). Ce n'est point un fait isolé. Quand elle veut assurer l'avenir de M. Charles, que fait-elle ? Elle lui donne des intérêts dans la Compagnie Louis Bodin, et ce que sont les opérations financières de cette Compagnie, ce n'est point ici le moment de le rappeler.

Point de tripotage où on ne retrouve la main de Joséphine, point de marchandage où elle n'ait sa part, et tout cela sans mauvaise intention, sans doute, sans désir de nuire, d'amasser, de thésauriser, mais uniquement pour donner, payer, combler des vides, régler le marchand de modes, solder le vendeur de cachemires, dissiper et prodiguer, ce qui serait d'une fille, si elle n'était créole. Mais enfin, consciente ou non, cela est, cela existe, le tripotage est patent, le marchandage est réel, elle y est mêlée, et n'est-ce pas qu'alors le bon M. de Ségur peut bien écrire que « tout ce qui est noble et délicat ne lui est jamais étranger (2) » ?

(1) THIÉBAULT, *ouvr. cit.*, t. III, p. 364.

(2) *Lettres inédites d'Élisa Napoléon-Bacciochi, princesse de Lucques et de Piombino, au comte de Ségur, grand maître des cérémonies* (1805-1809), publiées par Mme PAULINE DE BROGLIE, et suivies de *Lettres inédites du comte de Ségur, grand maître des cérémonies, à Élisa Napoléon* (1808-1814), publiés par PAUL MARMOTTAN ; *Revue hebdomadaire*, n° 36. 5 septembre 1908.

IX

LE CHANTAGE DU SACRE

Le sacre, cinq années d'Empire, la participation au triomphe guerrier et civique, tous les encens de la renommée et tous les hommages de la gloire, cet énorme fracas d'acclamations dont elle a sa part, n'est-ce pas à la complaisance des amoureux souvenirs du Bonaparte de 1796 que Joséphine doit ce que lui donne le Napoléon de 1804 ? Cette femme, c'est pour lui plus que l'amour, c'est sa jeunesse, les radieuses et rudes années d'un destin hésitant, c'est la meilleure part de son souvenir. Qu'il ait pour elle cette gratitude, lui qui fut sensible à toute bonté et reconnaissant à tout service, et que cette gratitude il la lui prouve par une gloire telle que jamais femme n'en eut une pareille, n'est-ce pas la plus éclatante preuve qu'il puisse lui donner de la reconnaissance de son amour ancien ?

Et ce témoignage il le lui accorde spontanément, sans hésiter et sans marchander. On a parlementé avec le pape, il ne parlemente pas avec Joséphine.

Elle sera sacrée, car telle est sa volonté. Et elle est sacrée.

Certes, il se rend bien compte ce que cette gloire a de disproportionné, d'énorme. Mais ce n'est point à l'aveugle qu'il s'y décide. « Si je la fais impératrice, c'est par justice, dit-il à Rœderer. Je suis surtout un homme juste. Si j'avais été jeté dans une prison, au lieu de monter au trône, elle aurait partagé mes malheurs. » Ce, peut-être, en quoi il se faisait quelques illusions. Il disait encore : « Il est juste qu'elle participe à ma grandeur... Oui, elle sera couronnée ! Elle sera couronnée, dût-il m'en coûter 200.000 hommes (1). » Voilà ce qu'il a décidé. Et Joséphine couronnée, c'est par lui, par lui seul, maître et dispensateur, qu'elle le sera. Le pape n'est pas encore décidé à venir à Paris, et déjà on lit dans les instructions rédigées par Louis-Philippe de Ségur, grand maître des cérémonies : « *Article XIV.* — L'Empereur prendra une couronne des mains du grand officier qu'il aura désigné à cet effet, et la posera sur la tête de l'Impératrice qui s'avancera vers lui et s'inclinera pour la recevoir (2). » Il en sera ainsi : « L'Impératrice a reçu à genoux la couronne (3) », dit le procès-verbal. Qu'on le lise attentivement cet article XIV, car il livre toute la pensée intime de Napoléon sur le rôle de Joséphine au sacre. Avec le

(1) *Journal du comte P.-L. Rœderer...*, déjà cit., p. 214.

(2) *Archives Nationales*, AF, IV, 1220. — Cité par HENRI WELSCHINGER, *les Négociations du sacre de Napoléon* ; *Nouvelle Revue*, 15 mars 1908.

(3) *Procès-verbal de la cérémonie du sacre et du couronnement de LL. MM. l'Empereur Napoléon et l'Impératrice Joséphine*, à Paris, de l'imprimerie Impériale, an XIII, 1805, in-4, p. 48.

pape, la cérémonie reçoit la consécration divine ; sans le pape, elle demeure exclusivement politique. Or, c'est dans l'éventualité de cette cérémonie politique, que sont rédigées les instructions de Ségur, et c'est dans cette cérémonie qu'on donne place à Joséphine.

Qu'elle participe au sacre, qui est chose exclusivement religieuse, soit ; qu'elle participe au couronnement, qui est chose exclusivement politique, voilà l'énorme, et voilà ce qui prouve la reconnaissance de Napoléon. Et la femme à qui ces honneurs vont être rendus, peut-on dire qu'il en ignore la vie passée ?

Le pape est enfin venu, — on sait après combien d'hésitations, — il est arrivé à Fontainebleau, et c'est là que Joséphine, en audience privée, lui avoue qu'elle n'est unie à Napoléon que par le lien civil. Au lien civil, s'offre la facilité du divorce. Mais au lien religieux ? Là, point de divorce. Donc le lien religieux s'impose, d'abord pour elle, pour le pape ensuite, car peut-il, lui successeur des pontifes romains, de ce Jean VIII qui a refusé de couronner Adelaïde, femme de Louis le Bègue, parce que le mariage n'était pas valable, peut-il, lui, couronner et sacrer les époux de l'ère jacobine, unis seulement devant la loi ? A cela tous les canons de l'Église s'opposent. Pie VII, petite flamme blanche et lente et courbée qui résistera aux orages les plus furieux, Pie VII, ne couronnera et ne sacrera donc point l'Empereur, s'il ne se marie sous la bénédiction religieuse. Notre-Dame est parée, la France est dans Paris, les escortes sont prêtes, le jour va se lever, l'Europe a les yeux fixés sur la métropole française où Dieu déléguera la mission sacrée au dicteur de lois, au donneur de trônes; peu importe! Pie VII ne sacrera pas Napoléon. De qui est-ce là l'œuvre? De Joséphine.

Croquis de Joséphine, par David, pour le tableau du *Couronnement de Napoléon*.

Elle l'a accomplie sournoisement, hypocritement même, peut-on dire, à l'insu de l'Empereur, et bien persuadée du résultat qu'elle en espère. Ainsi, contre l'Empereur, elle a mis le pape dans son jeu. Elle lui a mis la belle carte entre les mains; il la tient; il ne l'abattra pas, et c'est Napoléon qui cédera.

C'est à cela qu'elle arrive: à se faire épouser religieusement, sous la menace de ce chantage où le pape est son complice. Le mariage ou pas de sacre; l'union, ou pas de couronnement. Est-ce donc qu'en Joséphine une piété, dont elle n'est certes pas coutumière, a soudain éployé des ailes, un peu maculées depuis l'arrivée de la Martinique? Est-ce qu'à la veille de cette cérémonie, inouïe pour elle, elle se sent écrasée déjà par le remords du sacrilège et de la profanation dont elle se rendra coupable ? Le mensonge, — à elle ! — lui pèse-t-il à ce point ?

Tout cela est plus simple : elle prend une assurance contre le divorce. Qui donc peut imaginer que l'Empereur se séparera un jour de l'Impératrice sacrée par le pape, qu'il divorcera avec celle à qui le lien religieux l'unit ? D'avance, elle met Rome dans sa combinaison. A la demande future de nullité de mariage, elle prévoit la réponse du Vatican. Le pape dénouera-t-il ce qu'il a noué ? La tête niera-t-elle ce qu'a fait le bras ? Elle pourra dormir tranquille.

C'est Fesch, « la belle rave », comme dit Lucien, qui, à minuit, dans un coin écarté des Tuileries dépêche le mariage, avec promptitude, devant les témoins indispensables, — Duroc ? Talleyrand ? Portalis ? Berthier ? — peu importe. En quelques minutes c'est fait. Joséphine, indestructiblement, est attachée au sort de Napoléon. Celui-ci montre de l'humeur. « Il n'aimait pas les prêtres », dit Mme de Rémusat. On le comprend.

Et maintenant, le chantage exécuté, le tour joué, les pompes du sacre peuvent dérouler, de l'aube au soir du 13 frimaire, les féeries de leurs splendeurs ; on peut la mener, cette Impératrice nouvelle du jeune Empire, à son trône d'apothéose, flanquée de Sérurier qui porte son anneau et de Murat qui marche portant sa couronne (1), suivie de ces maréchaux qui ont, au front, l'ombre laurée de leurs victoires jacobines, on peut chanter les *Veni Creator* et faire sonner les *Te Deum* triomphaux, poser sur

(1) *Procès-verbal de la cérémonie du sacre et du couronnement...* déjà cit., p. 22.

cette tête inclinée la couronne jumelle de celle de Charlemagne, et puis? Qu'y aura-t-il de changé? Rien, sinon le Maître qui monte à l'immortalité de son histoire épique, et une femme qui a assuré sa position? Qu'elle attende cinq ans!

*
* *

Voilà donc la mesure de sa reconnaissance: la puissance de son souvenir, non la force de son amour. A cette date, aime-t-il encore Joséphine? Est-elle encore pour lui la *mio dolce amor* de l'an IV, la Joséphine aux pieds de laquelle, en bruissante jonchée, ont été jetés tous les lauriers de l'Italie? Comment en douter? Napoléon sait maintenant, puisqu'il a pardonné. Qu'on la feuillette sa correspondance avec Joséphine, les lettres qu'il date des grands champs de bataille de l'Empire, des étapes rouge et or de son épopée en marche. Ah! qu'elles sont loin les lettres d'Arcole et de Rivoli! Maintenant, quatre phrases brèves dépêchent à Paris des ordres, des souhaits, des conseils, des amitiés. Des baisers encore, oui, mais rapides et de pure forme. Il ne les enguirlande plus de ces admirables phrases incorrectes qui sont ce que son génie a de spontané et d'unique, mais d'adieux brefs. C'est qu'il sait bien, ainsi qu'il l'écrit, avec une ironie mélancolique, à Eugène, qu'il a « une vieille femme qui n'a pas besoin de moi pour s'amuser (1) ». Et cette mélancolie ne sera pas un accès unique chez lui. La devine-t-on dans cette phrase d'une autre lettre, six mois plus tard: « Je me

(1) *Correspondance de Napoléon Ier*, au prince Eugène, Saint-Cloud, 14 avril 1806, t. XII, p. 285.

couche à 8 heures, et suis levé à minuit ; je songe quelquefois que tu n'es pas encore couchée (1) »? Regrets qui se traînent, souvenirs qui s'éveillent : « C'est aujourd'hui l'anniversaire d'Austerlitz... Il pleut. Je me porte bien. Je t'aime et te désire... Ces nuits-ci sont longues tout seul (2)... » Ou la moquerie menaçante, la plaisanterie vive et souriante de l'homme laissant là ses cartes et ses plans de bataille pour dépêcher, du fond de la Saxe, à la femme demeurée à Paris : « Il se peut qu'une de ces nuits je tombe à Saint-Cloud comme un jaloux ; je t'en préviens (3) », et encore : « Ne te fie pas, et je te conseille de te bien garder la nuit, car une de ces prochaines, tu entendras grand bruit (4). » Et il en est ainsi de dix, vingt fins de lettres.

Pourtant toute intimité n'est point encore rompue, et comment le serait-elle entre ces deux époux qui, entre eux, ont de si grands et brûlants souvenirs ? C'est en 1807, à Fontainebleau, que Mme de Rémusat observe qu'il « se réservait la liberté du tête-à-tête avec sa femme (5) ». Il l'emmène en calèche, et cela seul à seul. Et elle de s'en réjouir. En était-il ainsi en l'an VII ? Lorsque l'Empereur voulait passer

(1) *Lettres de Napoléon à Joséphine...*, déjà cit. — A l'Impératrice, à Mayence ; Géra, le 13, à 2 heures du matin, 1806. — T. I, p. 182, pièce n° LVIII.

(2) *Correspondance de Napoléon Ier*, déjà cit. — A l'Impératrice, à Mayence ; Posen, 2 décembre 1806. — T. XIV, p. 21.

(3) *Lettres de Napoléon à Joséphine...*, déjà cit. — A l'Impératrice, à Saint-Cloud ; [Dresde], le 18 [juillet] à midi, 1807. — T. I, p. 351, pièce n° CXL.

(4) *Lettres de Napoléon à Joséphine...*, déjà cit. — A l'Impératrice, à Malmaison ; le 25 septembre 1809. — T. II, p. 96, pièce n° CLXXXVI.

(5) Mme de Rémusat, *ouvr. cit.*, t. III.

la nuit avec sa femme, dit Constant, il se déshabillait chez lui, d'où il sortait en robe de chambre et coiffé d'un madras. Je marchais devant lui, un flambeau à la main. Au bout de ce corridor était un escalier de quinze à seize marches qui conduisait à l'appartement de Joséphine. C'était une grande joie pour elle quand elle recevait la visite de son mari, toute la Maison en était instruite le lendemain. Je la vois encore dire à tout venant, en frottant ses petites mains : « Je me suis levée tard aujourd'hui, mais, voyez-vous, c'est que Bonaparte est venu passer la nuit avec moi (1). » Ce n'était point toujours avec elle qu'il les passait, ces nuits d'Empire, hachées de travaux de cabinet et de plus aimables labeurs. Ce que furent ses passades dans cette période de sa vie, ce n'est point ici le moment de les rappeler par le menu. Aussi bien y apporta-t-il une discrétion que Joséphine ne prit à cœur d'imiter que trop tard. Quant aux raisons de cet adultère, on les connaît, et Joséphine les justifie. Cependant, c'était à elle que revenait Napoléon, comme au plus cher et au plus ardent de ses souvenirs de naguère. « Au milieu de son débordement, il conservait constamment une prédilection pour Joséphine, et disait plaisamment qu'il fallait toujours qu'il revînt à elle (2). » Maintenant seulement elle secouait sa frivole indifférence d'autrefois. Commençait-elle à aimer son

(1) *Mémoires de Constant, premier valet de chambre de l'Empereur, sur la vie privée de Napoléon Ier, sa famille et sa cour*; nouv. édit., t. I, p. 130. — La première édition parut, en 1835, à Paris, chez Barba, en 6 vol. in-8.

(2) Comte CHAPTAL, *Mes Souvenirs sur Napoléon*, publiés par son arrière-petit-fils, le vicomte A. Chaptal, secrétaire d'ambassade ; Paris, in-8, p. 351.

mari ? On peut croire qu'en lui elle aimait surtout sa position à elle. Ce fut bien, semble-t-il, son seul souci. Son indifférence, hormis cela, s'étendait à tout. De là chez Joséphine nulle rancune contre les méprisants ou les ennemis de ses années passées. Elle n'a pas la passion de la volonté. Chez elle, tout glisse sur une surface plane, égale, uniforme. Insignifiance ? Pis que cela : indifférence. Si Napoléon rappelait autour de son trône les adversaires d'autrefois, ces tripoteurs et ces aigrefins qui ont traité, à la Chaumière, Joséphine en fille à plaisir, elle les accueillerait avec un sourire, avec un mot aimable, comme elle a accueilli David, l'ami de Jean-Paul Marat en 1793, l'admirateur de Napoléon en 1805, ce David qui a peint le tableau du sacre de la même main dont il a, le 12 ventôse an II, signé, de sa petite griffe rageuse, l'ordre d'arrestation d'Alexandre de Beauharnais.

Alexandre de Beauharnais ?... l'an II ?... C'est vrai, cela a existé. Mais qui y songe ? Ce n'est pas Joséphine.

X

LES CHIFFONS ET LEURS NOTES

Pour la France, l'Empereur c'est tout : la sécurité, l'ordre, la gloire. Point de puissance égale à la sienne, Il est le Maître, le Chef. Pour l'Empire, qu'est l'Impératrice ?

Sans l'Empereur elle est ce que l'on a vu. De par l'Empereur elle est au-dessus de toutes. Elle est l'Impératrice, voilà tout, et c'est tout. Du moins a-t-elle un rôle dans l'organisation nouvelle de la France, ce rôle qui consiste à panser les brutales blessures de la Terreur, à reconstituer, par la grâce ou la faveur, cette élite charmante, intelligente, supérieure, plus encore par la race que par l'esprit, et que l'émigration, suivie de 92 et 93, a dispersée aux quatre coins de l'Europe, misérablement, dans les auberges douteuses de l'exil. A cela doit se borner son rôle : à reformer une élite. Tâche démesurée ! C'est une autre femme que Joséphine qu'il faudrait à Napoléon pour le seconder sur ce terrain meuble et mouvant. Mais du moins Joséphine s'y applique, et si elle ne réussit que médiocrement, il n'y va point de sa faute. Elle n'est point faite pour cela, voilà tout, une fois encore. Ce que sera l'élite de sa Cour, ses dames, ses dignitaires, ces éléments qui doivent plus encore former que reconstituer la France nouvelle, on le sait et on le verra, dès 1814, que disons-nous? dès le premier jour de l'Empire. A l'abri même des Tuileries, dans l'ombre du trône, se formera la première conspiration des « dotés », des « rentés », des « gratifiés », bande sournoise et vorace qui tendra la main aux « grosses épaulettes » de 1814. C'est que la France nouvelle devait être faite par des éléments nouveaux, c'est que cette reconstruction a été viciée dans sa base par les éléments anarchiques et dissolvants de l'ancien régime. Cela a tout gangréné, jusqu'à un Ney, jusqu'à un Berthier. Les émigrés de la Maison Impériale ont vaincu avant les émigrés de Coblentz et de Gand. Waterloo n'est pas une fin. C'est un prolongement. Ouvrez le double almanach de 1814-1815 que Testu présente à Sa Majesté Royale, avec le même respect qu'il le présentait, un an avant, à Sa Majesté Impériale. Ouvrez à la première page venue. Quels sont les serviteurs du nouveau régime ? Ceux du précédent, les « fidèles » de Napoléon. La Maison du Roi n'a eu nulle peine à se former aux Tuileries. Ceux qui la composent étaient déjà dans la place.

Cela, est-ce exclusivement la faute de Joséphine? Non, sans doute, mais dans cette faute elle a sa part assez large pour n'être point détachée du bloc des responsabilités. Le sénatus-consulte qui fait de Bonaparte le premier magistrat de la République n'accorde rien à Joséphine. Aussi bien n'en a-t-elle nul besoin. Elle est demeurée la vicomtesse de Beauharnais, celle qu'on a écrouée aux Carmes, dont on a guillotiné le mari, et si elle ne hait pas la République pour ces crimes commis envers elle par ses subalternes, c'est qu'elle n'est point faite pour avoir de courageuses, de fortes, de nobles haines. Elle est faite pour jouir de la vie, rien de plus. Ce n'est donc pas sans raison que les royalistes voient en elle, un peu méprisants, un peu condescendants, toutefois, une des leurs. En doute-t-on ?

N'est-ce pas elle qu'on pousse en avant pour sauver les Polignac compromis dans la conspiration contre Bonaparte et condamnés pour ce ? N'est-ce pas elle encore qui supplie le Premier Consul pour le duc d'Enghien ? Enfin, qui introduit à la Cour ces émigrés, ces radiés, tous ces débris irréconciliables du régime abattu par la Convention ? Quand Louis XVIII veut entrer en négociations avec Bonaparte, quel est le canal qui conduit jusqu'au Premier Consul ? Joséphine, elle encore, elle toujours. En 1814 elle accueillera les ennemis de Napoléon, leur ouvrira Malmaison. Ne pouvait-elle faire que cela ? Il est vrai que Marie-Louise décampa.

L'Impératrice, pour la France, a un autre rôle encore. C'est celui de réveiller le luxe de cour, emporté par la Révolution, de recréer cette grande source de la prospérité nationale, qui, de Lyon à Rouen, vivifie le pays. Elle doit stimuler les énergies artistiques, faire créer le joli, le coûteux, ce que seul une souveraine peut payer d'un or qui apportera au pays son élément toujours renouvelé. Il faut donc dépenser. De cela, Joséphine s'acquitte à merveille. Dépenser, rien de plus facile ; n'est-ce pas sa nature son besoin plus encore que son instinct ? Elle dépense donc. Comment ?

On a estimé à 40.000.000 de francs le chiffre de l'argent mis par elle en circulation. Dans ce total la toilette entre pour 1 million par an. Pourtant, ce n'est pas à cela que se monte ce qu'on lui alloue pour la garde-robe : 360.000 francs (1). Donc il faut combler. Elle ne comble pas et fait des dettes. Quelquefois l'Empereur les paye : 701.873 francs en l'an XIII ; 650.000 francs en 1806 ; 391.090 francs en 1807 ; 60.000 francs en 1809 ; 400.000 francs en 1810 (2). Cela règle-t-il tout, au moins ?

Non, puisque dans le *Mémorial* l'Empereur déclare : « Il n'est pas jusqu'à l'île d'Elbe où des mémoires de Joséphine ne soient venus fondre sur Napoléon, de toutes les parties de l'Italie. » Ce n'est pas le luxe qu'il faut lui reprocher. Cela rentre dans le système napoléonien qui fait participer tout ce qui travaille au possible bien-être. Donc c'est aux dettes qu'on doit en vouloir, d'autant plus qu'elles sont sans utilité aucune. Elles n'ont même point l'excuse du besoin moral. Ces dettes, Joséphine les fait inconsciemment, parce qu'elle achète tout ce qui brille, tout ce qui papillote, chante à l'œil, et que cela est inhérent à sa race créole. Quand elle contracte ses obligations, elle n'y songe point ; mais il en est autrement quand il s'agit de payer. « On l'a vue souvent alors, dit le *Mémorial*, envoyer chez ses marchands leur dire de n'en déclarer que la moitié. » La moitié déclarée, l'Empereur la paye.

(1) *Archives Nationales*, O233. — ALPH. MAZE-SENSIER, *vol. cit.*, p. 12.
(2) FRÉDÉRIC MASSON, *Joséphine impératrice et reine...*, p. 53.

Comment payer l'autre moitié? De là des déficits, de là ces retards dans les payements, retards qui. en 1812, chiffrent à 58.000 francs la note de Leroy, le marchand de modes (1). Ce Leroy, au surplus, c'est le démon tentateur de Joséphine.

Image populaire de 1805.

Souple, insinuant, impertinent et arrogant, il s'est, dès 1804, imposé tyranniquement au monde élégant, associé avec la célèbre couturière, Mme Raimbault, laquelle sera mise par lui, fort incivilement, à la porte de la maison à laquelle elle a apporté la haute autorité de son nom.

Joséphine devant lui, plus que devant tout autre, est sans résistance. Alors, il impose et ne conseille plus. C'est lui qui réalise ces robes uuiques, soupl es,

(1) Henri Bouchot, *vol. cit.*, p. 161. — Sur Leroy et les modes d'Empire, voyez notre volume : *Dessous de princesses et maréchales d'Empire, d'après des lettres inédites, des documents nouveaux, les journaux de modes et les témoignages des contemporains* ; Paris, 1909, in-16 ; p. 5 et *passim*.

ondoyantes, qui habillent en déshabillant, enveloppent et accusent, telle cette robe portée en février 1807, et toute de tulle brodé en plein en argent avec une bordure de pavots lilas et rose brodés en chenille et avec une guirlande pareille (1). De lui encore les robes brodées en acier (2), les costumes de chasse en velours amarante brodé d'or (3), tous ces vêtements éclatants dans leur luxueuse sobriété, et qui demeurent d'inimitables modèles. D'ailleurs, les factures s'en ressentent. Comme toutes les autres, elles sont frappées d'un 10 et même d'un 20 p. 100 de réduction, mais qu'est cela ? N'a-t-on pas vu un fournisseur de l'Impératrice toucher 35.000 francs sur une facture de 80.000 francs et déclarer qu'il y gagnait encore (4) ? Que gagne Leroy sur des factures qui, au mois d'avril 1812, par exemple, montent à 6.993 fr. 50 ; en mai suivant, à 16.650 francs et en décembre, à 7.070 francs (5) ? Ce sont bagatelles alors, mais c'est qu'aussi l'Impératrice est répudiée et qu'il est plus difficile de faire payer Napoléon.

Là encore, Joséphine ne demeure-t-elle pas ce qu'elle était avant son mariage avec Bonaparte ? N'avait-elle pas alors déjà, comme maintenant, cette déplorable habitude de fille galante de faire des dettes sans nul souci de leur payement ? Là-dessus il n'est qu'une chose de changée : c'est le chiffre des factures.

(1) *Lettres de Mme Laplace à Elisa Napoléon, princesse de Lucques et de Piombino*, réunies et annoncées par PAUL MARMOTTAN; Paris, 1897, in-8, p. 22.
(2) *Ibid.*, p. 25.
(3) Mme DE RÉMUSAT, *ouvr. cit.*, t. III.
(4) DE BOURRIENNE, *ouvr. cit.*, t. IV, p. 33.
(5) HENRI BOUCHOT, *vol. cit.*, pp. 162, 163.

XI

COLLABORATION DE NAPOLÉON A LA LÉGENDE

C'est une durable légende que celle de Joséphine, c'est une belle histoire romanesque et attendrissante qu'on ne se lassera pas de conter. Elle n'est point neuve, elle date de l'Empire et porte l'empreinte de la sensibilité de l'époque. Ils ne sont pas légion les historiens qui ont échappé à cette atmosphère lénifiante, à la hantise de ces attendrissements sentimentaux. Chose digne de remarque, c'est parmi les femmes que la légende a pris naissance, c'est elles qui se chargent de la perpétuer sur un mode dont le moindre défaut est le manque de vraisemblance. « On l'aimait avant de l'entendre; l'on sentait qu'elle portait bonheur (1). » Témoignage de femme. « Qui

(1) *Mémoires inédits de Mlle George...*, déjà cit., p. 29.

ne se souvient d'elle sans la bénir, qui prononce le nom de Joséphine, sans y ajouter ces mots : si bonne, si bienfaisante, si chérie de tous (1) ? » Autre témoignage de femme. Il est superflu de les multiplier.

Sous l'Empire elle jouit du prestige attaché au grand nom du Maître. Comme elle a participé au sacre, elle participe aux triomphes qui l'acclameront à travers la France, au hasard des voyages et des déplacements. Même absente, elle est mêlée aux réjouissances. Murat, en mars 1806, fait son entrée à Dusseldorf. Délire de la foule : « Les cris de : Vive Napoléon ! Vive Joséphine ! se faisoient entendre de toutes parts; leurs chiffres étoient tracés partout ; partout on parlait de la gloire de Napoléon, le récit des bienfaits de Joséphine étoient dans toutes les bouches (2). » Et quel déluge de poésies, d'odes, de strophes sans métrique et de stances sans syntaxe ! Tout cela se déverse dans les almanachs qu'on lui dédie (3), dans les feuilles publiques, dans les canards, les poésies volantes qui, réunis, formeraient de redoutables tomes.

Couplets en traversant des villes, comme en l'an XII à Aix-la-Chapelle, en revenant de Plombières :

Du peuple auquel elle est si chère,
Napoléon est le soutien,

(1) Lettre autographe signée de Julie de Corancez (Mme Cavaignac), 1843. — *Catalogue d'autographes Noël Charavay*, n° 384, août 1908.

(2) Lettre autographe signée, à Joséphine : Dusseldorf, 26 mars 1806, 3 p. in-4. — *Catalogue d'autographes Eugène Charavay*, juin 1894, pièce n° 181, offerte à 80 francs.

(3) Voyez notamment : *Apollon et les Muses, calendrie pour l'année* 1806, *dédié à Sa Majesté l'Impératrice et Reine Joséphine* ; Paris, in-4.

Et pour la France, je l'espère,
Leur double voyage est un bien (1).
La gloire à son époux destine
Sur les eaux un trajet certain,
Ici les eaux pour Joséphine
De la santé sont le chemin (2).

Couplets après Austerlitz :

Toujours le malheureux près d'elle
Voit mettre un terme à sa douleur,
Adoucir sa peine cruelle
Est un devoir cher à son cœur;
Elle soulage l'indigence
En faisant le bonheur de tous,
Et, par sa douce bienfaisance,
Elle est digne de son époux (3).

Cela, c'est la légende à son aurore. La bienfaisance, la bonté, ce sera là le *leit-motiv* sur lequel broderont tous les poètes du temps, officiels ou bénévoles, grands maîtres d'Université, plumitifs des départements. C'est comme un mot d'ordre, une consigne. Au surplus, que louerait-on d'autre en Joséphine, puisque l'Empereur est tout, fait tout, condense tout ? Autres échantillons du genre :

(1) Napoléon visitait en ce moment les flotilles préparées sur les côtes de la Manche pour la descente en Angleterre.

(2) Cité par L. HENRY LECOMTE, *vol. cit.*, p. 108.

(3) *Le Vainqueur d'Austerlitz ou le Retour du Héros*, divertissement, pièce en un acte par PELLETIER et FRÉDÉRIC (Dupetit-Méré), musique de Tobi, représentée pour la première fois, le 2 février 1806, sur la scène du Théâtre Molière ; cité par M. L. HENRY LECOMTE, *vol. cit.*, p. 135.

Sous les traits de Napoléon
Le dieu des guerriers se devine,
Si la bonté portait un nom
On l'appellerait Joséphine (1).

On ne saurait en contester l'indigence, cependant le 18 mars 1807, cela se chante à Malmaison, en chœur, par Pauline, Mme de Rémusat, Mme de Nansouty, Junot, et d'autres, et non des moindres de la Maison.

Mais enfin il faut s'entendre. Joséphine a-t-elle été cette Providence laïque pour tous les malheureux, les pauvres hères ou les besoigneux qui l'ont accablée de placets et de pétitions ? A-t-elle de ses mains, toujours si prodigues, laissé couler à ce point le flot d'un or libéral et charitable ? A la vérité, il faut en rabattre. Elle a beaucoup donné, oui, par ordre, parce que c'est là le rôle d'une femme et le rôle d'une impératrice. Elle a donné tout ce qu'elle a pu, à tout ce qui a pu recevoir. C'est là ce qui diminue la chose. On a publié quelques-uns des noms des titulaires de ses pensions charitables. Liste édifiante ! Tout d'Hozier est là. Que de blasons ! que d'armoiries ! à commencer par ceux des Beauharnais. Cela se chiffre par des milliers de francs, 20.000 notamment, en 1811, pour le *féal Beauharnais* qu'on voit écrire à sa nièce Hortense : « Les bontés de S. M. l'Empereur m'ayant mis à même de pouvoir acquitter

(1) *L'Impromptu de Neuilly*, divertissement en un acte, par A. DE CHAZET, musique de Spontini, 1807 ; cit. par M. L. HENRY LECOMTE, *vol. cit.*, p. 153.

(2) *Le Retour d'Autriche*, vaudeville en un acte, par RENÉ PÉRIN, représenté pour la première fois à l'Ambigu, le 22 novembre 1809. — Cité par L. HENRY LECOMTE, *vol. cit.*, p. 194.

les dettes que j'avais contractées en Espagne, je n'aspire plus qu'à me trouver en état, par votre amitié, par celle de mon neveu et par mes économies, à faire l'acquisition d'une propriété décente, où je puisse trouver cet azile tranquille que j'ambitionne depuis longtemps et tenir un état convenable à ma situation présente (1). »

Comment, à un tel solliciteur, — c'est un autre nom qu'il lui faudrait donner, — refuser une « propriété décente » ? Aussi ne la lui refuse-t-on pas : *Bienfaits de S. M. l'Impératrice et Reine*, ou tout autre chapitre des secours ou pensions, de la Cassette (180.000 francs par an, en 1809). Et le reste de la séquelle est tout aussi reluisant. Dès lors, Joséphine entre vivante dans la légende. Que les quémandeurs titrés, protégés, patronnés, en soient les zélateurs et les propagateurs, rien de plus juste et de plus naturel à la fois. Mais où sont les vrais pauvres dans tout cela ?

Napoléon n'intervient pas, du moins il semble. Que ce scandale permanent ne soit point public et éclatant, et il passe outre. C'est là son tort, c'est aussi un peu de sa gloire que de n'avoir pas obligé tous ces quémandeurs à la reconnaissance. L'oubli a du bon quelquefois.

Si elle n'est point la bonne, la charitable Joséphine de la légende, qu'est-elle donc ? Il faut le redire : elle n'est qu'indifférente. Si elle fait du bien, c'est sans en rechercher l'occasion et c'est parce que cette occasion se présente à elle. On l'y pousse,

(1) Lettre autographe signée ; 10 décembre 1811, 1 p. et demie, in-4. — *Catalogue Noël Charavay*, n° 380, avril 1908 ; pièce n° 61953, offerte à 15 francs.

elle le fait, rien de mieux. Mais cela suffit-il? Napoléon coopère à la légende d'une manière efficace. C'est parce qu'il l'a placée si haut qu'elle demeure pour le vulgaire à cette altitude. Il fait d'elle, en son absence, « le chef de la famille », et il spécifie bien : « Ma famille est une famille politique (1). » Par cela il fait reculer devant elle les Napoléonides. Il la fait véritablement plus que la femme de l'Empereur, l'Impératrice, celle dont toutes les préfectures placeront, dans leurs salles d'honneur, le buste que Chaudet exécute à 100 francs pièce, dès l'an XIII (2). Cela il le veut pour le présent. Sans doute elle ne figure point avec lui dans les monuments triomphaux qu'on élève. Elle n'est pas figurée aux côtés de l'Impérator au haut des colonnes, que ce soit sur la place Vendôme, que ce soit à Boulogne, dans les camps de la descente en Angleterre. Mais c'est que cela est de l'avenir, pour l'avenir, et que Napoléon sait bien qu'un jour prochain il lui faudra se séparer de cette frivolité et de cette stérilité, pour assurer l'impérissable avenir de sa race directe. Mais, en échange de cet avenir pour lequel elle ne sera que la femme de l'Empereur, que d'honneurs aujourd'hui ! Comme Napoléon, elle a un appartement d'honneur qui se compose d'un premier salon, d'un second salon, du salon de l'Impératrice, de la salle à manger et d'une salle de concert, et où le service est fait par des huissiers et des valets de

(1) *Revue des documents historiques...*, déjà cit., t. IV, 1877, p. 190. Cette lettre ne figure pas dans la *Correspondance de Napoléon Ier*, publiée sous le second Empire.

(2) Lettre autographe signée, à Molino, 19 frimaire an XII, 1 p. in-8. — *Catalogue Noël Charavay*, n° 282, juin 1908, pièce n° 62421, offerte à 6 francs.

chambre (1). Comme lui encore elle a un appartement intérieur avec un salon, une chambre à coucher, un cabinet de toilette et un boudoir, réservés au service des femmes de l'Impératrice. Point d'hommes reçus là, il est vrai; le chambellan de jour doit gratter à la porte du petit salon, laquelle porte sera ouverte par une femme qui ira prendre les ordres de l'Impératrice (2), mais, en revanche, un premier écuyer qui remplit les fonctions de chevalier d'honneur (3), qui ramasse ce que son indolence peut laisser tomber (4), et deux pages, lesquels, se tenant dans la salle des gardes de l'appartement d'honneur, porteront la queue de sa robe à chaque sortie (5).

Et quel majestueux cortège quand elle va à la chapelle! En avant marchent les pages en joli uniforme vert et or; puis les écuyers et les chambellans des princesses, suivis des écuyers et chambellans de l'Impératrice; elle, enfin, flanquée de droite du premier chambellan, de gauche du premier aumônier, et cependant seule dans l'espace libre que laisse la domesticité magnifique, la Maison qui l'encadre, et traînant, dans le sillage de sa robe, les princesses, les dames d'atours, les dames du palais, soies, velours, dentelles (6).

(1) *Étiquette du Palais Impérial*, à Paris, de l'Imprimerie impériale, 1808; par autorisation particulière se trouve chez A. Galland, libraire, r. Saint-Thomas-du-Louvre, nº 32; titre I, chap. III, p. 175.

(2) *Ibid.*, p. 177.

(3) *Ibid.*, titre I, chap. IV, pp. 72, 73.

(4) *Ibid.*, p. 80.

(5) *Ibid.*, p. 90.

(6) *Ibid.*, titre IV, chap. II, pp. 196, 197.

Image d'Épinal po

émorer le Sacre.

Au dîner en grand couvert, le grand chambellan lui fait verser devant lui, dans une tasse d'or, le café, le prend des mains du page et le lui remet; après quoi, il lui donnera à laver les mains, tandis que le premier préfet prendra la serviette (1). Le dîner terminé, quand elle entrera, s'il y a cercle ce soir-là, dans le salon, tout le monde se lèvera (2), — comme pour l'Empereur. Au bal, la dame d'atours lui tiendra l'éventail, et la dame d'honneur prendra ses ordres pour inviter les danseurs qu'elle honorera ainsi (3). Et si elle meurt! Quelle somptuosité dans le grand deuil de cour qui, en trois temps, se portera un mois d'abord, puis deux fois quinze jours (4).

Et ce n'est là que l'essentiel, la carcasse, l'ossature de sa vie d'honneurs et de dignités. Qu'elle le veuille ou non, le cérémonial, dans lequel l'enferme la volonté impériale, commande à son égard le respect. Que ce petit livre tombe quelque part, loin de Paris et de la cour, dans les mains de qui ignore le faste dynastique, et quelle figure de majesté ne se lèvera pas pour lui de ces pages consacrées à ce que l'on doit à l'Impératrice! Au-dessus des contingences humaines, elle est dressée, maîtresse des Aigles, revêtue de la pourpre, et telle qu'elle évoque quelque idole d'un passé d'or et de fer. Telle la veut l'Empereur, telle est la part qu'il lui donnera. Est-ce sa faute à lui si elle n'en comprend pas toujours et les devoirs et le prix?

(1) *Etiquette du Palais impérial...*; déjà cit.; titre V, chap. I, p. 215.
(2) *Ibid.*, titre VI, chap. I, p. 229.
(3) *Ibid.*, p. 232.
(4) *Ibid.*, titre XII, art. I, pp. 281, 284.

XII

POUR RÉPARER DES ANS ET DU PASSÉ...

Une femme qui a un pareil passé, et surtout une pareille récompense au souvenir amoureux et sentimental de ce passé, cette femme-là a-t-elle le droit d'être jalouse ? Quoi ! elle a à se défendre contre les atteintes si sournoisement cruelles de l'âge, — elle a quarante-quatre ans, cinq mois et vingt-deux jours, à la veille du divorce ! — elle a à faire oublier un passé si louche, si douteux, si équivoque, que sa mémoire en demeurera impossible à justifier, et elle est celle-là qui traque son mari, l'épie, paie des domestiques pour l'espionner et ne ménage pas les scènes de jalousie ? Au titre de quels serments observés, de quelle foi respectée, en use-t-elle ainsi ?

A dire vrai, ce n'est pas sous l'Empire, surtout de 1806 à 1809, que cette jalousie pour le moins singulière atteint son summum. Elle date presque — et qui le croirait ? — du lendemain du mariage de l'an IV ! Ce que fait Joséphine à cette époque, on le sait ; quelles sont ses fréquentations, on ne l'ignore pas ; par quels moyens vils et vulgaires elle retarde, de jour en jour, son départ pour Milan où Bonaparte la réclame, nous l'avons dit. Quelle femme, pour afficher et démontrer jusqu'à l'évidence toute son indifférence, ferait mieux et plus que ne fait alors Joséphine ? Eh bien, c'est pourtant à cette époque-là qu'elle commence à faire surveiller Bonaparte, et ici l'espion est de plus haut vol. Il sera un jour prince de Neufchâtel et de Wagram et aura une dotation impériale de 1.254.945 francs. Pour l'instant, à l'armée d'Italie, Alexandre Berthier est chef de l'état-major du général Bonaparte, dont il dira un jour, grandiloquemment, les conquêtes italiques (1). C'est à lui que Joséphine s'est adressée pour être tenue au courant des faits et gestes de son mari. On le croirait avec peine si la correspondance de Berthier n'était là pour lever le moindre doute. Oh ! c'est élégamment qu'il renseigne « l'aimable citoyenne », la « digne amie » ! Mais elle, qui comprend à demi-mot, sait à merveille lire entre les lignes. « Votre cher mari se porte très bien, lui écrit-il de Vérone, le 23 brumaire an V, j'en ai soin, comptez sur mon attachement pour lui et sur mon amitié pour vous. Je mérite sa confiance (2)... » Six jours plus tard : « Je vous embrasse, comptez sur mon attachement pour votre cher mari. Ne dou-

(1) Cf. Général ALEXANDRE BERTHIER, *Relation de la bataille de Marengo, gagnée le 25 prairial an VIII, par Napoléon Bonaparte, premier Consul, commandant en personne l'armée française de réserve, sur les Autrichiens, aux ordres du lieutenant-général Mélas* ; Paris, de l'Imprimerie impériale, 1805, in-8.

(2) *Bibliothèque de la ville de Nantes : Collection Labouchère*, vol. 659, pièce 22. — *Souvenirs et Mémoires...*, déjà cit., 1898, t. I, p. 63.

tez jamais de celui que je vous ai voué (1). » Lettre plus explicative, le 2 frimaire, de Vérone : « Soyez donc heureuse. Votre mari, en relisant hier la lettre que vous m'avez écrite, me dit : « Avouez donc que j'ai une charmante femme, oui, je l'aime bien et j'avoue qu'il n'y en a pas une pareille dans le monde. Allons, Berthier, il faut donc quelque jour aller à Milan ; que j'aurai du plaisir à y embrasser ma petite femme ! « Je crois que, comme vous, en disant embrasser il pensait à plus encore (2). » Et sur ce ton badin et familier la correspondance con-

(1) *Bibliothèque de la ville de Nantes : Collection Labouchère*, vol. 659, pièce 24. — *Souvenirs et Mémoires...*, déjà cit., 1898, t. I, p. 64.

(2) *Bibliothèque de la ville de Nantes : Collection Labouchère*, vol. 659, pièce 25. *Souvenirs et Mémoires...*, déjà cit., t. I, 1898, pp. 64, 65.

tinue. D'elle il faut détacher la lettre que voici, la plus importante, car elle montre à quel point s'exaspérait la jalousie de Joséphine, en ce moment — qu'on s'en souvienne! — en promenade galante avec M. Charles. C'est d'Ancône, le 23 pluviôse, à 11 heures du soir, que Berthier lui écrit :

J'ai reçu votre aimable lettre, digne et charmante citoyenne; je vous avoue qu'elle m'a fait plaisir dans les rapports de ce qui me regarde, mais beaucoup de peine pour la situation de votre âme. Estimez-moi donc assez pour me croire. Oui, je vous le jure, vous n'avez pas d'ami plus vrai et d'autant plus sincère que cette amitié est dépourvue de tout intérêt particulier (1). Je vous suis si attaché que, je vous le jure, je vous dirais si Bonaparte avait le moindre tort à votre égard. Non, il n'en a aucun ; il vous aime, il vous adore, il est malheureux de ces chimères, de ces prestiges qui vous font croire ce qui n'existe pas. Je n'ai pas quitté le général Bonaparte depuis la campagne. Eh bien, soyez donc heureuse ! Sur tout ce qu'il y a de plus sacré je vous jure qu'il a toujours été occupé de vous. Non, il n'est pas de femme plus aimée, plus estimée que vous. Combien de fois il m'a dit : « Avoue, mon cher Berthier, que je suis bien malheureux ! Je suis fou de ma femme, je ne pense qu'à elle, et juge combien elle est injuste à mon égard ! » Et moi, je ne peux que dire comme lui. Occupé de si grands intérêts, pourquoi, quand il a un moment à se jeter dans vos bras, y trouvez-vous, au lieu de la plus aimable jouissance, des sujets de larmes ?

(1) Berthier exagérait. Joséphine lui servait, en ce moment, à faire passer à Mme Visconti, sa maîtresse, ses lettres d'amour. Toutes les lettres de Berthier se terminent par des prières à cet égard. Sur cette Mme de Visconti, femme de l'ambassadeur de la République Cisalpine, cf. duchesse d'Abrantès, *ouvr. cit.*, t. II, pp. 55 et suiv.

Non, vous n'êtes pas raisonnable. Pardonnez : vous n'avez pas de meilleur ami que moi. Bonaparte vous aime franchement : ne cherchez pas à vous tourmenter; ne rebutez pas cette tendresse qui le fait tant souffrir. Que vous êtes injuste à son égard !

Oui, je l'aime; je le dois pour la connaissance que j'ai de ses qualités, de son cœur, et je vous aime aussi pour les mêmes rapports. Soyez donc heureuse; fiez-vous à moi. Je vous le promets, mon amitié ne cachera rien (1).

Et six jours plus tard, le 29 pluviôse, de Tolentino, il écrit une fois de plus, confirmant sa surveillance :

N'ayé aucune inquiétude : votre mari vous adore, et il seroit bien heureux et vous le seriés de même, si vous vouliez.

Je suis de vos amis le plus vrai, et, je vous le repette, je vous préviendrois si votre mari avoit des tors avec vous. Mais il en est bien loin; jamais vous ne pourrès trouver un homme plus attaché, mais qui, occupé de grandes choses, peut peut-être ne pas prévoir ces petites choses que le hasard fait paroître préméditées et qui, je vous le jure, sont bien loin de ce qu'il pense (2).

On le voit, Berthier prodigue, pour consoler la jalouse, les serments et les assurances. La femme la plus amoureuse n'en exigerait pas autant. Qu'on reconnaisse, en vérité, que nulle jalousie ne fut dans ces circonstances moins justifiée. La fut-elle davantage sous le Consulat et l'Empire ?

(1) *Bibliothèque de la ville de Nantes : Collection Labouchère*, vol. 659, pièce 30. — *Souvenirs et Mémoires...*, déjà cit., t. I, 1898, p. 67.

(2) *L'Amateur d'autographes*, nos 208-209, 1er-16 janvier, 1872, p. 11. Pièce tirée de la collection d'autographes de M. P...

Alors la jalousie se traduit chez elle par des propos injurieux, insultants. Elle accuse Bonaparte de la vouloir empoisonner pour se débarrasser d'elle. Oui, cela elle le dit, le répète à tout venant, à Joseph, à Mme de Rémusat, à d'autres encore. « Qui sait ce dont il est capable et s'il résisterait au besoin de se défaire de moi ! » se lamente-elle plaintivement (1). De ces lamentations se retrouvent des plaintes partout, et jusque chez Barras : « Elle craignait d'être empoisonnée par Bonaparte (2). » C'est que vraisemblablement elle l'a dit à Barras. Napoléon ne tarde pas à connaître l'origine du bruit. Il s'en amuse, dédaignant de s'en fâcher. « Figurez-vous, dit-il à Louis, que cette femme-là pleure toutes les fois qu'elle a une mauvaise indigestion, parce qu'elle se croit empoisonnée par ceux qui veulent que je me marie avec quelqu'un d'autre (3). » Enfin, la chose aura toute créance. Et que penser des singulières raisons qu'emploie, un jour, Joseph pour décider Napoléon au divorce ? Si elle meurt avant ce divorce nécessaire et attendu, qu'arrivera-t-il ?

« Tu seras pour la France, pour l'Europe, pour moi qui te connais bien, tu seras son empoisonneur. Qui ne croira que tu n'aies fait ce qu'il était si parfaitement dans ton intérêt de faire? Il vaut mieux prévenir ces honteux soupçons. Tu n'es pas marié; jamais tu n'as voulu faire consacrer ton union avec cette femme. Quitte-la par des raisons politiques, et ne laisse pas croire que tu t'en sois défait par un crime (4). »

(1) Mme DE RÉMUSAT, *ouvr. cit.*, t. III, p. 283.
(2) BARRAS, *ouvr. cit.*, t. IV, p. 194.
(3) TH. IUNG, *Lucien Bonaparte et ses Mémoires...*, t. III, p. 104.
(4) Comte MIOT DE MÉLITO, *ouvr. cit.*, t. II, p. 113.

Et le Premier Consul ne met pas Joseph à la porte ! Il consent à discuter ! lui ! et cela !

Alors ne peut-on véritablement pas dire que Joséphine porte un peu la responsabilité des accusations d'empoisonnement que formuleront, très nettement, plus tard, les libelles venus d'Angleterre ? Quand Pitt fera écrire que le « champion du jacobinisme » a empoisonné ses blessés à Jaffa, ne sera-ce point comme l'écho des doléances diffamatoires que, de son salon à son antichambre, colporte la vieille créole jalouse ?

Bonaparte donnant l'ordre d'empoisonner les malades à Jaffa.
Caricature anglaise de G. Cruikshank.

Jalouse, elle le sera, avec raison ou non, de toute femme approchant l'Empereur, de Mme de Rémusat comme de Mlle Lacoste qui, surprise en flagrant délit presque, sera, quoique lectrice de sa Maison, renvoyée sur-le-champ. Et « toujours portée à voir dans chaque femme une rivale possible (1) », elle suivra l'Empereur pas à pas, prenant du plaisir à cet espionnage (2), au rôle de bassesse et de vile-

(1) C. d'Arjuzon, *ouvr. cit.*, p. 111.
(2) Mme de Rémusat, *ouvr. cit.*, t. III, p. 71.

nie auquel elle condescend si misérablement. Et comme il plaisante agréablement, ce Jacquot, dit de Mirecourt, qui, plus tard, pour faire sa cour au second Empire, dira avec le sérieux le plus convaincu : « Joséphine, grande et noble créature, placée trop haut pour que l'aiguillon de la jalousie pût même lui effleurer l'épiderme (1). » Il y paraît.

Et puis, n'est-ce pas à elle encore qu'on doit le soupçon d'inceste qui plana sur les relations de Napoléon et de Pauline ? Si, au surplus, un jour, elle ne se montre point jalouse, dans le cas de Mme Gazzani, par exemple, c'est parce que l'occasion lui est donnée de faire ainsi un muet reproche à l'Empereur (2).

Mais au moins, ce faisant, est-elle, dans ce temps, intacte de tout reproche, vierge elle-même de tout soupçon ?

On peut dire : presque. Sans doute, ici, convient-il de dédaigner Lewis Goldsmith, que copie si souvent Barras, ce Lewis Goldsmith qui donne pour amants à l'Impératrice Rapp, Caffarelli, Talma, M. de Julian et Roustan, le Mameluck (3). C'est là beaucoup d'amants pour une femme à l'égard de laquelle l'*Étiquette* déclare, péremptoirement et sans plus : « L'Impératrice ne reçoit jamais aucun homme dans son appartement intérieur si ce n'est pour son service (4). » A moins que le juif anglais ne veuille insinuer que

(1) EUGÈNE DE MIRECOURT, *les Contemporains* (2e série) : *Mlle George*, avec un portrait et un autographe ; Paris, 1856, in-32 ; p. 42.

(2) Sur cette maîtresse de l'Empereur, cf. *Napoléon adultère*, pp. 142 et suiv.

(3) LEWIS GOLDSMITH, *vol. cit.*, p. 124.

(4) *Etiquette du palais impérial...*, déjà cit., titre II, chap. III, p. 122.

les amants ne soient là en « service commandé ».

Reste Mme de Rémusat.

Son anecdocte est assez plate. Elle consiste à laisser planer le doute sur ce qui a pu exister d'intimité, lors du séjour de la Cour à Fontainebleau, en 1807, entre Joséphine et le prince de Mecklembourg-Schwerin, venu en France « pour tâcher d'obtenir le départ des garnisons françaises qui occupaient ses États ». La bonne âme ne cite aucun fait précis, de même qu'elle enveloppe d'hésitation son insinuation relative à l'année 1806, où Joséphine voulait rejoindre l'Empereur en Pologne, parce qu'elle avait « un sentiment tendre pour un jeune écuyer de l'Empereur, alors absent comme lui (1) ». Ni nom, ni rien. Décidément les « principes de chevalerie » de Barras n'ont rien à envier aux discrétions de Mme de Rémusat, encore que, sur un autre terrain, elle ait eu souvent moins de soudaines pudeurs.

Donc, sous l'Empire, Joséphine, prévenue, se tient sur ses gardes. Elle « a gardé les apparences, a-t-on dit excellemment, et mené une vie dont le public n'a point eu à s'égayer (2) ». Quant aux fredaines galantes, « à cette époque elle n'y semblait guère disposée (3) ». N'est-ce pas que Mme de Rémusat a le goût prononcé de la contradiction ?

Mais au nom de ces raisons, qui militent en sa faveur, faut-il absoudre Joséphine et conclure à un repentir, à une réparation morale consacrée à ce que

(1) Mme DE RÉMUSAT, *ouvr. cit.*, t. III, p. 118.

(2) FRÉDÉRIC MASSON, *Napoléon et les Femmes, conférence prononcée à la Société des Conférences, le 28 février* 1908 ; cf. *Revue hebdomadaire*, 7 mars 1908.

(3) Mme DE RÉMUSAT, *ouvr. cit.*, t. III.

son passé a de scabreux pour elle? pour la place qu'elle occupe? Faite sans arrière-pensée, oui. Mais ici, avec elle? Pour qui sait le but le regret est, sinon tardif, du moins vicié. Le voleur qui, pris sur le fait, restitue son larcin, devient-il par cela même digne du pardon? Cela semble aléatoire. De même pour Joséphine. Si elle « garde les apparences », c'est peut-être parce qu'elle a renoncé aux petits badinages de la volupté, mais c'est surtout parce qu'elle est décidée à garder sa « place », « sa position », comme elle dit, et la « position » en vaut la peine. Si de ce côté elle ne livre point de prise aux reproches de l'Empereur, au nom de quel prétexte pourrait-il invoquer le divorce? La stérilité? Mais elle espère encore qu'il adoptera Eugène, comme il a voulu adopter le fils d'Hortense, qu'elle parviendra doucement, lentement, à ancrer ce projet dans la tête de Napoléon, et qu'ainsi, dans la suprême bataille livrée aux Napoléonides, elle sera vainqueur d'eux. Alors, ni inconduite, ni stérilité, n'est-elle pas certaine de demeurer ce qu'elle est et là où elle est? Et tout n'est-il pas pour le mieux, puisque, exaspéré quelquefois par sa jalousie et son espionnage, l'Empereur se contente de menacer du divorce sans jamais réaliser la menace? Comment ne prendrait-elle pas confiance, puisque cela dure de 1804 à 1809, avec des bourrasques, des sautes d'humeur, il est vrai, mais la tranquillité, somme toute? Elle se rassure donc, acharnée à demander aux tarots les heureuses promesses de son avenir.

Pourquoi faut-il que sur d'autres raisons se guide le destin de l'Empire?

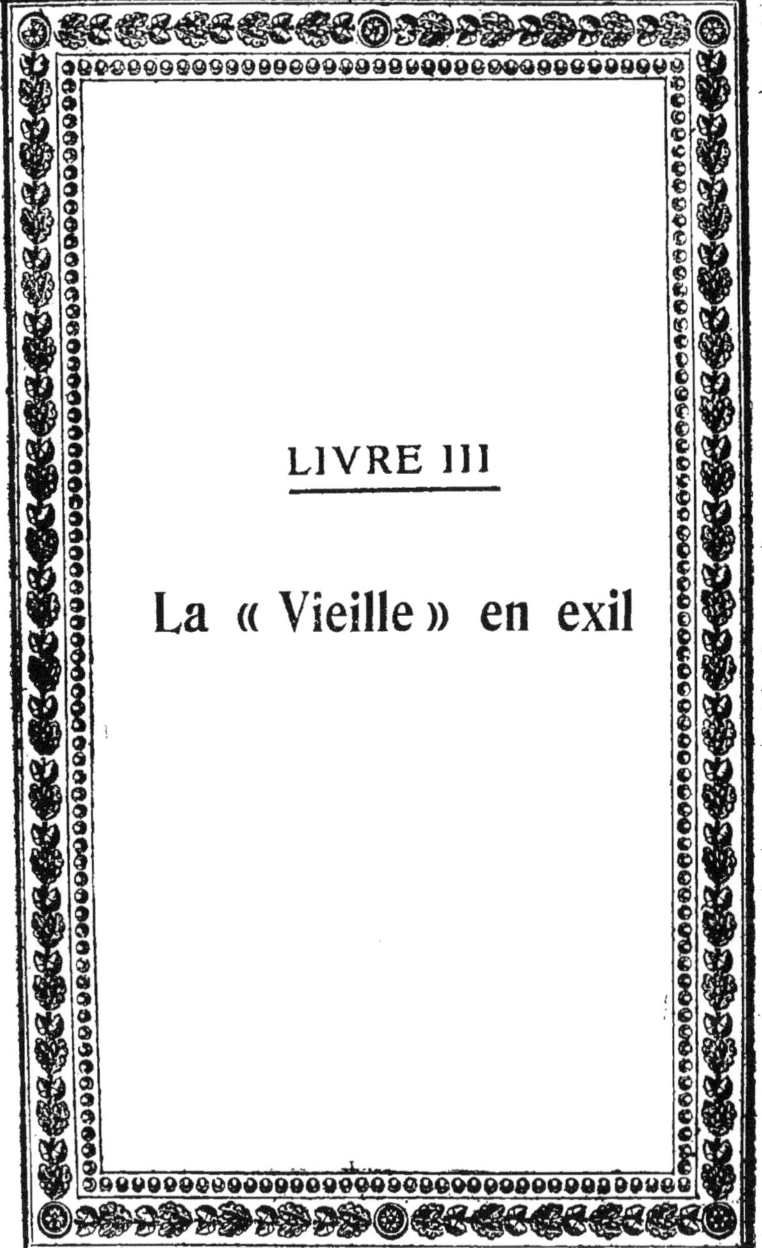

LIVRE III

La « Vieille » en exil

à Paris, Rue St Lazare, vis a vis celle des 3 Frères, N° 42.

I

JOSÉPHINE DIVORCÉE OU RÉPUDIÉE ?

Au divorce une seule raison, mais souveraine et inflexible : la raison dynastique.

On y a trouvé un autre motif : le dégoût, la lassitude de Napoléon pour Joséphine. C'est mal connaître l'Empereur et ne point tenir compte de ce déchirement qui se produit en lui au lendemain de la séparation, de l'énorme et silencieuse douleur qui le taraude et le fait fuir vers un Trianon hivernal où être seul à se souvenir, sans doute, à pleurer peut-être.

En 1809, le Grand Empire est à son apogée. L'expérience du régime est faite, elle demeure concluante.

Ainsi que, par crainte d'événements possibles, on a transféré à Bonaparte, consul à temps, le Consulat à vie, ainsi on prétend assurer sur la tête de son fils l'avenir de la dynastie et la sécurité du régime napoléonien. « C'est avec mes doigts et ma plume, que je fais des enfants », a-t-il dit naguère à Joseph. Mais ces enfants-là il peut les condamner demain, soit que le dernier né soit le préféré, soit que ces enfants — sa pensée vivante et agissante — ne remplissent plus le but pour lequel il leur a donné la vie de sa prescience.

Avant l'enfant de sa pensée, il faut l'enfant de sa race, le dernier perpétuant le premier ; il faut l'enfant qui soit pour la patrie la garantie de l'avenir, la promesse présente de la prolongation du contrat qui lie l'Empereur au peuple. Dès lors peu importe la femme qui donne cet enfant. Il suffira qu'il l'ait choisie. C'est chose dont seul il demeure juge. Ce qu'il fera sera bien fait, et c'est là pourquoi la France ne voit dans le divorce qu'un « arrangement de Palais (1) ». S'il en eût été autrement, quel aurait été l'accueil fait par l'Empire à la fille venue d'Autriche ? Mais non. Sur ce point, ainsi que l'écrit Fouché, « il y a unanimité dans l'opinion et impatience de le voir réalisé ». Car « chacun sent aujourd'hui qu'il n'y a de garantie pour sa personne et pour sa propriété que dans les enfants de l'Empereur (2) ». A cette prolongation du con-

(1) Comte MOLLIEN, *Mémoires d'un ministre du Trésor public* (1780-1815) ; Paris, 1898, in-8, t. III, p. 40.

(2) Lettre autographe signée, à Mgr..., Paris, 3 mai..., 1 p. pleine in-folio ; vendue 16 francs à la vente Saint-Georges, en 1865, pièce n° 300. — *Manuel de l'amateur d'autographes*, lettre F ; *l'Amateur d'autographes*, n° 110, 16 juillet 1866, p. 216.

trat national l'Empereur peut-il, doit-il se refuser?

Il doit s'y refuser si la femme dont le sort se décide ainsi est plus, pour lui, que la Patrie. Il le peut, si, avant d'être l'Empereur, il n'est qu'un homme amoureux. Mais la Patrie précède la femme, mais l'Empereur marche avant l'homme, et l'homme avant l'amoureux. Ainsi le cas de Joséphine, avec la logique précise et froide d'un théorème, est résolu.

Dès la naissance du comte Léon, le 13 décembre 1806, et du comte Walewski, le 4 mai 1810, l'Empereur sait qu'il peut être père, qu'il peut perpétuer sa race qui, vers l'avenir, élancera ses vigoureux rameaux, d'un jet puissant et fort.

Pour Joséphine, de ce côté, tout espoir est superflu, depuis longtemps. « J'ai, dit Bourrienne, à la vérité, été témoin des efforts de la médecine pour rendre à Joséphine les signes d'une fécondité qui avait cessé de se manifester (1). » C'est donc là le grief, le seul dont il usera, pour la décider à la séparation. N'est-il pas celui qui, le 3 juin 1816, disait à Sainte-Hélène : « La femme est donnée à l'homme pour qu'elle fasse des enfants (2)? » Ici, tout le débat roule sur l'enfant. Il dira encore : « Un fils de Joséphine m'eût été nécessaire et m'eût rendu heureux, non seulement comme résultat politique, mais encore comme douceur domestique... Ce gage eût fait tenir Joséphine tranquille et eût mis fin à une jalousie qui ne me laissait pas de repos. » Mais enfin, dans l'instant, il se trouve avoir à choisir entre deux

(1) De Bourrienne, *ouvr. cit.*, t. V, p. 50.
(2) Las Cases, *Mémorial de Sainte-Hélène...*, t. II, p. 488.

choses : la dynastie ou sa femme. C'est ce choix qu'on lui reproche.

Ainsi donc l'œuvre impériale est assurée ; l'enfant à naître lui apportera la pérennité de cette consécration, et il peut hésiter ? Que lui a-t-elle donc apporté cette femme, pour qu'il lui sacrifie l'avenir de la patrie et la gloire de son nom que la postérité doit recueillir ? Va-t-il, à l'heure de la séparation nécessaire, lui rappeler les griefs qu'il peut avoir contre elle, ces griefs qui sont sa condamnation en prouvant son indignité ? Non. Il ne lui parlera que de l'Enfant, de l'Enfant qu'elle ne peut donner à l'Empire, et c'est pourquoi Joséphine n'est point divorcée, mais répudiée. Répudiée comme le sont les reines stériles de la monarchie ancienne.

*
* *

Dans les premiers jours d'octobre 1809, l'Empereur se décide à prévenir l'Impératrice de sa décision. C'est Lavallette, par sa femme parent de Joséphine, qu'il prie de se charger de la pénible mission, afin « qu'un ami de l'Impératrice pût rendre moins amer le breuvage qui allait lui être présenté (1) ». En raison même de cette parenté, Lavallette refuse. Le 26 octobre suivant, pendant le séjour de la cour

(1) *Mémoires et Souvenirs du comte Lavallette, ancien aide de camp de Napoléon, directeur des Postes sous le premier Empire et pendant les Cent-Jours* ; Paris, 1905, nouv. édit., in-8, p. 264. La première édition de ces *Mémoires* parut en 1831, en 2 vol. in-8, sous le titre : *Mémoires et Souvenirs du comte Lavallette, publiés par sa famille et sur ses manuscrits*, 1789-1829. Cette édition est devenue rare.

à Fontainebleau, l'Empereur se décide à parler à Joséphine. Ce qu'il dit, c'est l'intérêt de l'Empire, l'obligation où il se trouve d'y souscrire. Elle, depuis quelques semaines, a senti le coup menacer. Maintenant tout s'effondre en elle. C'est fini. Et elle sent que les larmes, cette fois, seront inutiles, et toutes les supplications vaines. Elle espère encore, néanmoins, puisque Napoléon n'a pas encore fixé la date de la lugubre cérémonie. Cette espérance fragile la soutiendra pendant les dix-huit jours que la Cour restera à Fontainebleau. Et jusqu'à la fin le mois s'écoule sans apporter le choc brutal de la douloureuse nouvelle redoutée.

Il se produit cependant, le 30, après le dîner. Dans la journée l'Empereur a décidé que l'acte de la répudiation sera lu et signé le 15 décembre suivant, — treize jours après le cinquième anniversaire du sacre ! quatorze après l'anniversaire du chantage du mariage clandestin !

La nouvelle annoncée, ce sont des cris, des lamentations, des plaintes, et l'inévitable scène de larmes, et la nécessaire crise des nerfs. Au bruit, Bausset, le préfet du palais, accourt, ouvre la porte, et trouve Joséphine sur le parquet. Avec Napoléon il s'empresse et tous deux, l'un la tenant par la taille, l'autre par les jambes, la montent, par le petit escalier intérieur, vers l'appartement privé. Chemin faisant, comme un souffle, la voix de Joséphine murmure au préfet :

— Vous me serrez trop fort.

Et ébahi encore, dix ans plus tard, le préfet remarquait : « Je vis alors que je n'avais rien à craindre pour sa santé, et qu'elle n'avait pas perdu connaissance un seul instant (1). » C'était la mesure de la douleur de la « sacrifiée ».

Cependant, à partir de ce jour, quoiqu'elle parlât à tout venant, médecin, marchande de fleurs, femmes de chambre, du divorce prochain (2), elle afficha cet air de tristesse résignée qui la rend si touchante, aujourd'hui encore, sur ces estampes où, parmi ses voiles, elle sourit mélancoliquement. Le 4 décembre, il y eut bal à l'hôtel de ville : « La tristesse de l'Impératrice Joséphine y fut remarquée (3). » Un tourbillon de fêtes, — suprêmes plaisirs de sa majesté à l'agonie! — l'entraîna, bals, spectacles, réceptions. Le 11 décembre, l'Empereur alla chasser à Grosbois, chez Berthier. « LL. MM. l'Empereur et l'Impératrice ont assisté hier à une fête très brillante, que S. A. S. le prince de Neuchâtel a donné dans sa terre de Gros-Bois », écrivait le *Journal de l'Empire* (4). Ce qu'il ne disait pas, c'était la fâcheuse aventure qui y était survenue. La fête s'était ter-

(1) L.-F.-J. de Bausset, *Mémoires anecdotiques sur l'intérieur du palais et sur quelques événements de l'Empire depuis 1805 jusqu'au 1er mai 1814*; Paris, in-8, 1827-1829, t. II, pp. 2 et suiv.

(2) Stanislas de Girardin, *Mémoires, Journal et Souvenirs*; Paris, 1828-1834, in-8, t. II, p. 343.

(3) *Journal du maréchal de Castellane* (1804-1862); Paris, 1897, in-8, t. I (1804-1823), p. 76.

(4) *Journal de l'Empire*, mercredi 12 décembre 1809.

minée par une partie de spectacle à laquelle assistaient, outre l'Empereur et Joséphine, trois rois, ceux de Wurtemberg, de Westphalie et de Naples, avec le prince Kourakine et l'amiral Tchitchakow (1). Berthier avait reçu pour consigne de divertir son monde autant que faire se pouvait. L'invitation visait surtout l'Impératrice, toujours penchée, lourde fleur lasse et molle, accablée d'un muet désespoir. Berthier avait fait venir des acteurs des Variétés, pour jouer une pièce d'Aude, fort en vogue : *Cadet-Roussel, maître de déclamation*, qui faisait courir tout Paris. Dès la première scène ce fut une stupeur. Cadet-Roussel comiquement déclarait se plaindre fort de n'avoir point d'héritier. Et d'ajouter : « Il est douloureux pour un homme tel que moi de n'avoir personne à qui transmettre l'héritage de sa gloire. Décidément je vais divorcer pour épouser une jeune femme avec laquelle j'aurai des enfants. » Et Berthier, fidèle à sa consigne, de pouffer. L'Empereur le trouva fort malappris et, le rideau tombé, lui demanda :

— Depuis quand joue-t-on cette pièce ?

— Depuis un an, Sire.

— Et elle a eu du succès ?

— Un immense succès.

— C'est fâcheux. Si j'en avais eu connaissance, je l'aurais interdite. Il semble que MM. les censeurs prennent à tâche de ne faire que des bêtises (2).

(1) *Moniteur*, jeudi 13 décembre 1809.

(2) E.-M. de Sainte-Hilaire, *Napoléon au Conseil d'État*, cité par Henri Welschinger, *la Censure sous le premier Empire avec des documents inédits*. Paris, 1882, in-8, p. 240.

Et il s'en alla. A 11 heures du soir il était rentré à Paris (1).

Dès ce moment l'Empereur se préoccupa de l'annulation religieuse de son mariage devant l'officialité diocésaine, à laquelle, par Cambacérès, il fit proposer trois articles de nullité : l'absence du propre prêtre, l'absence de témoins, le défaut du consentement de l'Empereur. Quoique flattée, l'officialité diocésaine ne manqua pas de faire observer qu'il convenait peut-être mieux de s'adresser au pape, ce à quoi Cambacérès répliqua qu'il n'avait pas d'ordre pour traiter avec Rome.

— Mais il est à Savone, répliquèrent les officiaux.

— Je ne suis pas chargé de traiter avec lui.

— Mais il y a une chambre des cardinaux à Paris.

— Ils n'ont pas de juridiction.

— Mais il y a ici une commission de cardinaux, archevêques, évêques, assemblés relativement aux affaires de l'Église.

— Ils ne forment pas un tribunal (2).

Il fallait se soumettre ; l'officialité diocésaine se soumit et, le 9 janvier 1810, dans son prétoire, rendit le jugement de nullité, condamnant les époux, « pour réparation » de la contravention aux canons de l'Église, à une aumône, et « Disons que LL. MM. ne peuvent plus se hanter ni fréquenter, sans encourir les peines canoniques ». A la date du juge-

(1) *Moniteur*, jeudi 13 décembre 1809.

(2) *Narré de la procédure ecclésiastique à l'occasion de la demande en nullité du mariage de Napoléon Bonaparte et de Joséphine Tascher de la Pagerie*, par l'abbé RUDEMARE, chanoine honoraire de Notre-Dame, promoteur de l'officialité diocésaine, 30 janvier 1810. — *Revue rétrospective...*, déjà cit., t. II, 1834, p. 166 et *passim*.

ment, c'était chose faite depuis vingt-cinq jours.

La cérémonie avait eu lieu, le soir du 15 décembre 1809, aux Tuileries, devant la famille impériale réunie, Cambacérès et Regnault de Saint-Jean d'Angély. Napoléon, dans un décor de majesté glacée et solennelle, y renouvela sa volonté de souscrire au vœu de ses peuples, et Joséphine lui répondit par un petit discours que, le matin même, elle avait appris par cœur à sa toilette (1). Il y eut des larmes encore, de la dignité penchée et affaissée, mais les jours impériaux de Joséphine étaient révolus. L'acte signé, chacun s'en fut. Pour la dernière fois l'Impératrice vit le Trône, les Aigles, la Pourpre. Elle comprit ce qu'elle laissait derrière elle. Et plus vieille de tout son radieux passé remonté à la mémoire, elle regagna ses appartements, où, pour la dernière nuit, elle coucha, — seule.

(1) Mlle AVRILLON, *ouvr. cit.*, t. II, p. 158.

II

POUR CONSOLER LA CRÉOLE

« ... *J'ai été fort ennuyé de revoir les Tuileries ; ce grand palais m'a paru vide, et je m'y suis trouvé isolé* (1) ... »

Ce qu'il a aussi trouvé dans ces Tuileries désertes, l'Empereur, c'est la tristesse des départs, l'atmosphère de lent ennui qui va tomber sur les appartements d'où la femme a été exilée. Ce qu'ils avaient d'austérité solennelle et majestueuse, ces grands salons de parade, ces galeries sonores, Joséphine le diminuait, l'ouatait, l'éclairait. Aux palais des monarques il a toujours fallu le sourire des femmes et la fête claire de leurs toilettes. Cela, Joséphine, partie le 16 décembre des Tuileries pour Malmaison, l'a emporté avec elle, mirage désormais effacé, vision maintenant lointaine. Qui donc s'est aperçu que cette grâce était un peu fanée, cette beauté déjà

(1) *Lettres de Napoléon à Joséphine...*, déjà cit. A l'Impératrice, à Malmaison, mercredi, à midi ; t. II, p. 116, pièce n° CXCV.

ridée, ce charme fardé? Personne. C'était l'Impératrice.

Est-ce d'un cœur insensible et indifférent que Napoléon accueille ce vide, cette tristesse, cette solitude? C'est tout ignorer de sa sensibilité si fine, si délicate, que de le répéter.

Le jour même du départ de Joséphine, il se décide à quitter ce palais si plein pour lui des grands et rayonnants souvenirs de sa jeune gloire. « On assure que l'Empereur et Roi partira dimanche de Paris pour aller passer quelques jours dans le palais de Trianon, et que de là S. M. se rendra à Rambouillet (1) », écrivent ce jour les journaux, et le lendemain la nouvelle est confirmée : « S. M. l'Empereur et Roi est parti aujourd'hui à 4 heures pour Trianon (2). »

Là, dans le vieux parc de la monarchie, autour des bassins silencieux, sous de gris horizons, c'est le silence hivernal, la neige, le vent dans les noirs rameaux. C'est la solitude où l'Empereur cachera ses larmes et se voudra la pudeur de sa mélancolique amertume. De ce qu'il sacrifie aujourd'hui, la meilleure part de ses souvenirs, la belle image heureuse et voluptueuse de l'autrefois, de sa jeunesse ardente, hostile et passionnée, l'avenir de sa race et sa dynastie peut seul le consoler. Il pleure cette femme, à l'heure d'angoisse de la séparation, comme la plus digne des créatures, comme la compagne qui ne démérita jamais de l'élection amoureuse. Des excuses, il n'en cherche point, n'en veut point. Que

(1) *Journal de l'Empire*, samedi 16 décembre 1809.
(2) *Moniteur*, dimanche 17 décembre 1809.

cette femme l'ait trompé, qu'il ait été trahi par elle pour un don Juan de bivouac, et moins que cela, il ne le veut pas savoir. Que par elle il ait été la risée et la plaisanterie des familiers de Barras au Luxembourg, pendant la campagne d'Égypte, il veut l'ignorer. Une seule chose demeure pour lui : l'amour de l'an IV. Elle a été la première à être aimée par lui, son premier amour, sa première tendresse. C'est de cela qu'il lui garde une reconnaissance émue, vive, vibrante et haute.

Elle a peut-être cru en lui à l'heure hésitante de ses débuts ; les choses que son génie depuis réalisa, elle les pressentit sans doute, et, noble, jeune et belle, douée de toutes les grâces, parée de tous les charmes, elle ne s'est point refusée à lui. Voilà la dette contractée par Bonaparte. Voilà ce que Napoléon a à acquitter. Ne l'a-t-il pas fait magnifiquement, uniquement, comme jamais on ne le fera après lui ?

Et ne pouvant plus lui donner son amour, pour la consoler de la chute d'un si haut sommet, que lui accorde-t-il ?

Les honneurs.

Pour l'Empire il faut qu'elle demeure l'Impératrice, sacrée, couronnée, ayant régné. Il faut qu'on sache qu'elle est descendue du trône pour répondre aux vœux des peuples qui attendent l'Héritier. Le divorce religieux et civil la rend étrangère au nom de Bonaparte. Légalement qu'est-elle, sinon une Tascher de la Pagerie ? Eh bien ! non ! elle demeure l'Impératrice, Joséphine, la femme de Napoléon. Cela est sans doute contraire aux canons de l'Église, et aux textes de la loi, mais cela ne l'est point pour le souvenir reconnaissant de l'Empereur. N'est-ce point cela qu'il dit, le billet bref et impérieux que, le mois même de son nouveau mariage, il adresse à Fouché ?

Compiègne, 24 avril 1810.

Est-il vrai qu'il paraît des gravures avec le titre *Joséphine Beauharnais, née La Pagerie?* Si cela est vrai, faites-les enlever, et faites punir les graveurs (1).

C'est pourquoi *l'Almanach Impérial* donnera, à la suite de la Maison de Marie-Louise, la « Maison de l'Impératrice Joséphine (2) » ; c'est pourquoi l'Empereur exigera qu'on aille faire la cour à l'exilée ; c'est pourquoi, sans empire et sans trône, elle ne cessera d'être l'Impératrice.

Puis l'argent.

Elle en reçoit beaucoup, et, comme toujours, jamais assez, à son gré. Qu'on pèse les termes du sénatus-consulte publié par le *Moniteur* le 17 décembre 1809 :

Article premier. — Le mariage contracté entre l'Empereur Napoléon et l'Impératrice Joséphine est dissous.

Art. II. — L'Impératrice Joséphine conservera les titre et rang d'Impératrice-Reine couronnée.

(1) *Archives Nationales*, AF IV, 883.— L. Lecestre, *ouvr. cit.*, t. II, p. 25.

(2) *Almanach impérial pour l'année MDCCCX, présenté à S. M. l'Empereur et Roi, par Testu*; à Paris, chez Testu et Cie, imprimeur de Sa Majesté, rue Hautefeuille, n° 13 ; section IV, p. 79.

Art. III. — Son douaire est fixé à une rente annuelle de 2 millions de francs sur le Trésor de l'État.

Art. IV. — Toutes les dispositions qui pourront être faites par l'Empereur en faveur de l'Impératrice Joséphine sur les fonds de la liste civile seront obligatoires pour ses successeurs.

Art. V. — Le présent sénatus-consulte sera transmis par un message à S. M. I. et R. (1).

Cela, par avance, c'est le testament de Napoléon en ce qui regarde Joséphine, et de son exécution il en appelle à sa race et à l'Empire. Avant le divorce, lui a-t-il promis, ainsi qu'on l'a dit, un douaire de 5 millions annuels et « une souveraineté dont Rome sera le chef-lieu (2) » ? Peut-être, mais sans doute s'est-il rendu compte alors de quelle part il frustrait sa famille et combien pareil traitement pouvait sembler démesuré, exagéré. Donc elle a un peu moins : les 2 millions du sénatus-consulte et un supplément de douaire de 1 million accordé le même jour (3). Trois millions c'est encore fort honnête. Dès 1810, on lui en fait les avances pour 1811 (4). Pour elle, lui, l'économe par excellence, devient

(1) *Moniteur*, 17 décembre 1809. On trouvera encore cette pièce, avec quelques autres relatives au divorce, dans le recueil : *Pièces intéressantes pour servir à l'histoire du dix-neuvième siècle* ; à Paris, chez J.-G. Dentu, imprimeur-libraire, rue des Petits-Augustins, n° 5 ; et chez Mme Dutriche, libraire, Palais Royal, galerie de Valois, n° 156, 1821, in-8, p. 119 et suiv.

(2) Stanislas de Girardin, *ouvr. cit.*, t. II, p. 344.

(3) *Archives Nationales*, O234. — Alph. Maze-Sensier, *vol. cit.*, p. 20.

(4) Lettre de Napoléon au prince Eugène, Compiègne, 26 avril 1810. Publiée fragmentairement dans les *Mémoires du prince Eugène*, t. VI, p. 332, et dans son entier par M. Léon Lecestre, *ouvr. cit.*, t. II, pp. 26, 27.

prodigue. Ce qu'il lui donne, ce qu'il lui accorde, il ne l'a jamais donné ou accordé aux Napoléonides, à ceux de sa famille et de son sang. Mais quoi : c'est Joséphine et c'est l'Impératrice. Ce douaire, il le lui fait sur le Trésor de la Couronne, soit, mais il lui fait d'autres dons sur le domaine privé. Ainsi il ne sépare point dans son esprit, comme dans ses actes et les libéralités, la femme de la souveraine.

L'Intendant général du Domaine privé.

Et ce n'est point tout. Aux dettes payées, aux 3 millions assurés, il joint le château de Navarre, Malmaison et l'Élysée (1). C'est la maison de campagne, le château

(1) Elle l'échange, plus tard, contre le château de Lœcken, près de Bruxelles, et jouit jusqu'à sa mort de l'usufruit de

aux portes de Paris et le palais dans la capitale même. Mais dès que le séjour de Joséphine aux Tuileries ne saurait être toléré, elle se dit en exil, elle le croit. Que lui faut-il donc de plus ?

Telle sa vie large, luxueuse, impériale, est assurée ; telle elle ne doit avoir nul souci de l'avenir. « Ce que je désire par-dessus tout, dit l'Empereur à Eugène, c'est qu'elle se tranquillise et qu'elle ne se laisse pas monter la tête par les bavardages de Paris. » Mais c'est pour Napoléon un souci superflu. Elle se tranquillise, — elle a pour ce des assurances solennelles, réelles, palpables, — sans cesser cependant de se plaindre. Elle se dit sacrifiée. Qu'on convienne, au moins, que le sacrifice lui est doré.

cette dernière résidence, où, dès le divorce, elle ne mettra plus les pieds.

III

L'EXIL DE MALMAISON

Elle est donc en exil. Voyons le lieu.

Le divorce prononcé, on a cru que l'Impératrice quitterait, sinon la France, du moins les environs de Paris. Le bruit court qu'elle fixera désormais sa résidence à Aix-la-Chapelle (1). Il n'en est rien. Elle va à Malmaison, parce que Malmaison est pour elle l'image toujours présente de son passé, parce que c'est le lieu aimé d'elle, et enfin parce qu'aussi le château se trouve près de Paris, à peine de quoi fatiguer un cheval au galop.

En cette année 1809, Malmaison ne rappelle que vaguement la maison de campagne achetée pendant la campagne d'Égypte. Tout a été transformé, modifié et embelli. Cela a coûté quelques millions. Bonaparte revenant d'Égypte a trouvé le « château

(1) Lettre de l'aide de camp Marcellin Marbot à Monseigneur le duc de Castiglione, commandant en chef l'armée de Catalogne, en Catalogne, par Perpignan; Paris, 19 mars [1810]. — *Souvenirs et Mémoires...*, déjà cit., t. I, 1898, p. 100.

tombant de tous les côtés (1) », dit Mme Junot. Elle exagère certainement. Mais enfin, telle qu'alors, Malmaison ne convenait qu'imparfaitement à la vie qu'allait y mener le Consul. En 1801, la restauration est avancée au point que 600.000 francs y ont déjà été dépensés par l'architecte Fontaine, le second grand prix de Rome de 1785, et son associé Percier, les créateurs du style napoléonien. Bonaparte s'informe de ce que coûtera ce qui demeure à faire : encore plus d'un million, insinue craintivement Fontaine. De fait, c'est près de 4 millions qu'on y dépensera, grâce à Joséphine. Mais pour ces 600.000 francs, que de choses déjà ! On a réparé les deux pavillons d'ordre dorique à l'entrée du parc, pour installer Hauté, le portier de l'École de Brienne (2), dans l'un, et un détachement de la Garde Consulaire dans l'autre. De ces deux pavillons un seul demeure aujourd'hui, vide-bouteilles où sonne clair et haut, par les beaux dimanches d'été, la joie des calicots et des demoiselles de mode en goguette dominicale.

La salle à manger a été agrandie ; de trois pièces du rez-de-chaussée on fait une galerie où on entassera tableaux et marbres antiques, dont Alexandre Lenoir dressera le catalogue (3). De l'ancienne

(1) Duchesse D'ABRANTÈS, *ouvr. cit.*, t. III, p. 164.

(2) FRÉDÉRIC MASSON, *la Jeunesse de Napoléon, conférence prononcée à la Société des Conférences, le vendredi* 31 *janvier* 1908 ; cf. *Revue hebdomadaire*, février 1908.

(3) *Catalogue historique et raisonné des antiquités et des marbres du château impérial de la Malmaison, ordonné par Sa Majesté l'Impératrice et Reine à M. Alexandre Lenoir, administrateur du Musée des Monuments français, le* 28 *octobre* 1809. Un exemplaire de ce catalogue a été offert, en 1896, au musée de Malmaison par l'impératrice Eugénie.

chambre à coucher des Lecouteulx on a fait la salle du Conseil, en forme de tente militaire et tendue de soie alors tricolore. Au premier étage, Bonaparte a pris trois pièces: salle de bain, cabinet de toilette et chambre à coucher, cette dernière à tenture grise, et, dans l'alcôve, un lit à la romaine. A deux pas de là, c'est la chambre de Joséphine, carrée et haute, la chambre où elle aura, quatorze ans plus tard, sa longue et lugubre nuit d'agonie solitaire. La bibliothèque (12 m. 80 sur 6 m. 20), où Bonaparte travaille, est au rez-de-chaussée. Elle est divisée en trois parties par des colonnes doriques en acajou sur lesquels se posent des arcs décorés. Le bureau est d'acajou, à bronzes dorés, aux tiroirs à battants et à gradins intérieurs. L'encrier est d'ébène avec appliques de bronze doré et surmonté de trois vases. Le vase du milieu dissimule une sonnette. A côté un flambeau de bronze doré à trois bougies. Le fauteuil tournant est en bois d'orme, recouvert de velours de soie vert, — des loques en lanières aujourd'hui. Le bibliothécaire est ce Dupuy que Bonaparte a connu à Brienne, comme Hauté le portier. Mais Dupuy, qui touche 3.600 francs par an pour sa place, préfère celle d'examinateur en vins. La bibliothèque est laissée là pour les petits crus de la région. Celui de la Malmaison n'est point négligeable. Il donne 150 barriques qui se vendent 50 francs pièce. Dupuy goûte de tout au point qu'il meurt en 1802. La place demeure vacante. Elle le demeurera toujours. Aussi bien qui lit ici, dans ces volumes frappés du double fer : P. B. (1)? De la bibliothèque un escalier tour-

(1) C'est-à-dire *La Pagerie-Bonaparte* et non *Pauline Bonaparte*, comme l'affirmait le catalogue de la librairie Gougy

nant monte au premier étage. Quand il fait trop chaud, le général transporte sa table sous une tente de coutil, sur le petit pont jeté sur la douve.

Toutes ces transformations ont fait que la salle à manger était inutilisable lors de l'anniversaire de Marengo, et ont obligé les invités à dîner dans le jardin, sous une tente. Malmaison a aussi un théâtre. D'abord installé au deuxième étage, son exiguïté a déplu à Bonaparte. On a émigré dans une salle provisoire élevée dans le parc, en attendant de jouer la comédie sur une scène fixe qui sera payée 30.000 francs à Percier et Fontaine. Ce parc sera peuplé de statues, héros et dieux. Du musée des Petits-Augustins (qui les reçut du château de Richelieu en Poitou), on fait venir deux obélisques de marbre rouge, sentinelles de pierre qui gardent, dans la géométrie sévère de leurs lignes, le seuil du conquérant de l'Égypte. Le parc va jusqu'à Rueil, borné à la Côte-d'Or et à Saint-Cucufa. Des acquisitions successives l'agrandiront. On y trouvera de tout : une laiterie, des lacs, des serres tièdes, des serres chaudes, un jardin anglais fait par Berthault et soigné par un Anglais, des ponts en dos d'âne, des belvédères, des grottes, des cascades, et un temple à l'Amour ou à la Fortune, peu importe : tous deux sourient à Bonaparte.

Mais cela, dans Malmaison « sec et brûlé », comme l'écrit l'Empereur, c'est l'impersonnel, plus encore le goût des architectes que de Joséphine. Ce qui est

dernièrement (avril 1908), en offrant, au prix de 150 francs, l'édition, en 18 volumes in-8, de l'*Histoire de la décadence et de la chute de l'Empire romain, traduit de l'anglois par M. de Sept-Chênes*, Paris, Maradan, 1788-1795, provenant de la bibliothèque de Malmaison.

d'elle et bien à elle, ce sont ces serres où elle rassemble — à quels prix ! — les fleurs les plus rares, les plus belles, les plus délicates, ces fleurs des tropiques, des pays chauds, images odorantes de la Martinique natale. Tout le monde s'ingénie, pour lui faire la cour, à lui en adresser. Mme La Pagerie mère lui envoie des mangots et des manguiers en graines; Otto, le commissaire du gouvernement à Londres, de petits arbres, des arbustes nains, et c'est à lui qu'elle écrit, de Malmaison, le 19 prairial an IX :

Je vous remercie beaucoup, citoyen, des nouveaux soins que vous avez bien voulu prendre. Je suis fort sensible à l'offre que vous me faites de m'aider de tout votre pouvoir dans l'exécution du dessein que j'ai de naturaliser en France plusieurs arbres utiles. J'ai écrit en Amérique, il y a quelque temps, pour en faire venir un assez grand nombre ; cela ne m'empêchera pas de recourir encore à vous. Je serais enchantée de vous devoir une partie de la satisfaction que j'attends de la réussite de mon projet.

Vous m'aviez fait espérer que le jardinier de Kew consentirait à vous donner quelques graines curieuses ; je vous prie de lui rappeler sa promesse. Je me propose de vous envoyer prochainement une nouvelle liste des plantes à demander à MM. Sée et Kennedy.

La flanelle bleue, quelque grosse qu'elle soit, est celle dont l'usage est particulièrement recommandé. Ainsi il me semble inutile d'en acheter et d'en faire teindre d'autre et je me contenterai de celle que vous prenez la peine de m'envoyer.

Je vous renouvelle l'assurance de mes sentiments distingués.

La Pagerie-Bonaparte (1).

(1) *Souvenirs et Mémoires...*, t. II, 1899, pp. 198, 199.

navarre le 19 avril

Sire

je reçois par mon fils l'assurance que v. m. consent à mon retour à malmaison et qu'elle veut bien m'accorder les avances que je lui ai demandées, pour rendre habitables le château de navarre.
cette double faveur, sire, dissipe en grande partie les inquiétudes et même les craintes que le long silence de votre majesté m'avoit inspirées. j'avois peur d'être entièrement bannie de son souvenir. je vois que je ne le suis pas. je suis donc aujourd'hui moins malheureuse et même aussi heureuse qu'il m'est désormais possible de l'être.
j'irai à la fin du mois à malmaison, puisque v. m. n'y voit aucun obstacle. mais je

mais avec ménagement pour ma santé
et pour celle des personnes. Je me [illegible]
[illegible] j'attendrai tout de sa justice
et de son cœur
Je me borne à lui demander une grâce
c'est qu'elle daigne chercher elle-même
un moyen de convaincre quelquefois et
moi-même et ceux qui m'entourent, que
j'ai toujours une petite place dans son
souvenir et une grande place dans son
estime et dans son amitié. ce moyen quel qu'il
soit, adoucira mes peines, sans pouvoir,
ce me semble, compromettre ce qui m'
importe avant tout, le bonheur de
votre majesté. Joséphine

Une lettre de l'Impératrice divorcée à Napoléon.

Mais, à ces plantes qu'elle demande en Amérique, de fâcheuses aventures arrivent quelquefois, telle celle de septembre 1803, où le navire *l'Union*, capturé par les Anglais, s'ancre aux quais de la Tamise avec un chargement de 140 tonneaux remplis de plantes, pour lesquels leur gardien, M. Le Mesurier, réclame le bénéfice des lois d'exception en arguant que la

Signature de Bonaparte.

prise n'est pas valable puisque les plantes sont destinées à un jardin public (1).

Ce goût des fleurs est chez elle si vif, que c'est le plus agréable des cadeaux qu'on puisse lui faire. « Je t'envoye, lui écrit de Hollande Hortense, en 1806, des fruits qui ne sont sans doute pas encore mûrs en France : on les fait venir dans de fort belles serres. A Rotterdam on m'a fait une galanterie. Croyant que j'avais ton goût pour les plantes, on a apporté toutes les plus belles dans une salle où était servi un déjeuner. Je les ai toutes vues avec un air de connaisseuse, mais je crois que cela t'aurait paru plus beau qu'à moi. Adieu, ma chère maman. Tu as

(1) Lettre autographe signée de Guillaume Aiton, directeur du jardin royal de Kiew, au ministre Banks, Londres, 9 septembre 1803, 3 p. in-4. *Revue des autographes, des curiosités de l'histoire et de la biographie*, n° 114, septembre 1888, pièce n° 3, offerte à 10 francs.

tant de belles plantes qu'il est difficile d'en trouver de nouvelles (1). » Et cet amour pour l'horticulture admis, imposé, sert quelquefois à masquer ses intrigues galantes. « Malmaison, dit un billet d'elle à une amie intime, qui avait tant d'attraits pour moi, n'est à mes yeux, cette année (2), qu'un endroit désert et ennuyeux. Je suis partie hier si précipitamment que je n'ai pas eu le temps de rien faire dire au jardinier qui m'avait promis des fleurs. Comme je veux absolument lui écrire, faites-moi dire ce qu'il faut que je lui mande. J'ignore ce dont vous êtes convenue avec lui ; je désire pourtant lui témoigner mon chagrin, attendu, ma chère petite, qu'il est bien réel... Je n'ai pas oublié vos cinquante louis ; vous les aurez après-demain. » Ce doit-être un plaisant jardinage que celui de ce jardinier qui suscite un chagrin si « réel ». Mais enfin, puisqu'elle aime les fleurs, n'est-il point tout naturel qu'elle aime le jardinier ? Demeure à savoir lequel.

De même qu'elle aime les fleurs (3), la créole aime les bêtes. Dans son pays n'a-t-elle pas été élevée dans une manière de brousse fleurie, odorante,

(1) *L'Amateur d'autographes*, n° 97, 1er janvier 1866, p. 4.

(2) M. Frédéric Masson (*Joséphine répudiée;* Paris, 1901, in-8, p. 22) ne donne pas la date de cette lettre, mais elle est vraisemblablement des premiers temps du Consulat. Dès lors, le dégoût de Joséphine pour le « désert... ennuyeux » de Malmaison s'explique. Le souvenir de ses parties avec M. Charles était encore trop vivace.

(3) De cet amour pour les fleurs, on trouve chez le comte d'Anglès une singulière raison : « Malheureuse à l'excès durant le règne de son mari, elle s'était réfugiée contre sa brutalité et ses dédains dans la culture de la botanique, et avait été assez loin dans cette science aimable. » *Royauté ou Empire, la France en* 1814 ; *rapports inédits du comte Anglès*, publiés par Georges-Firmin Didot ; Paris, 1897, in-8.

jacassante, pleine de perroquets criards et éclatants, de singes prestes et malins? Aussi, à Malmaison, les corridors, les couloirs, les vestibules, les antichambres, tout est encombré de cages où volète, piaille, chante et s'ébat un menu peuple ailé. « C'est par crainte de Bonaparte qu'il n'y en a pas dans son cabinet (1). » Il y a des perroquets et aussi des singes, même une charmante et affreuse guenon des îles, qui, malade, sera dorlotée, soignée, prendra médecine comme une grande personne, ce qui ne l'empêchera point de mourir d'une inflammation d'intestins (2). Beaucoup de bêtes, arrachées à leurs solitudes fleuries et enflammées de là-bas, meurent à Malmaison, et de même que les oiseaux des tropiques, les cygnes noirs du lac meurent mystérieusement. Un matin, tête ployée sous les ailes, on les trouve morts sous des buissons. C'est, dit-on gravement, que ces bêtes dont « le plumage rappelle celui du dindon » ne peuvent s'acclimater à Malmaison. Et c'est dommage. Majestueux et lents ils naviguent sur les courtes vagues du lac, petites galères obscures, et acceptent avec une hautaine majesté le pain que leur donne Joséphine, quand, dans une chaloupe de 8 pieds, battant pavillon français brodé d'or, construite par Mangin, « quai de Béthune, n° 18, isle Saint-Louis », et qui ne sera point encore payée en 1814, à sa mort, elle se promène sur l'eau. Mais c'est distraction d'un moment, de même que pour les mérinos, les kangourous et les gazelles auxquelles Bonaparte laisse manger le tabac de sa

(1) Mlle Avrillon, *ouvr. cit.*, t. II, p. 287.
(2) *Ibid.*, t. II, p. 293.

tabatière (1), en revenant de sa promenade en calèche à forme de corbeille, attelée à la d'Aumont. C'est peut-être émerveillé de tous ces spectacles, que le cardinal Antonelli vantera, en 1805, les « délices de la Malmaison (2) ». Il n'en avait jamais tant vu dans les jardins du Vatican.

Bonaparte, au lendemain des campagnes, aime ce séjour (3). Sa vie y est simple et régulière. Il y est « admirablement beau, d'une immense simplicité (4) ». Levé à 5 ou 6 heures du matin, il travaille dans son cabinet qu'il ne quitte que pour déjeuner, à moins qu'il se fasse servir, les jours de travail urgent, sur un guéridon, à côté de son pupitre.

On déjeune à 11 heures: point d'hommes, sinon le mercredi, qui est jour de grand dîner d'apparat. Et le travail du Consul continue jusqu'au soir 6 heures, heure du dîner. Le décadi, jour officiel de réception, il y a foule ; les autres jours ce sont des invités qui sont des amis. On y « allait peut-être plus souvent qu'aux Tuileries lorsqu'on était de l'intimité du Premier Consul (5). Mme d'Abrantès en parle en connaissance de cause : elle était à Malmaison à de-

(1) Duchesse D'ABRANTÈS, *ouvr. cit.*, t. III, p. 228.

(2) AUGUSTIN THEINER, préfet des Archives du Vatican, consulteur de diverses congrégations, etc., *Histoire des deux Concordats de la République française et de la République cisalpine conclus en* 1801 *et* 1803, *entre Napoléon Bonaparte et le Saint-Siège, suivie d'une relation de son couronnement comme empereur des Français par Pie VII, d'après des documents inédits extraits des archives secrètes du Vatican et de celles de France*; Bar-le-Duc et Paris, 1869, t. II, 1re partie, p. 251.

(3) « La Malmaison était fort affectionnée par lui. » Duchesse D'ABRANTÈS, *ouvr. cit.*, t. III, p. 225.

(4) Duchesse D'ABRANTÈS, *ouvr. cit.*, t. III, p. 324.

(5) Duchesse D'ABRANTÈS, *ouvr. cit.*, t. III, p. 212.

meure, installée dans un de ces petits appartements non parquetés, donnant aux invités deux pièces exiguës : une chambre, un cabinet de toilette. Les domestiques couchaient sous les combles. Fontaine ne note qu'une douzaine d'invités aux décadis (1), en réalité la société est plus nombreuse. Outre les frères et sœurs de Bonaparte, présents à Paris, il y a Volney, pour qui Joséphine a une « sincère amitié » et du « goût pour son esprit », Volney qui demeure quelquefois quarante heures à la Malmaison et en revient malade (2) ; Murat, qui épousera bientôt Caroline ; Lebrun, Talma, Savary, Ducis, Bernardin de Saint-Pierre, Duroc, Cambacérès, Berthier, Méhul, Isabey, Talleyrand, Kreutzer, Rapp, Corvisart, Colin d'Harleville qui y fera un joli jeu de mot et répondra à Bonaparte disant, quand Joséphine vient

(1) *Mémoires de l'architecte Fontaine*, cit. par MATHURIN DE LESCURE, *le Château de la Malmaison*; Paris, 1867, in-8.

(2) C'est du moins ce qui ressort de cette lettre inédite de Volney en notre possession :

Au citoyen Réal, conseiller d'Etat,
rue de Lille, 1re *porte à droite par la rue du Bac, à droite.*

« CITOYEN CONSEILLER,

« Lorsque vous saurez que, depuis le 19, j'ai passé quarante heures à la Malmaison, malade au lit d'un rhume et d'une fièvre très vive, que revenu hier à 3 heures du soir, je pris un vomitif qui m'a travaillé en maître, vous concevrez que, faible convalescent, je me vois hors d'état de jouir du plaisir que je me promettais, mais vous ne concevrez pas si aisément ce qu'a de dur pour moi cette privation. Pour me consoler, prenez un peu de mes regrets. Je vous salue fraternellement.

« VOLNEY. »

22 frimaire.

de lui frapper sur l'épaule : « Messieurs, je vous prends à témoin, ma femme me bat ! » — « Tout le monde sait qu'elle seule a ce privilège, général ! » Et, parmi les autres encore ce Junot, qui déjà a les « yeux hagards (1) » et prélude à de plus nobles exploits en rossant les croupiers des maisons de jeu dont les tapis verts lui sont incléments (2), ces tapis qui pourtant lui rapportent une subvention anonyme de 300.000 francs (3), lesquels lui permettent de solder ses créanciers à coups de sabre (4). Comme femmes : Hortense, les citoyennes Lebrun, Julie Clary-Bonaparte, Grassini, Campan, tout un monde papillonnant et papotant qui presse le Consul en frac vert des chasseurs à cheval de la Garde Consulaire, dans cette lumineuse et large galerie qui, inaugurée en 1809, exposera tout ce que l'Italie a de grands maîtres du pinceau : l'Albane, le Dominicain,

Volney.

(1) *Mémoires du général-baron de Marbot*; Paris, 1891, in-8, t. II, p. 2.
(2) CONSTANT, *ouvr. cit.*, t. II, p. 178.
(3) THIÉBAULT, *ouvr. cit.*, t. IV, p. 120.
(4) LAS CASES, *Mémorial de Sainte-Hélène*, t. IV, p. 416.

Fra Bartolomeo, le Vinci, le Guerchin, le Garofalo, le Pérugin, le Titien, Annibal Carrache, le Guido, Raphaël, Véronèse, le Corrège, Bernardin Luini, Andrea del Sarto, sans préjudice des Gérard Dow, des Rubens, des Murillo, des Claude Lorrain, des Van Ostade, des Teniers, des Philippe de Champagne, des Vanloo, des Potter, des Van Dyck, des Nattier, des Rembrandt, des Ruysdaël, des Poussin, des vases étrusques et des marbres antiques qui sont légion et épuisent la bonne volonté de Lenoir, qui les catalogue à peu près par lots, en bloc.

C'est de ces défauts de précautions, de cette simplicité qui entourent la vie du général que profitera l'Angleterre, pour tenter, moyennant quelques 100.000 francs, de faire enlever, par Cadoudal et cent complices revêtus d'uniformes de la Garde Consulaire, Bonaparte avec les douze hommes qui composent son escorte quand il regagne Paris. En fait de quoi, le complot découvert, on arrêtera, le 25 pluviose, Moreau ; le 8 ventôse, Pichegru, et, dix jours plus tard, Cadoudal lui-même. Aux jeux de ses invités dans le parc, Bonaparte ne dédaigne point de prendre part. Avec eux il joue au cheval-fondu, à colin-maillard, aux ciseaux-croisés, au furet du Bois-Joli, aux barres, où il triche, en riant (1), et c'est en riant encore qu'il pousse Joséphine aux rondes anciennes (*Vous qui menez la ronde ! Menez-la rondement !*) qui, jupes légères dans la brise nocturne, écharpes dénouées, serpentent à travers les allées baignées des pâles clairs de lune de floréal. Il aime cette vie de plein air qui fait qu'on dîne sur les pelouses, qu'il y

(1) Duchesse D'ABRANTÈS, *ouvr. cit.*, t. III, p. 228.

travaille et reçoit des visiteurs, ce qui ne manque pas de choquer Talleyrand. « J'arrive à la Malmaison, écrit M. d'Autun au baron d'Yvoy, secrétaire du prince d'Orange, et savez-vous ce que j'y ai fait et où le Premier Consul avait établi son cabinet de travail ? Dans un des boulingrins ; on était assis sur l'herbe. Cela ne lui fait rien à lui, avec ses habitudes de bivouac, ses bottes et sa culotte de peau, mais moi ! en culotte et bas de soie ! me voyez-vous assis sur un gazon ? Je suis perclus de rhumatismes. Quel homme ! Il se croit toujours dans un camp (1). » Les habitudes de M. de Talleyrand n'étaient que d'église, — ou de pis. La vie de Malmaison est donc sensiblement pareille à celle que mènent Joseph à Morfontaine, Lucien au Plessis-Chamant (2), et Pauline à Montgobert.

Bonaparte, dès le jour où il est investi à vie du Consulat, pense avec raison que cette vie de familiarité simple, d'intimité familiale, ne doit plus être celle du premier magistrat de la République. Le sénatus-consulte qui le nomme Consul à vie est du 14 thermidor an X (2 août 1802). Le troisième jour complémentaire suivant (20 septembre), il va à Saint-Cloud, visite le château, y passe la journée et la nuit

(1) *Mémoires inédits du baron de Grovestine*, manuscrit appartenant à la Bibliothèque royale de la Haye, cité par Mlle C. d'Arjuzon, *vol. cit.*, p. 78. — « M. de Talleyrand était une des personnes qui y venaient (à Malmaison) le plus assidûment. Il y dînait quelquefois, mais y arrivait le plus ordinairement entre 8 et 9 heures et s'en retournait à 1 heure, 2 heures et quelquefois même à 3 heures du matin. » Constant, *ouvr. cit.*, t. I, p. 275.

(2) « Le Plessis-Chamant est dans une position triste, et son séjour serait ennuyeux si l'on n'y menait que la vie de château. » Duchesse d'Abrantès, *ouvr. cit.*, t. II, p. 159.

et, brusquement, décide d'y fixer sa résidence. C'est de ce séjour que date le billet de Joséphine au notaire Raguideau (1), ce même Raguideau qui lui avait déconseillé d'épouser Bonaparte, ce traîneur de sabre qui « n'avait que la cape et l'épée » :

A Saint-Cloud, ce jeudi.

Bonaparte désire avoir, mon cher Raguideau, la note des terre (*sic*) de Buzenval, ce qu'on en veut, si le château est compris dans la note que vous savez, enfin tous les détails qui dépendent de cette propriété. Il voudrait l'avoir de suite; il veut s'y promener ce soir.

Agréez, mon cher Raguideau, l'assurance de mon estime.

JOSÉPHINE BONAPARTE (2).

Cette même année marque à peu près la fin des grands séjours de Napoléon à Malmaison. C'est désormais, — en attendant l'Empire, — à Saint-Cloud

(1) Le nom de ce Raguideau revient, dans la correspondance de l'Empereur, à propos d'un fait assez curieux :

A M. Fouché, ministre de la Police générale.
Saint-Cloud, 9 août 1807.

« Raguideau est mort, il y a un an. Il avait beaucoup d'argent à toutes les personnes de ma maison. De fortes présomptions font penser que l'argent a été enlevé par le premier clerc et la veuve. Il faudrait faire suivre sa femme et son premier clerc et tâcher de savoir le lieu où il faut mettre la main sur leurs papiers. Depuis ce temps-là, ils ne veulent rien faire, et l'on dit qu'ils ne donnent même pas 50 p. 100 à un grand nombre d'officiers, qui vont perdre des sommes considérables. »

Archives Nationales, AF IV, 874. — L. DE BROTONNE, *Nouvelle Revue*, t. LXXXVI, 1894. — L. LECESTRE, *ouvr. cit.*, t. I, p. 100.

(2) *Souvenirs et Mémoires...*, déjà cit., t. II, 1899, p. 199.

qu'il recevra officiellement les autorités, le décadi, de onze heures à midi.

C'est à Saint-Cloud que le Sénat lui formulera le vœu des peuples qui l'appellent au trône ; c'est de Saint-Cloud qu'il datera le décret qui nomme les premiers maréchaux, la grande promotion du 29 floréal an XII.

Pourtant, c'est Malmaison qui gardera, comme toutes les choses et tous les êtres des premières années de sa gloire, ses secrètes préférences. Quand il voudra échapper à lui-même et à son cœur, c'est là qu'il viendra goûter l'ivresse silencieuse du souvenir. Il se remémorera, dans ces jours d'Empire, des jours de naguère, de ces décadis d'autrefois où la mélancolie des cloches dominicales de Rueil lui étreignait confusément le cœur. Malmaison l'a vu sans les aigles et sans la pourpre, entouré de sa famille, et beau de toute la splendeur de son avenir. Là, il a pu rire, courir dans les allées, prendre part aux jeux ; là, la pourpre ne le cuirassait pas encore de majesté.

C'est avec ces souvenirs qu'il donne Malmaison à Joséphine répudiée.

IV

L'ENVERS DE LA LÉGENDE

La légende nous montre Joséphine vivant à Malmaison comme l'image même de la douleur, comme la plus noble image de la désespérance et de la tristesse, inconsolable à jamais et mourant d'avoir perdu Napoléon.

Au fait, est-elle si inconsolable que cela ? Elle écrit bien à Marmont : « Vous savés quel est mon attachement pour l'Empereur et vous aurés jugé de tout ce que j'ai souffert ; son bonheur seul peut me consoler d'un si grand sacrifice (1) », mais cela, c'est la lettre écrite à quelqu'un qui la montrera à l'Empereur, et dès lors elle n'a plus grande signification. Il en est de même du petit tableautin touchant tracé

(1) Lettre autographe signée, 1er février 1810 ; trois quarts de page in-4. — Collection de feu M. Chambry, p. 8 du Catalogue, pièce n° 50.

par Georgette Ducrest, qui, avec plus de bonne volonté que d'exactitude, écrit : « L'Impératrice, ayant conservé pour l'Empereur un attachement qui tenait du culte, n'avait point permis qu'on dérangeât une chaise du logement occupé par lui ; et au lieu de l'habiter, elle avait préféré être fort mal logée au premier. » C'est exactement le contraire qui ressort des inventaires : mais passons. « Tout était resté exactement dans le même état que lorsque l'Empereur avait quitté son cabinet : un livre d'histoire, posé sur son bureau, marqué à la page où il s'était arrêté, la plume dont il se servait conservait l'encre qui, une minute plus tard, pouvait dicter des lois à l'Europe ; une mappemonde, sur laquelle il montrait aux confidents les pays qu'il voulait conquérir, portait les marques de quelques mouvements d'impatience, occasionnés peut-être par une légère observation. Joséphine seule s'était chargée du soin d'ôter la poussière qui souillait ce qu'elle appelait *ses reliques*, et rarement elle donnait la permission d'entrer dans ce sanctuaire. Le lit romain de Napoléon était sans rideaux, des armes suspendues aux murailles de sa chambre, et quelques pièces de l'habillement d'un homme éparses sur les meubles. Il semblait qu'il fût prêt à entrer dans cette chambre, d'où il s'était banni pour toujours (1). » Pas de plus émouvante mise en scène ; c'est Artémise même au tombeau de ses souvenirs. Mais cela c'est du domaine purement sentimental ; quant à L'autre, il est plus édifiant encore. Moins d'un mois après le divorce, on trouve Joséphine mêlée à des pourparlers où on

(1) GEORGETTE DUCREST, *vol. cit.*

ne s'attendait point, en vérité, à la rencontrer. C'est du mariage autrichien qu'il s'agit. Et quel rôle y joue-t-elle ? On ne sait point exactement comment le définir, mais elle y paraît fort consolée. N'est-ce point elle qui fait à Metternich des ouvertures en vue de l'union avec Marie-Louise ? Elle s'occupe de remarier Napoléon ! Ce n'est assurément pas le témoignage de Metternich qui est suspect (1). Et comme l'Autriche trouve cette voie nullement « compromettante », elle consent à *causer*. On sait comment la causerie s'est terminée. Alors que croire ? Ou à la comédie ou à la vérité de l'assurance donnée à Marmont ? Et cette fois Joséphine, qui ment toujours, doit-elle être crue sur parole quand elle assure, au lendemain même de ces singulières négociations, que le bonheur de Napoléon seul peut la « consoler d'un aussi grand sacrifice » ? Si ce sentiment échappe à une analyse serrée et nette, il n'en est pas tout à fait de même de celui qui la fait accueillir, en 1810, Mme Walewska et son fils, à Malmaison. Comment peut-elle recevoir, elle, la répudiée, la maîtresse avec laquelle Napoléon la trompa, la maîtresse qu'il aima, et dont l'enfant, un peu taciturne, qui est là est l'enfant de l'Empereur ? Cela c'est si subtilement féminin que l'amour seul de Joséphine pour les enfants peut l'expliquer. Ou serait-ce que, séparée maintenant de l'Empereur, elle cherche à revivre de son passé près des êtres et de ces choses qui le touchèrent ? Et cette pensée qui se dresse avec le mystère de sa subtilité, c'est exactement celle qu'exprime un pamphlet. N'est-ce point là un fait

(1) Metternich, *Mémoires* ; Paris, in-8, t. II, pp. 319 et suiv.

assez singulièrement rare pour être souligné, d'autant plus qu'il se présente dans un des écrits les plus bassement haineux enfantés au lendemain de l'abdication? Le libelliste y suppose un dialogue entre l'Impératrice répudiée et un certain B..., qu'il ne désigne pas plus clairement (1).

« Vous n'êtes pas malheureuse, vous, Madame? — Pas autant qu'on le suppose ; j'ai du dépit et point de fiel; des souvenirs, point de regrets. J'avoue que je n'ai pu me garantir de quelque tendresse pour Napoléon depuis qu'il m'a répudiée. C'est ainsi que nous sommes faites, surtout quand nous en sommes venues à cet excès de bonté que donne l'habitude de ne rien refuser ; nous aimons ceux qui nous outragent, et nous sentons que nous avons un cœur quand on le déchire. — Auriez-vous encore quelque faible pour Napoléon? — Et c'est vous qui le demandez, et c'est un ex-évêque qui fait une question de ce genre à une femme! Mais d'où venez-vous? où avez-vous été? Mon pauvre B..., votre disgrâce vous a tout ôté, tact, finesse, pénétration, connaissance du cœur humain.

(1) Quel est ce B..., auquel le libelliste donne un rôle d'écœurante platitude? Sans doute, semble-t-il quelque peu superflu et puéril de le rechercher, mais l'attribution de ce rôle est significatif pour l'étude des haines de l'époque. B... est appelé « ex-évêque ». Ce n'est donc pas de Mgr de Barral, premier aumônier de la Maison de Joséphine divorcée qu'il s'agit. Mgr de Barral, au surplus, est archevêque de Tours. Il semble, au contraire, que le libelliste a voulu désigner Talleyrand, prince de Bénévent, dont on sait la carrière religieuse avant la Révolution. Ce qui permet de le laisser croire, c'est que ce B... s'attire de l'Empereur cette observation : « A quoi êtes-vous bon depuis que vous ne servez plus à tromper les ganaches de l'Europe? » Cela, c'est tout le rôle politique de Talleyrand sous l'Empire, résumé en une ligne. On oubliait de dire que cette trahison européenne s'était étendue jusqu'à l'Empereur.

Eh ! oui, je l'aime : je ne peux me dispenser de l'aimer (1)... »

Qu'on confesse que, pour un libelle, ce n'est pas trop grossièrement inventé. Mais cela est sans conséquence, puisque nous savons de quelle valeur peut être un pareil témoignage. L'attitude de Joséphine parle mieux. Quand l'Empereur vient la visiter, elle se sent toute émue, toute tremblante. Il lui faut demeurer sur le fauteuil où elle l'attend. Qu'espère-t-elle de lui ? Un brusque réveil des sens? La flambée soudaine du souvenir amoureux d'autrefois ? Mais lui est fort contre toute surprise de toute la force de sa volonté. « Peut-être luimême se défie-t-il de ses sens (2) », dit-on. Quoi qu'il

Talleyrand.

(1) *Le Moniteur secret ou Tableau de la Cour de Napoléon, de son caractère et de celui de ses agents* : à Londres, de l'Imprimerie de Schulze et Dean ; à Paris, chez les marchands de nouveautés ; 1814, in-8, pp. 24, 25.

(2) Frédéric Masson, *Napoléon et les Femmes...*, déjà cit., p. 246.

en soit, il se garde, ne consent à parler à Joséphine qu'en public, loin des oreilles indiscrètes sans doute, mais sous les yeux qui tentent de deviner, ne devinent rien, mais voient.

Cela c'est la garantie morale de la pureté de ses intentions qu'il démontre, et on doit ajouter peu de créance à qui assure qu'il ne lui donne pas « des preuves plus marquées » de ses sentiments, par crainte de la jalousie de Marie-Louise (1). L'Autrichienne en était bien incapable.

Dans ces sentiments, Joséphine est-elle susceptible de souscrire à un tardif élan de la chair pour ce qui n'est pas Napoléon? Pour l'affirmer toute preuve manque. On n'a que le témoignage de Viel-Castel fils, qui, on l'a déjà vu, affirme sans plus que son père était redevenu, depuis le divorce, l'amant de Joséphine, l'ayant déjà été du temps de Beauharnais (2). Ce Viel-Castel est dit « considérablement nul (3). » Ce n'était évidemment point un motif de mépris pour Joséphine, — témoin M. Charles. Mais enfin, on ne sait pas. Tout accusé bénéficie du doute.

Voyons maintenant la vie à Malmaison. Peut-elle donner quelques indications sur l'inconsolable désespoir de Joséphine ?

(1) *Napoléon jugé par un Anglais; lettres de Sainte-Hélène, correspondance de W. Warden, chirurgien de S. M. à bord du « Northumberland », qui a transporté Napoléon Bonaparte à Sainte-Hélène ; traduite de l'anglais et suivie des « Lettres du Cap de Bonne-Espérance », réponses de Napoléon aux lettres de Warden ; avant-propos, notes, documents justificatifs et appendice*, par le docteur CABANÈS ; Paris, 1901, in-8, p. 66.

(2) VIEL-CASTEL, *ouvr. cit.*, t. II, p. 16.

(3) Duchesse D'ABRANTÈS, *Histoire des salons de Paris...*, déjà cit., t. III, p. 438.

Dès neuf heures elle est coiffée et habillée, corsetée, car maintenant qu'elle engraisse, depuis qu'elle est libre de faire ce qu'il lui plaît (1), elle a reconnu l'utilité des baleines (2). Cela fait partie des ruses qu'elle emploie pour conserver ce fantôme de jeunesse auquel elle s'accroche si désespérément depuis sept ou huit ans. Ses robes sont de crêpe, de tulle, doublées de satin, jamais le moindre velours. Elle ne l'aime pas. Cela lui est confectionné par une des premières de Leroy, Mlle Marguerite, qu'elle a à demeure à Malmaison et qu'elle comble de présents (3). C'est un peu ce qui explique qu'à sa mort elle ne doive que 40 ou 45.000 francs à Leroy. La matinée est occupée par les visites et les achats. Malmaison est redevenu le chemin de tous les marchands de colifichets et de babioles de la capitale. A Bourrienne qui s'en étonne, elle réplique : « Que voulez-vous, mon ami, tout cela devrait m'être bien égal, mais c'est une habitude (4). » La séparation d'avec Napoléon, c'est une habitude aussi. Alors comment y penser à chaque heure du jour ? Ce serait excessif, et l'excès c'est la plus détestable des habitudes en pareille matière.

Quant aux visites, il en vient beaucoup, et non des moindres. Évidemment, c'est un point faible de la légende que la solitude faite à Malmaison autour de la Répudiée. Le 12 janvier 1813, le maréchal de Castellane note sur son journal : « J'ai été à la Malmaison faire ma cour à l'Impératrice Joséphine (5). »

(1) Georgette Ducrest, *vol. cit.*, p. 18
(2) Mlle Avrillon, *ouvr. cit.*, t. IV, p. 308.
(3) Henri Bouchot, *vol. cit.*, p. 37.
(4) De Bourrienne, *ouvr. cit.*, t. IX, p. 11.
(5) Maréchal de Castellane, *ouvr. cit.*, t. I, p. 221.

Et il n'est pas le seul. Ceux qui viennent ainsi le matin sont généralement invités à déjeuner. Comme le dîner il n'est composé que d'un service, le dessert formant le second. Le premier service comprend les potages, les hors d'œuvre, les entrées, les rôtis et les entremets. Tout est servi à la fois. Chaque invité a, derrière sa chaise, un valet, lequel, à la fin du repas, lui présente un bol bleu avec un verre d'eau tiède pour se laver la bouche. Quant à l'Impératrice, elle a derrière elle deux valets, un coureur basque, un chasseur et le premier maître d'hôtel. Le déjeuner dure trois quarts d'heure. Aux Tuileries, sous l'Empire, il n'excédait pas vingt minutes.

Les après-midi sont vides. On cause au salon. On bée aux tableaux dans la galerie. On joue au billard. S'il fait beau, on va taquiner les bêtes dans le parc ou se donner des migraines devant les bouquets pressés des fleurs éclatantes des serres chaudes. Quelquefois, en calèche, on pousse aux environs. S'il pleut, on rentre. On s'ennuie. Paris manque. Pour gagner le dîner, Joséphine touche de la harpe, ou brode, ou dépêche des lettres. La harpe est d'acajou, sommée de l'aigle, à bronzes dorés et ciselés. Elle est faite par « Cousineau, père et fils, luthiers de Sa Majesté l'Impératrice, à Paris (1). » Pour broder, elle a un métier en bois d'acajou, orné de sujets ciselés en bronze doré : cygnes, torches enlacées de couronnes, rucher d'abeilles, lauriers, losanges à têtes de femmes. Si elle veut écrire, elle a un bureau à pieds à griffes, à dessus de granit vert. Quant à ses bijoux, si elle veut passer une heure à les montrer, à

(1) Cette harpe, aujourd'hui au Musée de Malmaison, a été donnée par l'Impératrice Eugénie.

les faire miroiter aux yeux de ses dames, à se griser de la froide et éclatante limpidité de leurs eaux et de leurs orients, elle les tirera d'une commode en acajou et bois d'if, clouté d'aigles et de victoires sous un dessus en marbre griotte d'Italie.

Enfin c'est le dîner, pareil en tout au déjeuner. A neuf heures on a regagné le salon où se tient le jeu de l'Impératrice, qui ne se quitte que pour la partie de musique dans la galerie. A onze heures on sert des rafraîchissements, glaces, gâteaux, thé. A minuit c'est le silence, la nuit. Malmaison dort. Et demain sera ce que fut aujourd'hui.

C'est l'ennui, le vide, sans rien qui vienne secouer l'apathie de Joséphine. Telle est sa vie à Malmaison, telle est sa vie à Navarre, dans ce château, à deux kilomètres d'Évreux, où la vie ne peut se passer que dans un énorme salon en rotonde, de la hauteur de la construction, et qui fait du reste des appartements, des chambres qui obligent à s'habiller dans les couloirs. Alors, pour se distraire, elle fait des mariages, tel celui de M. Pourtalès qui fait jaser à Paris. C'est un conte qu'il faut lire dans Castellane, parent de la mariée. Pas de croquis plus vif de la cour de Malmaison en 1811 :

L'impératrice Joséphine avait auprès d'elle Mlles Virginie et Louise de Castellane, filles de Mme de Castellane-Norante, née Saumery (1) ; Mlle Louise de Castellane épousa, le 18 novembre, le comte Fritz de Pourtalès,

(1) Ni *l'Almanach impérial* de 1810, ni celui de 1811, ne donnent, parmi les dames de l'Impératrice, ces deux jeunes femmes. Peut-être sont-elles tout simplement comprises dans les trois lignes de points qui terminent la liste de l'Almanach ?

écuyer de l'Impératrice (1). Voilà comment ce mariage s'arrangea. Les dames de l'Impératrice, voyant depuis quelque temps M. de Pourtalès fort occupé de Louise, prévinrent l'impératrice que cet écuyer ne pouvait tenir dans le salon en l'absence de Mlle de Castellane. Pourtalès, étant à la porte de Mlle de Castellane et voulant passer une lettre, fut vu par Mme d'Arberg (2), elle avertit sur-le-champ l'Impératrice. Celle-ci fit appeler M. de Pourtalès et Louise, sortit avec eux dans le jardin et se fâcha beaucoup contre Louise, lui disant : « Vous ne possédez rien, vous n'avez que votre nom. M. de Pourtalès est fort riche. Vous ne pouvez croire à sa volonté de vous épouser. » M. de Pourtalès reprit : « J'en serais trop heureux, telle est mon intention. » L'Impératrice dit alors : « Je donne 100.000 francs de dot et le trousseau. »

Joséphine, en effet, promit les 100.000 francs, puisque cela ne lui coûtait guère, mais ne les paya jamais. A sa mort, ce fut sur sa succession qu'on dut les prendre. Quant à la fin, Castellane ne la conte pas moins aisément :

La cérémonie eut lieu à la Malmaison. M. Fritz Pourtalès étant protestant, M. Marron, ministre de cette religion, donna sa bénédiction dans le salon. Son livre était sur une table couverte d'un tapis vert; il avait, à sa droite et à sa gauche, deux acolytes laids et petits

(1) Ce Pourtalès, qu'on trouve aussi appelé Frédéric, était d'une famille française émigrée en Suisse lors de l'édit de Nantes. Il avait fait partie de l'état-major de Berthier, et diverses aventures galantes qu'on lui connaît disent de quelle manière, à la fois élégante et plaisante, il entendait son rôle d'écuyer.

(2) La comtesse d'Arberg, de Bruxelles, dame d'honneur de la Maison de l'Impératrice.

en habit habillé noir, avec des épées. On passa ensuite dans la chapelle, où M. le cardinal Maury, nommé à l'archevêché de Paris, assisté des chapelains de l'Impératrice Joséphine, de M. Jerphanion, curé de la Madeleine, donna la bénédiction aux époux. Son discours fut beau ; il parla avec adresse de la grandeur passée de l'Impératrice Joséphine, de sa position présente ; il s'étendit sur les familles respectives des deux époux. Tout cela sentait un orateur de la vieille école.

Parent seulement comme portant le même nom que Mlle Louise de Castellane, je fus choisi pour tenir le poêle avec le comte Perregaux, chambellan de l'Empereur, on avait pris, je crois, le plus lourd de Notre-Dame.

L'Impératrice Joséphine a embrassé Mme de Pourtalès après la cérémonie. Elle a eu tort ; dans son cabinet cela eût été bien. Il faut dans sa position, je le trouve, avoir encore plus de dignité que si elle était régnante (1).

Mais les mariages sont distractions d'un jour ; pour les autres, Joséphine a, de temps en temps assez éloignés, sa fille Hortense, quasi séparée de Louis. Elle amène son fils, le jeune Napoléon, en qui plus tard les Beauharnais montèrent au trône impérial. Pour l'instant, il se contente de jouer dans les jardins, de mettre au pillage les serres chaudes, d'y sucer les cannes à sucre et de recevoir de sa grand'mère des caisses de joujoux qui, aux approches des fêtes et des anniversaires, transforment les salons de Malmaison en bazars de jouets. Mais les séjours d'Hortense s'écourtent toujours, car, depuis son mariage,

(1) Maréchal DE CASTELLANE, *ouvr. cit.*, t. I, pp. 83, 84.

il y a entre elle et sa mère quelque chose de pénible qui, de sa part, est peut-être de la rancune pour sa vie sacrifiée à l'égoïsme de Joséphine. Au surplus, dit Mme de Rémusat, qui semble être dans le vrai ici : « Il y avait de l'amitié entre Mme Bonaparte et sa fille, mais elles se ressemblaient trop peu pour s'entendre, et la première se sentait dans une sorte d'infériorité qui lui imposait un peu (1). » Donc, pour se distraire, Joséphine veut et cherche autre chose. Les dettes rentrent-elles dans cette catégorie d'idées ? Vraisemblablement, puisqu'elle semble les accumuler à plaisir, et malgré tout ce que l'Empereur peut ordonner, et malgré ce qu'il puisse exprimer de son mécontentement. Mais enfin, il paye, et c'est l'essentiel. Mollien, le ministre du Trésor public, quand le gaspillage devient par trop évident, reçoit des ordres sévères. Comme il est honnête homme, il les exécute. Cela n'empêchera point d'ailleurs les nouvelles dettes de venir créer un déficit qu'il faudra combler, comme on a déjà comblé, comme au comblera encore. Et pourtant quoi de plus net et de plus propre à arrêter le gâchis, que les instruction qu'adresse l'Empereur, le 1er novembre 1811, de Wesel à son ministre ?

Il est convenable, écrit Napoléon, que vous envoyiez chercher secrètement l'intendant (1) de l'Impératrice

(1) Mme de Rémusat, *ouvr. cit.*, t. III.

(2) Il s'agit ici de l'intendant-général, M. de Montlivault, l'intendant de Malmaison étant le sieur Bonpland. Une importante correspondance entre ces deux personnages, accompagnée du registre de comptes du dernier, figurait en mai 1906, sous le n° 122, à la vente des autographes de la collection Gustave Bord. Ces documents appartiennent

Joséphine, et que vous lui fassiez connaître qu'il ne lui sera rien payé que la preuve ne soit donnée qu'il n'y a point de dettes; et, comme je n'entends pas raillerie là-dessus, il faut que les biens personnels de l'intendant me servent de garantie. Vous notifierez donc à cet intendant que, à dater du 1er janvier prochain, aucun payement ne se fera chez vous ni au trésor de la couronne, que lorsqu'il se sera engagé et aura répondu sur ses biens qu'il n'existe point de dettes. Je suis informé que les dépenses de cette maison sont fort désordonnées. Voyez donc cet intendant, et mettez-vous au fait de ce qui se passe sous le rapport de l'argent; car il est ridicule que, au lieu d'une économie de 2 millions que l'Impératrice devait faire, il y ait encore des dettes à payer. Il vous sera facile de tirer le mot de tout cela de l'intendant, et de lui faire comprendre qu'il serait fortement compromis.

Ayez vous-même une occasion de voir l'Impératrice Joséphine, et laissez-lui entendre que j'espère que sa maison sera administrée avec plus d'économie, et que ce serait me déplaire souverainement, s'il était rien dû. L'Impératrice Louise n'a que 100.000 écus; elle solde ses dépenses tous les huit jours; elle se prive de robes et s'impose des privations pour n'avoir jamais de dettes.

Mon intention est donc que, à compter du 1er janvier, il ne soit plus rien payé pour la maison de l'Impératrice Joséphine que sur un certificat de l'intendant, constatant qu'il n'y a point de dettes. Ayez connaissance du budget de 1811 et de celui fixé pour 1812. Ce budget ne devrait pas se monter à plus d'un million. S'il y a trop de chevaux, il faut en réformer une partie. L'Impératrice Joséphine, qui a des enfants et des petits-

vraisemblablement à M. FRÉDÉRIC MASSON, qui, à l'administration de Malmaison, a consacré un important et définitif chapitre dans son volume *Joséphine répudiée*.

enfants, devrait économiser pour leur être de quelque utilité, au lieu de faire des dettes (1).

Mollien fait l'enquête. Résultat : 1.159.493 fr. 65 de dettes. En 1812, tout est payé. Et on recommence. En 1814, quand elle meurt, il y a, derechef, 2.484.813 francs de dettes. On est loin de compte avec les 18.000.000 de francs qu'elle aurait laissés à l'estimation de Napoléon. Il est vraisemblable cependant que O'Meara, qui rapporte le chiffre, a mal entendu (2). 18.000.000 de dettes, ce serait énorme, incroyable ; 18.000.000 d'économies, cela ne fait que sourire. Alors, puisqu'elle continue à ce train, à quoi servent ses belles promesses ? « Vous trouverez ma lettre un peu grave, écrit-elle à l'intendant Montlivault, mais je m'aperçois tous les jours que je deviens, non pas économiste, mais économe (3). » Diable ! quel serait donc le chiffre de sa dernière banqueroute, si elle ne l'eût pas été « économiste » ou « économe » ?

Dans tout cela, entre ces mariages, ces tripotages et ces dettes, quelle part le désespoir si poétique de Joséphine donne-t-il à Napoléon ? Dans cette petite cour d'exil, où les demoiselles cherchent chaussure

(1) *Archives Nationales*, AF IV, 895. — Comte MOLLIEN, *Mémoires d'un ministre du Trésor public*, t. III, p. 353. — L. LECESTRE, *ouvr. cit.*, t. II, pp. 174, 175, pièce n° 891.

(2) O'MEARA, *ouvr. cit.*, t. II, p. 80.

(3) Lettre autographe signée Milan, 20 août 1812 ; 3 pages trois quarts in-4. — Lettre relative à l'administration et à la gestion de ses domaines, vendue 26 francs à la vente Charavay, en 1845, pièce n° 129 et 52 francs à la vente Lajarriette, en 1860, pièce n° 249. — *Manuel de l'amateur d'autographes*, lettre B. — *L'Amateur d'autographes*, n° 18, 16 septembre 1862, p. 282.

à leur pointe, où les hommes grugent à l'écurie, à l'office, où ils peuvent, c'est-à-dire partout, quel rôle joue ici le souvenir, le nom de l'Empereur, sinon celui d'épouvantail ? Joséphine laisse faire, molle, sans résistance, abandonnée à quiconque sait la flatter et s'insinuer dans sa bonne grâce paresseuse et complaisante, et si, au milieu de tout cela, Napoléon n'est point oublié, c'est qu'il paye encore. C'est son seul mérite. On le lui fera bien voir aux heures rouges et noires de l'invasion cosaque et royaliste. Qu'il prenne patience !... il saura... Mais non. Il ne saura jamais. Et c'est lui qui, du rocher sacré de l'Ile, battue, là-bas, sous les tropiques, des vagues bondissantes d'un Océan complice de la trahison anglaise, c'est lui qui, grugé, méconnu et doublement trahi, apportera la consécration à la légende et sacrera pour une postérité trompée le souvenir de « sa bonne Joséphine (1) ».

(1) Outre les sources indiquées au cours de ce chapitre, cf. sur Malmaison : *la Malmaison, Rueil, le Château de Richelieu avec pièces justificatives*, par JACQUIN et DUESBERG ; Paris, 1846, in-8, et G. TIQUET, *le Trianon consulaire, souvenirs historiques et littéraires sur la Malmaison* ; Paris 1901, et in-8, c., etc.

V

POLITESSES COSAQUES ET SOURIRES FRANÇAIS

Ainsi donc, le Grand Empire est tombé. Il a suffi de deux ans, de l'infidélité de la fortune et de la trahison des « grosses épaulettes », pour abolir, en un jour, toute l'œuvre jacobine et impériale. Le rôle de ceux qui ont coopéré à cette ruine importe peu, ici, à cette place. Seule, Joséphine doit nous préoccuper. Voyons-la dans cette heure tragique où jamais plus beau rôle ne fut offert à une femme et à une Impératrice, mourir avec son mari et tomber avec l'Empereur. Le 6 janvier 1814, la coalition a passé le Rhin et mis le pied en France. Le 25 janvier, l'Empereur a quitté Paris pour aller se mettre à la tête des armées, et c'est dans les champs de Brienne, comme pour honorer sa jeunesse, qu'il décide de sa première victoire. Dès lors, c'est le tourbillon furieux, hurleur et vociférant qui, de la Champagne aux plaines de l'Ile-de-France, bouscule, enveloppe et entraîne les armées. Tout marque le pas de charge contre la contre-révolution qui marche sur l'Empire.

C'est Troyes, c'est Champ-Aubert, c'est Montmirail ; Blûcher battu ; Bellune battu ; Macdonald battu ; et février qui s'achève par la revanche prise par les ducs de Trévise et de Raguse dans les plaines de Gué-à-Trême. Courte halte ! Mars, c'est trente et un jours et seize combats, l'épopée napoléonienne recommence heure par heure et chaque jour. C'est aussi la trahison, et, le 1er avril, l'envahissement de Paris par les bandes cosaques, les hordes royales de Coblentz, toute la Sainte-Alliance. C'est à M. de Raguse qu'on doit, le matin du 1er avril, à 11 heures, le spectacle des Cosaques rouges, pénétrant par lignes de quinze hommes, aux portes de Pantin. Pour qui ne connaît point les uniformes des armées vaincues de 1789 à 1813, les voici : escadrons de cuirassiers, de hussards, de volontaires de la garde royale prussienne, de hussards et dragons de la garde impériale russe, puis, flanqué du prince de Schwartzenberg et du roi de Prusse, voici Alexandre, le « magnanime » Alexandre lui-même. Et encore : un état-major de quatorze cents officiers, deux régiments de grenadiers autrichiens, le corps des grenadiers russes, la garde royale du roi de Prusse, deux divisions de la garde d'Alexandre, les chevaliers-gardes, quarante-sept escadrons de cuirassiers, des troupes d'élite enfin, choisies avec soin, et qui, loin de diminuer les victoires anciennes de l'Empereur, contribuent à montrer quels ennemis il vainquit sur tous les champs de bataille de l'Europe. Et cela défile par le faubourg Saint-Martin, cavalcade sous la porte Saint-Denis, traverse les boulevards, gagne les Champs-Élysées et est passé en revue devant l'Élysée.

Louis XVIII peut revenir. La coalition garde la

ville. Bonaparte est muselé. On le crie, les journaux l'impriment, M. de Talleyrand l'assure. Pourquoi ne le croirait-on pas ? D'ailleurs, le 3 avril, l'Ogre a abdiqué ; il a serré sur une poitrine gonflée des sanglots de sa rage et de son humiliation, les Aigles de sa Garde ; le voici à Beaune, le 27, il est à Fréjus ; le 3 mai, il débarque à Porto-Ferrajo, de la frégate anglaise l'*Indomptée*. Ce n'est pas lui qui a choisi le nom et le navire. A cette date, Joséphine a encore vingt-six jours à vivre.

ALEXANDRE IER

Qu'a-t-elle fait pendant ces jours enveloppés du crêpe de la défaite, qu'a-t-elle fait qui ait fait souvenir que l'Impératrice était toujours dans l'Empire et fidèle à l'Empereur ? Ceci :

Le 29 mars, les Cosaques battent l'estrade aux environs de Rueil, longeant la Seine. Joséphine prend peur, s'affole, cache ses diamants dans la doublure de ses jupes, et fuit à Navarre. Elle y arrive dans la nuit du 30. Quels sont ses sentiments pendant ces premiers jours de crise? La lettre qu'elle écrit, le 7 avril, à une dame en témoigne : « Je suis arrivée ici le 30, dit-elle, et la reine (Hortense) deux jours après avec ses enfants. Elle est aussi souffrante et aussi douloureusement affectée que moi. Nous avons le cœur brisé de tout ce qui se passe, et surtout de l'ingratitude des Français. Les journaux sont remplis des plus horribles injures; si vous ne les avez pas lus, n'en prenez pas la peine, ils vous feraient mal. Il paraît que l'Empereur a envoyé à Paris les maréchaux Ney et Macdonald, avec le duc de Vicence, pour proposer d'abdiquer en faveur du roi de Rome, et que la proposition n'a pas été acceptée. Jusqu'à présent, Évreux et Navarre sont tranquilles; mais on nous menace aujourd'hui ou demain de la visite de l'ennemi. Croiriez-vous que le général chargé de s'emparer du département au nom du Gouvernement provisoire, est le duc de Raguse qui a passé de leur côté avec le corps d'armée qu'il commandait?... (1) » Et l'Empereur? que fait l'Empereur? Rien. Elle ne demande rien. Aussi bien, son sort la préoccupe-t-il davantage. Que va-t-elle devenir? L'envelopperat-on dans la proscription de l'Empereur? Mais elle est répudiée, divorcée, séparée, presqu'une victime

(1) Lettre autographe signée, 2 pages et demie in-4, vendue 111 francs en 1844, à la vente Lalande, pièce n° 110. — *Manuel de l'amateur d'autographes*, lettre B. — *L'Amateur d'autographes*, n° 18, 16 septembre 1862, p. 281.

de Napoléon. Ce sont des titres cela. Comment les faire valoir? L'invitation de l'Empereur Alexandre, de revenir à Malmaison, lui en donne l'occasion. Elle y arrive le 15 avril. « La mère du prince Eugène est de retour à la Malmaison (1). » C'est la nouvelle officielle. Quand elle y arrive, son premier soin est d'écrire à Talleyrand, ce Talleyrand qui, à la chute de son Maître, a pris cette part ignominieuse qui, à jamais, le marque au front devant la postérité. Elle le remercie de lui avoir donné le conseil de revenir à Malmaison, où elle a fait les changements que « *sa nouvelle position exige* ». Position ! c'est le mot qu'elle trouve. Et au surplus elle désire connaître « *l'intention du Gouvernement* (2) ». Il lui est évidemment difficile de renier ou de nier l'autre Gouvernement, mais puisqu'il s'agit de sa « position », il faut bien, n'est-ce pas, qu'elle s'en préoccupe? Dès lors, elle est prête à ce qu'on peut lui demander. Mais on ne demande rien. D'ailleurs, voici venir Alexandre.

Qu'est-ce donc qui l'entraîne à Malmaison, le fait répandre en respects, en familiarités de haut ton, condescendre à tant de bonne grâce que du coup le Cosaque en remontrerait à ces messieurs débarqués de la veille de l'exil anglais? Est-ce Joséphine, est-ce Hortense, qui l'attirent, l'une ou l'autre ou toutes deux? Il en a gardé le mystère ; les femmes en ont conservé le secret. Joséphine, au surplus, se pro-

(1) *Journal des Débats politiques et littéraires*, 16 avril 1814.

(2) Lettre autographe signée, 1 page et demie in-4, vendue 17 francs à la vente Charavay, en 1855, pièce n° 1813. — *Manuel de l'amateur d'autographes*, lettre B. — *L'Amateur d'autographes*, n° 18, 16 septembre 1862, p. 282.

digue. A Malmaison ce ne sont que fêtes et visites. Ce « n'est plus ce séjour triste et silencieux où végétait dans l'obscurité et la disgrâce l'Impératrice répudiée. Un regard de bienveillance lancé sur lui du haut du plus grand trône de l'Univers, a été comme un rayon fécondant qui a ramené la vie, le mouvement, la gaieté où régnaient auparavant les regrets amers, les noirs chagrins et des douleurs qu'on croyait inconsolables (1). » C'est un pamphlet qui parle, soit ; mais c'est un pamphlet qui dit la vérité. Qui d'ailleurs y contredit? Quant aux invités, ils jugent, sans indulgence, l'hôtesse. « Joséphine, dit carrément un prussien, a tout de bon et les agréments d'une vieille catin (2). » Prodiguez donc vos sourires les plus complaisants à de pareils pandours !

Cour brillante d'ailleurs que celle de Malmaison, en ce mois d'avril 1814. Joséphine se commande, chez Leroy, pour 6.000 francs de toilette (3). Ne faut-il point faire honneur au Moscovite ? Qu'il emporte au moins, en souvenir d'elle, ce camée donné par le Pape et cette tasse de Sèvres à portrait donnée par l'Empereur ! Il se pique au jeu et à une galanterie en répond par une autre : désormais l'Impératrice des Français aura à Malmaison un piquet de cosaques comme garde (4), est-ce d'honneur qu'il faut dire ? Et tout cela n'est-il pas très naturel ? « Nul ne s'éton-

(1) *Le Moniteur secret...*, déjà cit., p. 18.

(2) Baron H. d'EGLOFFSTEIN, *Carl Augusts Reise nach Paris und England* 1814 ; *Deutsche Rundschau*, août 1908, pp. 299, 221. — ARTHUR CHUQUET, *Charles Auguste de Weimar à Paris en* 1814 ; *Feuilles d'histoire du dix-septième au vingtième siècle*, nos 1-2, 1er février 1909, p. 86.

(3) HENRI BOUCHOT, *vol. cit.*, p. 38.

(4) *Mémoires et Souvenirs d'un pair de France* ; Paris, 1830, in-8, p. 413.

nait alors pour si peu, » observe M. Vogüé. Si peu? Qu'aurait-il donc fallu pour faire plus?

Joséphine est d'ailleurs parfaitement heureuse, non qu'elle s'étonne de la présence de cet empereur, « l'ours du nord » et de ces princes autrichiens et prussiens, de ces grands noms de l'Angleterre — n'a-t-elle pas vu, en 1809, dans ce même cadre, un empereur et quatre rois (1)? — mais parce qu'elle en reçoit une assurance tacite, morale, quant à sa « position ». Ne faut-il pas aussi qu'elle songe à Eugène? Lui laissera-t-on sa vice-royauté en Italie? Le fera-t-on connétable? Par Alexandre, Joséphine est, en somme, en correspondance avec les Tuileries. Mais voici que franchement, carrément, Eugène se montre chez le Roi. Louis XVIII peut bien recevoir M. de Beauharnais, et, pour le fils, oublier ce que le père, de 1789 à 1794, a pu avoir d'opinions subversives. D'ailleurs ce père a été guillotiné. Raison de plus. « Le Prince Eugène est arrivé hier à Paris. Il a été reçu de S. M. à trois heures après midi (2). » Que décide cette entrevue? On ne sait pas encore. La conférence recommence quelques jours plus tard, mais a-t-elle jamais cessé? « L'Empereur de Russie s'est rendu, il y a deux jours, au château de Saint-Leu, près de Montmorency. S. M. I. y a dîné avec le Prince Eugène, sa mère et sa sœur (3). » On n'esquive pas plus galamment un protocole entaché de bonapartisme. Enfin Eugène reçoit des garanties, quitte à ce qu'on ne les tienne pas, et Hortense trouve dans son lot le titre de duchesse

(1) Maréchal DE CASTELLANE, *ouvr. cit.*, t. I, p. 76.
(2) *Journal des Débats politiques et littéraires*, 11 mai 1814.
(3) *Ibid.*, 17 mai 1814.

de Saint-Leu, — elle, reine et princesse d'Empire !

Lavallette, mais n'oublions pas que Lavallette est de l'intimité et de l'entourage direct d'Hortense, attribue le mérite de la distinction à Alexandre. Selon lui, ce fut le Cosaque qui demanda pour la fille de Joséphine le duché fictif et chimérique : « Louis XVIII n'osa pas refuser ouvertement, dit-il, mais son ministre Blacas mit tant de mauvaise grâce, qu'Alexandre donna l'ordre à son aide de camp, chargé de lui apporter ce brevet de duchesse, de ne pas quitter les Tuileries et d'y coucher même jusqu'à ce qu'il l'eût obtenu (1). » A merveille, mais si Hortense ne sollicita point, fallait-il qu'elle acceptât ? D'ailleurs, à quoi bon chercher des excuses, ce n'est point une Bonaparte, elle n'eut jamais rien de commun avec les Napoléonides et demeura ce qu'elle était : une Beauharnais. Elle avait d'ailleurs devant les yeux des exemples de famille. Agissant ainsi, que faisait-elle de plus que ce Pierre-Jean-Alexandre de Tascher, qui, titulaire de la sénatorerie de Chambord, vota, le le 1er avril, la déchéance de Bonaparte, en récompense de quoi Louis XVIII le nomma pair de France. Cela valait mieux que le titre de comte d'Empire qu'il avait reçu en 1804. Ce n'est qu'un exemple. Les Beauharnais les multiplièrent.

Ce fut à ce dîner à Saint-Leu, chez sa fille, le 14 mai, que Joséphine contracta le refroidissement qui devait, en quelques jours, la mener à la mort. Le 24, il y eut à Malmaison un dîner en l'honneur du roi de Prusse. Elle y parut, souriante, masquant son

(1) LAVALLETTE, *vol. cit.*, p. 321.

mal de ce charme créole qui ne l'abandonna jamais, qui la paraît d'une grâce souple et inclinée. Il y eut bal, et ce fut elle qui, avec Alexandre, l'ouvrit. Ce même soir, Napoléon, prisonnier, arrivait à Orange, en marche vers l'île d'Elbe. Après le bal, Joséphine descendit au jardin. Lavallette dit qu'elle n'entretenait Alexandre que de l'Empereur. Les conversations, quelles qu'elles furent, contribuèrent à augmenter son malaise. Le lendemain elle ne se leva pas. Une fièvre, assez bénigne, semblait-il, se déclarait. Telle cependant, son goût de frivolité ne l'abandonna point. Quoi de moins gracieux qu'une vieille femme malade ? Si Alexandre allait la voir ainsi ? « Le jour de sa mort, elle voulut, dit Mme de Rémusat, qu'on lui passât une robe de chambre fort élégante, parce qu'elle pensait que l'Empereur de Russie viendrait peut-être la voir. » Il vint, mais ne monta pas dans la chambre à coucher ronde, au plafond bas, où elle agonisait déjà dans son grand lit sculpté et doré en forme bateau, blasonné du J, et orné, à la tête, de deux cygnes, aux pieds de deux

Cadet de Gassicourt.

cornes d'abondance et surmonté d'un baldaquin de bois sculpté, peint, rechampi d'or, et laissant de son ovale retomber des rideaux de mousseline des Indes brodés or.

Sur son état les médecins Horeau, Lamoureux, Bourdais et Lasserre ne se prononcent pas encore. Le 28 ils reconnaissent une fièvre putride, ce qui fait dire à Barras que son agonie fut regardée « comme une putréfaction véritable, une dissolution anticipée, la suite d'une vie agitée par l'intrigue et dévorée par la débauche (1). » En réalité, c'est une grippe infectieuse. Le 29, à midi, c'est fini, sans un cri, une convulsion. C'est pour elle que semble fait le mot familier : *passer*. Elle passe.

Le 30, Béclard, chef des travaux anatomiques de la Faculté, pratique l'autopsie. De quoi est morte la vieille Impératrice ? Montgaillard, sur le témoignage de Lavallette, la dit empoisonnée, par ordre de Talleyrand, avec la complicité tacite de Louis XVIII (2). « Elle savait trop de choses. » Le lieutenant général de Reiset dit que pour ces raisons « elle était devenue gênante (3). » C'est que, sur la mort de Joséphine, se greffe assez étroitement la question de la survivance de Louis XVII. Joséphine semble avoir, incontestablement, coopéré avec Barras, au temps du Directoire, à l'évasion du Dauphin de la Tour du Temple. L'en croit-on incapable ? Ce que nous avons dit de ses sentiments royalistes, et des preuves qu'elle en donna, ne permet pas d'en douter. Or, en possession de ce secret d'État qui entachait les droits

(1) BARRAS, *ouvr. cit.*, t. IV, p. 314.
(2) MONTGAILLARD, *vol. cit.*, p. 279 et suiv.
(3) Vicomte DE REISET, *Souvenirs*; Paris, in-8, t. II, p. 550.

de la Restauration au bénéfice du comte de Provence, ne devenait-elle pas un danger pour le trône usurpé? Ceci n'est qu'une déduction logique; quelque jour peut-être, on en donnera la preuve. Dans l'instant, le procès-verbal d'autopsie conclut à une mort naturelle. Mais que prouve un procès-verbal officiel? Quelquefois exactement le contraire de la vérité.

C'est Cadet de Gassicourt qui, au prix de 2.619 fr. 20, opère l'embaumement (1). En suite de quoi, le cadavre est mis dans une bière de plomb renfermée dans un cercueil de chêne. Le même jour, les journaux annonçent la mort en ces termes :

La mère du prince Eugène est morte aujourd'hui à midi, dans son château de la Malmaison, à la suite d'une maladie qui s'étoit d'abord annoncée comme une fièvre catarrhale, et qui a pris tout d'un coup un tel caractère de malignité, que la malade a succombé au bout de trois jour (*sic*). Elle a reçu, avec autant de piété que de résignation, tous les secours de la religion. Elle a eu la triste consolation de mourir dans les bras de sa fille et de son fils, dont elle étoit séparée depuis si longtemps. Quelques heures avant sa mort, elle se plaisoit à compter sur les regrets des nombreuses familles qu'elle a eu le bonheur d'obliger, il a paru que cette espérance a de beaucoup adouci ses douleurs (2).

Elle a donc une *belle presse*, comme elle a eu une belle agonie. Le corps demeure exposé jusqu'au 2 juin. Il y a foule. Le Tout-Paris curieux et royaliste défile. Le glas sonne de l'aube au soir dans le petit

(1) Frédéric Masson, *Joséphine répudiée...*, p. 361.
(2) *Journal des Débats politiques et littéraires*, lundi 30 mai 1814.

clocher de Rueil dont l'Empereur a aimé les angelus au temps du Consulat. Partout des tentures, des draperies. A l'église, il y en a pour 15.703 fr. 75 (1). C'est un bel enterrement. Foule aux obsèques et assistance choisie. Haie de Cosaques. Le feld-maréchal Sacken et les généraux de l'état-major russe, par ordre d'Alexandre, conduisent le deuil (2). Où est Hortense ? A Saint-Leu. Où est Eugène ? A Saint-Leu. Malades ? Ils le disent. Soit. En tout cas, Leroy fournit à la duchesse de Saint-Leu pour 892 francs de toilettes de deuil (3). Joséphine a une belle oraison funèbre. C'est Mgr de Barral, archevêque de Tours, son premier aumônier, qui la prononce. Que de vertus insoupçonnées qui sont révélées là ! Quoi, le monde a perdu un si rare trésor ? « Depuis la mort de cette femme, il lui est échu un trousseau de vertus extraordinaires (4), » observe Barras, et Barras cependant n'a point lu l'oraison funèbre de Mgr de Barral !

L'inhumation a lieu dans l'église de Rueil, par autorisation spéciale. Ce n'est que cinq ou six ans plus tard que les enfants de la morte se préoccupent d'y élever un monument. Ils le veulent magnifique, majestueux. Napoléon n'a qu'une dalle dans la torride vallée du Géranium, mais Joséphine aura des pilastres, des frontons, des statues. « Le prince Eugène et madame sa sœur ont cru devoir persister dans ce qu'ils avaient d'abord arrêté, écrit au maire de Rueil le chevalier Étienne Soulange-Bodin, chef du cabinet du prince Eugène, et vous comprendrez

(1) Frédéric Masson, *Joséphine répudiée...*, p. 364.
(2) Lavallette, *vol. cit.*, p. 321.
(3) Henri Bouchot, *vol. cit.*, p. 195.
(4) Barras, *ouvr. cit.*, t. IV, p. 314.

sans peine les divers motifs qui ont dû les confirmer dans leur primitive détermination. Leur noble carac-

Tombeau de Joséphine dans l'église de Rueil.

tère est assez connu pour repousser toute idée de parcimonie (1)... » C'est pourquoi les travaux du

(1) Lettre autographe signée aussi par le baron de Vaux;

monument, commencés en 1822, durent trois ans et coûtent 70.482 fr. 20 (1). Mais aussi quel beau monument !

Il s'érige à droite du chœur, en marbre blanc, œuvre des architectes Gilet et Dubuc. La statue agenouillée est de Cartellier. On profite de l'occasion pour rappeler que, dans la même église, dort l'oncle maternel de Joséphine, un Tascher de la Pagerie, mort le lundi 17 mars 1806. Enfin, à son tour, Hortense vient y reposer, dans un tombeau que sculpte, en face de celui de Joséphine, Auguste Barre. Et sur la plaque on grave :

A
LA REINE HORTENSE
SON FILS NAPOLÉON III

Napoléon ?... C'est vrai, il y eut un Napoléon, mais qu'est-ce donc que les cadavres enfouis là ont eu de commun avec lui ?

Paris, 30 août 1821, 3 p. in-4. — *Revue des autographes, des curiosités de l'histoire et de la biographie*, n° 156, juin 1893, pièce n° 235, offerte à 10 francs.

(1) Frédéric Masson, *Joséphine répudiée..*, p. 386.

TABLE DES CHAPITRES

LIVRE III

LA « VIEILLE » EN EXIL

2365. — Tours, imprimerie E. ARRAULT et Cie.

BIBLIOTHEQUE NATIONALE DE FRANCE
3 7531 04147505 5

www.ingramcontent.com/pod-product-compliance
Ingram Content Group UK Ltd.
Pitfield, Milton Keynes, MK11 3LW, UK
UKHW012200240726
13966UKWH00002B/466

9 782011 740830